Der blinde Adler

Heinrich Jaenecke

Der blinde Adler

Reflexionen über Deutschland

Ellert & Richter Verlag

GEO EPOCHE

Inhalt

Zur Nation euch zu bilden,
ihr hofft es, Deutsche, vergebens
bildet stattdessen, ihr könnt es,
freier zu Menschen euch aus.
Johann Wolfgang von Goethe

Ich kann kein Volk mir denken,
das zerrissner wäre wie die Deutschen.
Friedrich Hölderlin

Deutschland ist Hamlet!
Ferdinand Freiligrath

Die Deutschen dürfen nicht veranlasst werden,
die Freiheit und Selbständigkeit,
welche sie als Recht für sich selbst fordern,
anderen Nationen zu schmälern oder zu rauben.
Verfassungsentwurf der
Heidelberger Versammlung (1848)

Es liegt ohne Zweifel etwas in unserem Nationalcharakter,
was der Vereinigung widerstrebt.
Wir hätten die Einheit sonst nicht verloren
oder hätten sie bald wieder gewonnen.
Otto v. Bismarck

Und es mag am deutschen Wesen
einmal noch die Welt genesen.
Emanuel Geibel

Wir sind der Hass der Erde
ob Mann, ob Weib, ob Kind
Doch was auch daraus werde
wir bleiben
was wir sind!
Walter Flex (1917)

Wir werden weiter marschieren,
wenn alles in Scherben fällt,
denn heute gehört uns Deutschland
und morgen die ganze Welt.
Lied der Hitlerjugend

Die Hitler kommen und gehen –
das deutsche Volk bleibt bestehen.
Josef Stalin

Wer Berlin zur Hauptstadt macht,
schafft geistig ein neues Preußen.
Konrad Adenauer (1946)

Ich glaubte, dass der tiefe Einschnitt
in unsere Volks- und Staatengeschichte
einer neuen Symbolgebung bedürftig sei.
Ich weiß heute, dass ich mich täuschte.
Ich habe den Traditionalismus
und sein Beharrungsvermögen unterschätzt.
Theodor Heuss (1952)

Jetzt wächst zusammen, was zusammengehört.
Willy Brandt (1990)

Wie Dümmlinge und Fremdlinge
werden wir wiederum im eigenen Land behandelt,
diesem innerlich und äußerlich
zerstörten Beitrittsgebiet.
Friedrich Schorlemmer, Pastor in Wittenberg

Für die nächsten 1000 Jahre
werden wir keinen Anlass mehr haben,
uns über die deutsche Einheit zu sorgen.
Helmut Kohl

Vorwort

„Wohl dem Manne, dem ein blühend Vaterland das Herz erfreut,“ schrieb einst Friedrich Hölderlin – und fügte traurig hinzu: „Mir ist, als würd’ ich in den Sumpf geworfen, als schlüge man den Sargdeckel über mir zu, wenn einer an das meinige mich mahnt.“

Das bittere Wort des Dichters hallt bis heute nach, Ausdruck jener unglücklichen Liebe, die so viele Deutsche durch alle Zeiten mit dem Land ihrer Geburt und ihrer Sprache verbindet. Dieses Land hat es seinen Kindern nie leicht gemacht, es zu lieben, zumal jenen Kindern nicht, die sich nichts sehnlicher wünschten als ein Vaterland, auf das sie stolz sein konnten. In diesem Sinn war Deutschland immer ein „schwieriges Vaterland“, wie Gustav Heinemann sagte: Kein Hort der Freiheit, kein fest gefügtes Haus, in dem sich die Menschen aufgehoben fühlen konnten. Deutschland – das war über die längste Zeit seiner Geschichte ein amorphes Gebilde mit diffusen Konturen, in sich gespalten und zerrissen, ständig schwankend zwischen manischer Selbstüberhöhung und depressiver Selbstaufgabe, zwischen Weltkaisertum und Schilda. Der stolze Adler, Wappentier der Deutschen durch alle Metamorphosen ihrer Geschichte, glich eher einem blinden Vogel, ziellos und richtungslos, einzig getrieben von der Jagd nach imaginärer Macht und Größe.

Traum und Wirklichkeit, Anspruch und Realität, Idee und Wahrheit – zwischen beiden klaffte hierzulande immer ein

Abgrund, der schaudern machte. „Denk ich an Deutschland in der Nacht, dann bin ich um den Schlaf gebracht", schrieb der heimwehkranke Heinrich Heine im Exil – ein deutscher Stoßseufzer, der zum geflügelten Wort wurde.

Die Geschichte der Deutschen ist eine Geschichte von Brüchen – Niederbrüchen, Aufbrüchen, Zusammenbrüchen, Umbrüchen. Keine Generation seit Heine, die ohne tiefe politische und soziale Umwälzungen durch eine Lebensspanne gekommen ist. Die vorläufig letzte Umwälzung war die Vereinigung der beiden Nachkriegs-Deutschlands im Jahre 1990. Mit den Folgen sind wir immer noch beschäftigt, im Osten wie im Westen. Zu einer neuen, stabilen Identität haben wir dabei nicht gefunden.

Die in diesem Buch versammelten Arbeiten gehen den Bruchstellen unserer jüngeren Geschichte nach. Sie kreisen um die beiden Fragen, die die Suche nach einem neuen Selbstverständnis der Deutschen begleiten: Woher kommen wir, und wohin wollen wir?

Die erste der beiden Fragen ist paradoxerweise die schwierigere. Denn nichts ist in diesem Land so umwuchert von Tabus wie die „Vergangenheit", und lange Zeit war allein schon die Frage tabu. Ungezählte Jahrgänge deutscher Schüler wuchsen ohne Geschichtsunterricht und damit ohne Kenntnis dessen auf, was vor ihnen war. Nicht nur Hitler und das damit verbundene Trauma waren aus dem Gesichtsfeld der Nachkriegsgeneration verbannt, sondern Geschichte schlechthin, als rückwärts gewandte Nabelschau, die den Heutigen nichts mehr zu sagen habe. So blind wie sich die Deutschen zuvor einem „Führer" ergeben hatten, koppelten sie sich nun von ihrer Vergangenheit ab und ließen sie wie einen ausrangierten Zug auf dem Abstellgleis stehen – man stieg in einen neuen Hochgeschwindigkeitszug um, der ohne lästigen Ballast in die Zukunft dampfte: Gomorrha war untergegangen, und wer zurückblickte, erstarrte zur Salzsäule wie Lots Weib – Deutschland blickte nicht zurück.

Doch Verdrängungen haben eine Verfallsfrist. Dann tauchen sie wieder auf und lassen nicht locker, bis sie ins Bewusstsein aufgenommen sind, um ordentlich bestattet zu werden, mit einem Gedenkstein zur Erinnerung. Identität verlangt Gewissheit und damit einen unverstellten Blick auf das, was war. Es ist kein Zufall, dass 60 Jahre nach Kriegsende die Vergangenheit in neuen Büchern, Dokumentationen, Filmen und Theaterstücken wieder aufbricht. 60 Jahre sind zwei Generationen, und so lange braucht es, bis der Blick frei wird für die Wirklichkeit der Vergangenheit.

Für einen Zeitgenossen, der Hitler noch gesehen und gehört hat, dessen Jugend begleitet war vom Dröhnen der staatlichen Propaganda, von durchsichtigen Lügen und offenem Wahnsinn, von Krieg, Aggression und Unterdrückung – für einen Angehörigen dieser Generation, der den 8. Mai 1945 als elementare Befreiung erlebte, hat die Vergangenheit nie aufgehört, Gegenwart zu sein. Sie hat den Autor durch sein Leben begleitet und wurde zum Generalthema seiner journalistischen Arbeit. Er hat oft versucht, sie abzuschütteln, aber sie kehrte immer wieder hartnäckig zurück, als fordere sie noch immer Tribut.
Geschichte ist nie zu Ende. Jede Zeit erzählt ihre Version der Vergangenheit. Eine klinisch saubere Wahrheit, die das Ganze erfassen will, gibt es nicht. Doch es gibt Grunderfahrungen, aus denen Überzeugungen erwachsen, die dem Abrieb der Zeit standhalten. Der Autor hat nie einen Anlass gesehen, diese Überzeugungen zu revidieren. So ist die zweite Frage, um die dieses Buch kreist – die Frage nach dem Wohin – im Grunde keine Frage. Denn die Antwort war immer sehr einfach: Zu bewahren, was wir an Einsichten gewonnen haben, und abzuwehren, was uns diese Einsichten wieder rauben will: die Anmaßungen der Macht, den Opportunismus der Etablierten und die Kräfte des Unheils, die in diesem Land immer noch nicht überwunden sind.

Üb immer Treu und Redlichkeit: Preußische Mythen

Am Morgen des 23. Juni 1968 wurde das Potsdamer Stadtzentrum von der Volkspolizei weiträumig abgeriegelt. In der Wilhelm-Külz-Straße, die ehedem Breite Straße hieß und heute wieder so heißt, fuhren Lösch- und Rettungsfahrzeuge der Feuerwehr auf. Ein Sprengkommando des Autobahnkombinats Magdeburg legte letzte Hand an. Dann erschütterte eine Detonation die Stadt: Der rußgeschwärzte, von Bombensplittern zernagte Turm der Potsdamer Hof- und Garnisonkirche stürzte in sich zusammen. Nur die Fassade blieb noch stehen. Sie wurde zwei Tage später niedergelegt. Damit war das einstige Wahrzeichen der Stadt endgültig ausgelöscht.

Was damals unter dem stummen Protest der Potsdamer in einer Staubwolke unterging, war nicht einfach eine Kirche. Es war auch nicht nur ein Kulturdenkmal, ein Barockbau, der zu den schönsten Norddeutschlands zählte. Die Potsdamer Garnisonkirche wurde beseitigt, weil sie die Kathedrale des „Geistes von Potsdam“ war, ein Gesinnungstempel, wie es keinen zweiten in Deutschland gab: Sinnbild eines Mythos, Stein gewordenes Preußentum.

In dieser Kirche waren einst die beiden bedeutendsten Preußenkönige beigesetzt, an den Wänden hingen die erbeuteten feindlichen Fahnen und kündeten von Preußens Gloria, und jedes Schulkind in Preußen und später in ganz Deutschland kannte die Melodie, die stündlich vom Glockenspiel im 90 Meter hohen Turm erscholl: „Üb immer

Seit 1735 Wahrzeichen in einer Stadt der Soldaten:
die Potsdamer Garnisonkirche, Foto von 1912

Treu und Redlichkeit bis an dein kühles Grab, und weiche keinen Finger breit von Gottes Wegen ab" – die Melodie einer Lebensordnung, deren oberste Maxime ein einziges hartes Wort war: Pflichterfüllung.
Die Potsdamer Garnisonkirche, das Allerheiligste dieser Lebensordnung, stand nur 210 Jahre. Als sie erbaut wurde, begann der Aufstieg Preußens zur europäischen Macht, und als die Ruine gesprengt wurde, war Preußen längst untergegangen – eine Episode im welthistorischen Maßstab. Doch sie hat Deutschland geprägt.

Das, was den „Geist von Potsdam" ausmacht, begann mit Friedrich Wilhelm I., dem „Soldatenkönig" und Erbauer der Garnisonkirche. Noch der Vater Friedrich Wilhelms, der erste preußische König, wäre höchst verwundert gewesen, hätte man ihm von „preußischen Tugenden" gesprochen. Er war eitel und verschwenderisch, sein höchstes Lebensziel die Erringung der Königswürde – was er im Jahre 1701 auch schaffte.

Sein Enkel, Friedrich der Große, hat von ihm später ein nicht sehr schmeichelhaftes Bild gezeichnet. In seinen „Denkwürdigkeiten zur Geschichte des Hauses Brandenburg“ schrieb er über den Großvater: „30 000 Untertanen opferte er in den verschiedenen Kriegen des Kaisers und der Verbündeten, um sich die Königskrone zu verschaffen ... Er bedrückte die Armen, um die Reichen zu mästen ... Seine Bauten waren prachtvoll, seine Feste glänzend, seine Marställe und Dienerschaft zeugten eher von asiatischem Prunk als von europäischer Würde ... Alles in allem: er war groß im Kleinen und klein im Großen.“

Mit der barocken Lotterwirtschaft am Berliner Hof, mit Seidenröcken, Spitzenjabots und Zierdegen, mit Hofbällen und sonstigen frivolen Lustbarkeiten war es schlagartig vorbei, als Friedrich Wilhelm I. 1713 den Thron bestieg. Es war ein Zeitenwechsel, eine Art Weltuntergang für das gerade entstehende Bürgertum in Berlin.

Auf den Verschwender folgte der Puritaner, ein fanatischer Feind jeder Schöngeisterei. Der neue Herr feuerte den größten Teil des Hofstaats und verlegte die Residenz aus dem sittlich verrotteten Berlin in das karge Potsdam, das damals nur aus 220 Häusern mit 1500 Einwohnern bestand, jedoch über ein Schloss aus der Zeit des Großen Kurfürsten verfügte.

Friedrich Wilhelm I. stülpte dem Land seine harte calvinistische Lebensanschauung über, verwandelte es in kürzester Zeit in einen Militärstaat – mit dem König als oberstem Hauptfeldwebel. „Le Roi sergeant“ wurde in Paris gespottet. Alle preußischen Übel und alle preußischen Tugenden gehen auf diesen Mann zurück – der Kommissgeist wie die Sparsamkeit, die Staatsvergötzung wie die saubere Verwaltung. Friedrich Wilhelm I. machte aus dem amorphen Königreich, dessen unzusammenhängendes Territorium über ganz Nord- und Ostdeutschland verstreut war, einen straff gelenkten Einheitsstaat mit penibler Haushaltsführung. Er schuf das preußische Beamtentum und die dazugehörige Staatsgesinnung: „Man muss dem Herrn mit Leib und Seele, mit Hab und Gut, mit Ehre und Gewissen dienen und alles daransetzen als die Seligkeit, die ist vor Gott, aber alles andere muss Mein sein."

Vor allem aber baute Friedrich Wilhelm I. die preußische Armee auf. Er, der in den 27 Jahren seiner Herrschaft nur einen einzigen Feldzug geführt hat – der ihm Stettin einbrachte –, liebte die Soldaten und das Exerzieren mit neurotischer Besessenheit. Er rüstete Preußen, das damals nur zweieinhalb Millionen Einwohner zählte, zur viertstärksten Militärmacht Europas auf. Das stehende Heer, eine durch brutale Disziplin zusammengehaltene Truppe aus zwangsrekrutierten Bauern und Handwerkern sowie Söldnern, verschlang nahezu zwei Drittel des gesamten Staatshaushalts. Dafür wurde an allen anderen Stellen jeder Pfennig umgedreht: äußerste Sparsamkeit als Leitprinzip der zivilen Verwaltung wie der privaten Lebensführung. Der König selbst gab das Vorbild ab. Wenn er eine neue Uniform brauchte – und er war der erste Monarch, der ständig eine trug – gab er Anweisung, von der alten die Knöpfe abzutrennen, um sie wieder zu verwenden.

Die Armee ist bei Friedrich Wilhelm kein Staat im Staate, sie *ist* der Staat. Der König gründete Kadettenanstalten, in die der Adel seine Söhne zu schicken hatte, damit sie schon als Knaben zu Soldaten geformt werden; er gründete ein Militärwaisenhaus, das Generationen von Unteroffizieren produzierte, und er machte die ausgedienten Korporäle zu Schulmeistern, damit sie den Kindern des Landes „Zucht und Ordnung" beibringen. Auch die Beamten sind fast ausnahmslos ehemalige Unteroffiziere. Das Militärische als Daseinsformel durchdringt das gesamte preußische Leben.

„Parol auf dieser Welt ist nichts als Müh und Arbeit" – das war das Lebensmotto des strengen Pietisten. „Man kann sich leicht vorstellen", schrieb der französische Philosoph Voltaire über Friedrich Wilhelm I., „wie erstaunt und empört dieser Vandale darüber gewesen sein muss, einen geistvol-

len, anmutigen und höflichen Sohn zu besitzen, der gefallen und sich bilden wollte und der Musik und Verse machte."
Der Vater-Sohn-Konflikt im Hause Brandenburg wuchs sich zu einem Drama von shakespearischem Format aus. Ein Wunder, dass das Opfer, der Sohn, nicht zerbrach, sondern – als Friedrich II., der Große – zur beherrschenden Gestalt der preußischen Geschichte wurde.

Friedrichs Jugend muss ein einziges Martyrium gewesen sein. Der Vater, Gewaltmensch mit Hang zum Sadismus, übertrug die Erziehung seines Sohnes einem Offizierskollegium, dem er präzise Instruktionen erteilte. Oberste Richtschnur war die Abrichtung des Kindes zum Soldatischen. Unmittelbar nach dem Wecken hatte der Kronprinz vor dem Bett niederzuknien und laut zu beten. Das Frühstück musste in 15 Minuten beendet sein. Spiel oder Muße waren nicht vorgesehen. Die Erzieher hatten den Auftrag, den Thronfolger „von den Opern, Komödien und anderen weltlichen Eitelkeiten abzuhalten und ihn so viel wie möglich dagegen abgeneigt zu machen".
Dies misslang allerdings total. Friedrichs Hang zur Literatur, zur Poesie, zur Musik, zur Philosophie war nicht zu unterdrücken. Aber je offensichtlicher es für den Vater wurde, dass der Sohn aus der Art schlug, desto brutaler behandelte er ihn. Er ließ sich von ihm die Stiefel küssen und schlug ihn in Anwesenheit seiner Offiziere. „Wenn mich mein Vater so behandelte, würde ich mich erschießen", brüllte er ihn einmal an.
Friedrich erschoss sich nicht, aber er dachte an Flucht. Er wollte nach England, in ein freies Land. Ein dilettantisch geplantes Unternehmen, das schon im Ansatz vereitelt wurde. Das Drama, das daraus folgte, gehört zur preußischen Schulbuch-Legende, aber es war blutige Wirklichkeit: Friedrich und sein Fluchtgenosse, der Leutnant Katte, wurden als Gefangene auf die Festung Küstrin gebracht, Katte wurde vom Kriegsgericht zu lebenslanger Haft verur-

teilt. Der König verschärfte den Spruch zum Todesurteil. Der Thronfolger musste vom Fenster aus zusehen, wie sein bester Freund auf dem Hof, ein paar Schritte von ihm entfernt, enthauptet wurde.
Nach einer wochenlangen Krise gab sich Friedrich am Ende geschlagen. In einem Brief teilte er dem Vater die Unterwerfung mit und versicherte ihm, „dass nach so lange wohlverdienter Entziehung Ihrer Gnade, ich mich inskünftige so viel von Dero Gnade werde zu rühmen haben, als wie ich bishero über Ihre väterlichen Züchtigungen habe klagen können“.
Er blieb in Haft auf Küstrin. Erst nach anderthalb Jahren macht der Vater eine Versöhnungsgeste: Er teilt dem Thronfolger eine Gemahlin zu, eine 16-jährige Prinzessin von Braunschweig-Bevern. Friedrichs Ja-Wort ist der Preis für seine Haftentlassung. Friedrich hat seine Frau später nur noch wenige Male gesehen. Sie führten getrennte Haushalte. Sanssouci durfte die Königin nie betreten.

Im Mai 1740 besteigt Friedrich II. den Thron. Er ist 28 Jahre alt. Der Ruf der Liberalität geht ihm voraus, und dem entspricht er anfangs auch. So lockert er die Pressezensur: „Gazetten, wenn sie interessant sein sollen, dürfen nicht geniret werden.“ Und er erklärt die Neutralität des Staates in Glaubensfragen: „Die Religionen Müsen alle Tolleriret werden“, lautet die berühmte Randbemerkung, „den hier mus ein jeder nach Seiner Faßon Selich werden.“
Doch es wohnten zwei Seelen in der Brust dieses Königs – die des fortschrittlichen Aufklärers und die des ruhmsüchtigen Kriegsherrn. Sie lösten sich in der Herrschaft über ihren Besitzer ab, und sie machten es möglich, dass sein Name später so leicht missbraucht werden konnte, besonders von denen, die ihn als Galionsfigur für ihre skrupellose Machtpolitik benutzten – von Bismarck bis Hitler.
Friedrich gierte nach Ruhm. Er wollte der Welt zeigen, wer er war. Ein halbes Jahr nach seiner Thronbesteigung fiel er

in Schlesien ein. Es war ein durch nichts provozierter Angriffskrieg. Mit seiner Gegnerin, der 23-jährigen Maria Theresia, Erbin des Habsburger Reiches, glaubte der Frauenverächter leichtes Spiel zu haben. Forsch erklärte er seinen Offizieren zu Beginn des Feldzugs: „Brechen Sie auf zum Rendezvous des Ruhms, wohin ich Ihnen ungesäumt folgen werde."

Friedrich hatte Glück. Er siegte. Aber die Kriegsfurie, die er entfesselt hatte, ließ ihn nicht mehr los. Auf den Ersten folgte der Zweite Schlesische Krieg und auf diesen, nach nur zehnjähriger Friedenszeit, der schrecklichste, der Siebenjährige Krieg. Er brachte Preußen an den Rand der Vernichtung.

Die Aura des „Großen Königs" wurde in jenen Jahren geboren – der Nimbus des Durchhalte-Feldherrn, der seine Soldaten mit dem wütenden Ruf „Hunde, wollt ihr ewig leben?" gegen die brüllenden Kanonen des Feindes jagte. Er ging selbst mit vor, stieg über blutende, sterbende Menschen – und schrieb abends im Feldlager Sonette.

Der Krieg endete unentschieden, aber Friedrich behielt Schlesien, seinen Raub. Nach sieben furchtbaren Jahren kehrte er nach Potsdam zurück, ein kranker, alt gewordener Mann. Das Land verwüstet und ausgeblutet, ganze Regionen entvölkert. Es blieben Friedrich dem Großen noch 23 Jahre. Er nutzte sie zum Wiederaufbau des Landes, ließ Kolonisten ins Land holen, Kanäle bauen, Sümpfe trockenlegen, Kartoffeln pflanzen, Manufakturen errichten. Und er schmückte Potsdam und Berlin mit neuen Prachtbauten. Er wurde der „Alte Fritz", der „Philosoph von Sanssouci".

Friedrich der Große wusste noch nichts von der Idee der „Nation", die Europa bald wie ein Fieber heimsuchen sollte. Auch das „Reich" war ihm herzlich gleichgültig, „Deutschland" ein diffuser Begriff. Nur Preußen zählte für ihn, der privat ein Weltbürger war. Er schrieb alle seine Werke in französischer Sprache, fand die deutsche Literatur barbarisch und nannte Goethes *Götz von Berlichingen*,

das Modedrama des „Sturm und Drang", eine „abscheuliche Nachahmung schlechter englischer Stücke". Er taugt nicht als Kronzeuge für jenes finstere Teutonentum, das sich später auf ihn berief.
Drei Jahre vor Ausbruch der Französischen Revolution stirbt Friedrich II., 74-jährig, in seinem Lehnstuhl in Sanssouci. Er regierte fast ein halbes Jahrhundert, länger als alle anderen Preußenkönige. Als er die Augen schließt, atmet Preußen auf – der große König lag zuletzt wie eine drückende Last über seinem Land.
Zwei Jahrzehnte nach Friedrichs Tod bricht Preußen zusammen; die Armee ist zerschmettert, der Staat entwaffnet. Im Oktober 1806 steht Napoleon als Sieger in der Potsdamer Garnisonkirche vor dem Sarg des Königs. „Sic transit gloria mundi", sagt der Kaiser der Franzosen in der Gruft, „so vergeht der Ruhm der Welt."
Das friderizianische Preußen ist in Jena und Auerstedt für immer untergegangen. Es war zuletzt ein erstarrter Organismus, und mit dem Zeitalter der Aufklärung ist auch die preußische Staatsidee untergegangen, das Produkt der reinen Vernunft; oder, wie Sebastian Haffner schreibt: „Nichts als Staat und ganz Staat, volklos, stammlos, abstrakt."

Keiner der fünf Preußenherrscher, die nach Friedrich dem Großen noch regierten, unter ihnen die beiden deutschen Kaiser – lassen wir den unglücklichen 99-Tage-Kaiser Friedrich III. beiseite –, war den Herausforderungen seiner Zeit gewachsen. Die Reform an Haupt und Gliedern, die nach 1806 unter dem Schock des Zusammenbruchs eingeleitet wurde, versandete. Damals schrieb Freiherr vom Stein: „Ich halte es für wichtig, die Fesseln zu zerbrechen, durch welche die Bürokratie den Aufschwung der menschlichen Tätigkeit hemmt ... Man muss die Nation daran gewöhnen, ihre eigenen Geschäfte zu verwalten und aus jenem Zustand der Kindheit herauszutreten, in dem eine ... dienstfertige Regierung die Menschen halten will."

Doch der große Reformer wurde, wie sein Mitstreiter Hardenberg, bald ins Abseits gedrängt. Der Sieg über Napoleon im Jahre 1815 stärkte den Gegnern der Liberalisierung – an ihrer Spitze König Friedrich Wilhelm III. – den Rücken. Die Nation wurde weiter „im Zustand der Kindheit“ gehalten. Der preußische Philosoph Hegel, Rektor der jungen Universität von Berlin, verklärte in seinen Schriften den Staat als „höchste Form des Objektiven Geistes“ und lieferte der Staatsvergötzung damit den metaphysischen Überbau. Schopenhauer nannte das „die plumpeste Mystifikation, die je gewesen und die ein Denkmal deutscher Niaiserie (Einfalt) bleiben wird“.

Die „Niaiserie“ aber tat ihre Wirkung. Der preußische Junkerstaat wurde zum Hort der Reaktion. Nirgendwo sonst in Deutschland war die Repression so scharf, die Arroganz der herrschenden Klasse so krass. Zweimal versprachen die Hohenzollern eine demokratische Verfassung, und zweimal brachen sie ihr Wort: zuerst Friedrich Wilhelm III. nach den Befreiungskriegen, dann sein Sohn Friedrich Wilhelm IV. im Revolutionsjahr 1848.

Bismarck stellte die deutsche Einheit dann von oben her, mit Hilfe des Zündnadelgewehrs. Für ihn wie für die Hohenzollern war Deutschland nur als vergrößertes Preußen denkbar. „Ich suche die preußische Ehre darin“, sagte er 1850 vor dem Abgeordnetenhaus, „dass Preußen ... sich von jeder schmachvollen Verbindung mit der Demokratie entfernt halte, dass Preußen nicht zugebe, dass in Deutschland etwas geschehe ohne Preußens Einwilligung.“

Der Krieg von 1866 bricht dem nicht-preußischen Deutschland das Rückgrat. Die mittel- und süddeutschen Staaten werden militärisch niedergeworfen, Preußen annektiert das Königreich Hannover, ebenso die Freie Reichsstadt Frankfurt: Preußen geht nicht in Deutschland auf, wie Friedrich Wilhelm IV. es keine 20 Jahre zuvor gelobt hatte, sondern Deutschland in Preußen.

So werden mit der Reichsgründung von 1871 die preußischen Übel – Staatsvergötzung, Militarismus, Untertanengeist – zu allgemeinen deutschen Übeln. Schule der Nation ist die Armee. Moltke, der Sieger von Sedan, begründet das so: „Nicht der Schulmeister, sondern der Erzieher, der Militärstand, hat unsere Schlachten gewonnen, der die Nation erzogen hat zu körperlicher Rüstigkeit und geistiger Frische, zu Vaterlandsliebe und Mannhaftigkeit."
Vom „Geist von Potsdam" bleibt nur der Ungeist. In der wilhelminischen Ära verkommt Preußen zur Karikatur, die in der Figur des sporenklirrenden, schwadronierenden jungen Kaisers ihren realen Ausdruck findet – keine Spur mehr von Maßhalten, von Vernunft, von jener Nüchternheit, die einmal preußische Tugenden waren. „Eine unheilvolle Verquickung von Absolutismus, Militarismus und Spießbürgertum" – so beschreibt der Preuße Theodor Fontane dieses Deutschland: „Ein Zug von Unfreiheit, von Gemachtem und Geschraubtem, geht durch das Ganze und bedrückt jede Seele, der mehr daran liegt, frei aufzuatmen, als Front zu machen."
Als Wilhelm II. nach dem Ersten Weltkrieg, den er mit angezettelt hatte, am Morgen des 10. November 1918 in seinem Salonwagen die holländische Grenze überquert, treten die Hohenzollern von der Bühne der Geschichte ab. Ein schmählicher Abgang. Doch er hat seine innere Logik. Das Hohle, Gewaltsame des preußisch-deutschen Reiches konnte nicht dauern.

Nach dem Sturz der Monarchie stellt die junge Republik den „Geist von Weimar" gegen den „Geist von Potsdam" – eine schöne Illusion gegen einen realen Feind. Es ist ein ungleicher Kampf. Die preußische Ideologie erhält nun jenen mörderischen Zug, der aus dem blanken Hass kommt. Ihr Herold ist Oswald Spengler, der mit seiner Schrift „Preußentum und Sozialismus" (1920) zum Künder des deutschen Faschismus wird: „Preußentum ist ein Lebensgefühl, ein Instinkt, ein Nichtanderskönnen; es ist ein Inbegriff von seelischen, geistigen und deshalb zuletzt doch auch leiblichen Eigenschaften, ... und zwar der besten und bezeichnendsten Exemplare dieser Rasse ... Kein ‚Ich', sondern ein ‚Wir', ein Gemeingefühl, in dem jeder mit seinem gesamten Dasein aufgeht. Auf den einzelnen kommt es nicht an, er hat sich dem Ganzen zu opfern."

Der große Feind dieses „Preußentums", so Spengler, ist das „triviale Kosmopolitentum und Schwärmen für Völkerfreundschaften und Menschheitsziele". Und weiter: „Es gibt in Deutschland verhasste und verrufene Grundsätze, verächtlich ist auf deutschem Boden aber allein der Liberalismus." Von da ist es nur noch ein kleiner Schritt zum Hakenkreuz. Das reaktionäre „Preußentum" wirft sich Hitler an die Brust. Doch es zeigt sich paradoxerweise, dass die demokratischen Kräfte im Staate Preußen tiefere Wurzeln geschlagen haben als im übrigen Deutschland: Das „rote" Preußen wird zur letzten republikanischen Bastion. Als Reichskanzler Franz von Papen, der Steigbügelhalter Hitlers, im Juli 1932 die sozialdemokratisch geführte preußische Staatsregierung unter Bruch der Verfassung ihres Amtes entheben lässt, ist die Todesstunde der Weimarer Republik gekommen.

Am 21. März 1933 wird das Bündnis der Deutschnationalen mit Hitler, das dem „Führer" der NSDAP die Macht auslieferte, in der Potsdamer Garnisonkirche besiegelt. Hitler, der Gegentypus des alten Preußen, lässt den Rumpf-Reichstag in der Kirche antreten – die Kommunisten sind schon verboten, die Sozialdemokraten bleiben fern – und feiert „die Vermählung zwischen den Symbolen der alten Größe und der jungen Kraft".

Hindenburg legt einen Kranz am Sarg Friedrichs des Großen nieder, und die Kirchenorgel spielt das Deutschlandlied, während eine Batterie der Reichswehr Salut schießt. Der Propagandachef Goebbels ordnet an, dass die Melodie „Üb immer Treu und Redlichkeit" ab sofort das Pausenzeichen des Deutschlandsenders sein solle. Der „Geist

Der „Tag von Potsdam“: Der Händedruck zwischen dem neuen Reichskanzler Adolf Hitler und dem greisen Reichspräsidenten und Feldmarschall Hindenburg am 21. März 1933 besiegelt das Bündnis der Nationalsozialisten mit den Deutschnationalen. Die altpreußischen Traditionen werden in den Dienst der Nazipropaganda gestellt.

von Potsdam“ ist zum Dekor eines Terrorregimes degeneriert.

Zwölf Jahre später geht die Garnisonkirche in Flammen auf. Einer der letzten großen Luftangriffe des Krieges – militärisch völlig sinnlos – legt Potsdam in Schutt und Asche. Nur Sanssouci bleibt verschont. Die Russen, welche die Stadt kurz darauf besetzen, achten sorgfältig darauf, dass Friedrichs Schloss nicht verwüstet wird.

Preußen war mit Deutschland untergegangen. Die formelle Todesurkunde wurde vom Alliierten Kontrollrat am 25. Februar 1947 ausgestellt: Mit Gesetz Nr. 46 wurde „der Staat Preußen, der seit jeher Träger des Militarismus und der Reaktion in Deutschland gewesen ist“, aufgelöst.

Konrad Adenauer hat die Liquidierung Preußens zu diesem Zeitpunkt in Gedanken längst vollzogen. Im Jahre 1946, als

noch niemand weiß, was aus Deutschland werden würde, schreibt er: „Wir im Westen lehnen vieles, was gemeinhin ‚preußischer Geist' genannt wird, ab ... Wer Berlin zur neuen Hauptstadt macht, schafft geistig ein neues Preußen."
Der konservative katholische Rheinländer wird damit zu einem der größten Umstürzler der deutschen Geschichte. Er hat dem protestantischen, von Berlin dominierten „Reich" immer distanziert gegenübergestanden und sieht im „Nationalsozialismus nichts anderes als eine Weiterentwicklung des preußischen Staatsgedankens". Das deutsche Volk, so notiert er nach dem Krieg, „krankte ... in allen seinen Schichten an einer falschen Auffassung vom Staat, von der Macht, von der Stellung der Einzelperson gegenüber dem Staat ... Die Einzelperson, ihre Würde und ihren Wert, hatte es diesem Götzen geopfert."
Adenauer nimmt die deutsche Teilung denn auch als günstige Fügung der Geschichte hin. Sie verläuft an der Elbe, mithin der alten Ostgrenze des Karolingerreiches und in etwa auch des napoleonischen Rheinbundes, zweier Gebilde, die ihm näher standen als das Bismarck-Reich. Adenauers eigene Schöpfung, die westdeutsche Bundesrepublik, ist der vollkommene Bruch mit den überkommenen Strukturen Deutschlands: eine Blickwendung um 180 Grad von Ost nach West, kein Einheitsstaat mehr, sondern eine Föderation, nicht mehr protestantisch dominiert, sondern katholisch gefärbt, nicht mehr vom Norden beherrscht, sondern vom Westen und Süden geprägt. Die preußischen Provinzen werden in selbständige Länder verwandelt: Rheinländer, Westfalen, Hessen, Hannoveraner, Schleswig-Holsteiner erhalten ihre alten Identitäten zurück.
Preußen aber war zurückgeworfen auf den Ausgangspunkt seiner Geschichte, auf Brandenburg, auf die DDR. „Wie geht es Preußen?" fragte Charles de Gaulle westdeutsche Besucher, wenn er den kommunistischen deutschen Staat meinte, und er hatte so Unrecht nicht. Preußen lebte unter Hammer und Zirkel in mancherlei Gestalt fort, nicht nur im

Einer der letzten großen Luftangriffe des Zweiten Weltkriegs legt Potsdam in Schutt und Asche. Die Garnisonkirche geht in Flammen auf. Blick auf die zerstörte Innenstadt

Stechschritt der Nationalen Volksarmee, die sich auf Scharnhorst und Gneisenau berief, sondern auch in der Glorifizierung des Staates – bloß dass der jetzt ein anderes Gewand trug – und im Gehorsam der Untertanen. Es lebte auch fort in manch altpreußischer Tugend, in der Wohlanständigkeit und Bescheidenheit des privaten Lebens, die sich im Westen allmählich verflüchtigten.
Der DDR war das „nationale Erbe“ wie eine schwere Last zugefallen, die sich nicht abschütteln ließ. Die SED steuerte jahrzehntelang einen Zickzackkurs zwischen Verdammung und Akzeptanz. Dynamit für die Garnisonkirche, Pflege für Sanssouci. In Berlin-Ost wurden das Forum Fridericianum und der Gendarmenmarkt, die bedeutendsten Bauleistungen unter Friedrich dem Großen, wiederhergestellt, und als das Reiterstandbild des Alten Fritz auf seinen angestammten Platz Unter den Linden zurückkehrte und Bismarck in der DDR wieder zu Ehren kam, schien es, als wollten die „roten Preußen“ ihren Frieden mit dem „Erbe“

Reiterstandbild Friedrichs II. in Berlin, Unter den Linden

machen. Auf welche Identität hätte dieser Staat sonst auch bauen können? Er brach zusammen, noch ehe er diese Identität gefunden hatte, oder gerade, weil er sie nicht fand. Der Fall der Mauer deckte diese Frage zu. Die westdeutsche Lawine wälzte sich über das alte Preußenland, nicht weniger gleichmacherisch als einst die preußische Lawine über den deutschen Westen und Süden. „Wie Dümmlinge und Fremdlinge werden wir wiederum im eigenen Land behandelt, diesem innerlich und äußerlich zerstörten Beitrittsgebiet", schreibt Friedrich Schorlemmer, Pfarrer in Wittenberg. „Bleischwer liegt es auf unseren Seelen."

Preußen wird nicht mehr auferstehen. Auch in Brandenburg ist es nur noch eine ferne Erinnerung, Preußen ist der Schatten einer versunkenen Welt, ein deutsches Vineta im Meer der Vergangenheit. Nichts verbindet die Legende mehr mit der Gegenwart. Deutschland ist zu viele Tode gestorben seit jener Zeit, in der Preußens Gloria noch leuchtete. „Das preußische Heiligtum, die deutsche Kathedrale der Pflichterfüllung, an der Generationen gemauert haben, türmt sich über zerstörtem Glück", schreibt der preußische Historiker Graf Krockow. „Mit dem Abschied von einer feige verlogenen Glorifizierung könnten wir eine Quelle deutschen Unheils versiegeln."

Die Quelle ist von selbst ausgetrocknet. Meinungsforscher ermittelten, dass nur noch 22 Prozent der Deutschen ihr Glück in der „Pflichterfüllung" finden. Doch vielleicht waren es auch zur Zeit Friedrich Wilhelms I. nicht mehr. Niemand hat die Preußen damals gefragt.

Hunde, wollt ihr ewig leben? Gespräch mit einem toten König

205 Jahre nach seinem Tode werden die sterblichen Überreste Friedrichs des Großen gemäß seinem Testament in Sanssouci beigesetzt, in der kleinen Gruft, die er schon zu Lebzeiten hatte einrichten lassen. Bei seinem Tod hatte man ihm diesen Wunsch nicht erfüllt, sondern ihn neben seinem Vater in der Potsdamer Garnisonkirche beigesetzt. Von dort wurde der Sarkophag im Zweiten Weltkrieg auf die Hohenzollernburg nach Hechingen gebracht. Im August 1991, zwei Jahre nach der Wiedervereinigung, wird der tote König schließlich nach Potsdam übergeführt. Die Heimkehr löste eine heftige Debatte über Friedrich II. aus, die faszinierendste und widersprüchlichste Gestalt auf dem Preußenthron: Despot und Schöngeist, Kriegsherr und Flötenspieler, Staatsmann und Philosoph.

Sire, es ist ein schöner Sommerabend, hier auf Ihrer Terrasse in Sanssouci. Man hat die Parktore geschlossen, die Besucher sind fort. Erlauben Sie ein kleines Gespräch? Sie sind hier noch sehr gegenwärtig, und Sie hätten keine Mühe, sich zurechtzufinden. Es ist alles so, wie Sie es verließen. Sogar die Gräber Ihrer Hunde sind noch da, elf an der Zahl.

Gleich daneben ist Ihre persönliche Gruft, die Sie damals anlegen ließen. Man hat sie jetzt hergerichtet. Sie befand sich übrigens in bemerkenswert gutem Zustand. Ihre Leute haben sorgfältig gearbeitet. Heutzutage hält nichts mehr so lange.

Nun bringt man Sie also hierher zurück, wo Sie gelebt haben. Es war Ihr letzter Wille. Aber legen Sie jetzt wirklich noch Wert darauf, nach 205 Jahren? Der Geist von Sanssouci, Sire, hat sich verflüchtigt, schon bald nachdem Sie die Bühne verließen. Später proklamierte man den „Geist von Potsdam“, aber das war etwas anderes, eher das Gegenteil.
Sire, Sie waren immer groben Missdeutungen ausgesetzt – zu Lebzeiten und danach erst recht. Doch, mit Verlaub, gaben Sie selbst nicht Anlass dazu? Man konnte sich leider von allen Seiten auf Sie berufen, je nachdem, welchen Zug Ihres Wesens man ignorierte. Ihr zwiespältiger Charakter hat es jedem Hundsfott leicht gemacht, Ihren Namen zu missbrauchen.
Sire, es wird Sie schmerzen, aber der Staat, den Sie mit solcher Verbissenheit groß gemacht haben, existiert nicht mehr. Er hat zu viel Unglück über Deutschland und die Welt gebracht. Pardon, Deutschland hat Sie nie interessiert, wir wissen es. Das Reich war für Sie ein Popanz, die Nation, gottlob, noch ein fremder Begriff. Doch Sie werden es nicht glauben, Sire – später spannte man Sie auch dafür ein.
Für Sie gab es immer nur Preußen. Sie nannten sich gern der „erste Diener“ Ihres Staates. Aber war es nicht vielmehr so, dass der Staat Ihnen diente, Ihrem Willen, Ihrem Ehrgeiz, Ihren Kriegen?
Vor Ihrem Regierungsantritt freilich sah es so aus, als beabsichtigten Sie, ein friedliches Regiment zu führen. Als Ihr Vater Sie aus der Haft in Küstrin entließ und Sie in Rheinsberg endlich Sie selbst sein konnten, schrieben Sie, auf französisch natürlich, den „Antimachiavell“, eine leidenschaftliche Absage an den Zynismus der Macht, ein Manifest der Aufklärung, heute noch mit Gewinn zu lesen. „Jetzt, finde ich, gilt die Menschlichkeit mehr als alle Eigenschaften eines Eroberers“, erklärten Sie darin.
Doch schon ein Jahr später, Sire, als Sie den Thron bestiegen, haben Sie dieses Bekenntnis verraten: Sie brachen, gerade 28 Jahre alt, einen völlig überflüssigen Krieg vom

205 Jahre nach seinem Tode werden die sterblichen Überreste Friedrichs des Großen gemäß seinem Testament in Sanssouci beigesetzt, in der kleinen Gruft, neben den Gräbern seiner Hunde.

Zaun. Warum? Was veranlasste Sie zu dem aberwitzigen, durch nichts provozierten Überfall auf Österreich, Ihren stärksten Nachbarn?
War es Maria Theresia, die Sie zum Angriff reizte wie ein rotes Tuch? Konnten Sie es nicht ertragen, dass eine Frau, noch jünger als Sie und wie Sie soeben auf den Thron gekommen, sich anschickte, Weltpolitik zu machen? Sie verachteten die Kaiserin, so wie Sie alle Frauen verachteten, mit Ausnahme Ihrer Schwester Wilhelmine, mit der Sie zeitlebens die zärtlichsten Briefe wechselten.
Oder hatte diese plötzliche Kriegswut etwas mit Ihrem Vater zu tun, diesem Monster, das Ihnen die Jugend zur Hölle machte? Wollten Sie diesem Sadisten, der Ihren liebsten Freund vor Ihren Augen köpfen ließ – wollten Sie diesem Mann posthum zeigen, wessen Sie, der Weichling und Flötenspieler, fähig waren?
Immerhin hatte Ihnen dieser Vater auch einen nützlichen Rat mit auf den Weg gegeben: „Mein lieber Succeßor bitte

ich um Gotteswillen keinen ungerechten Krieg anzufangen, und nicht ein Agressör zu sein, denn Gott hat die ungerechten Kriege verboten."

Sie schlugen diese Mahnung in den Wind. War es, weil Sie nicht an Gott glaubten, Sire, weil Sie meinten, alles sei erlaubt, wenn es nur der Größe Preußens diente?

„Seine herrschende Leidenschaft ist zweifellos die Ruhmbegierde", schrieb der österreichische Gesandte über Sie, natürlich ein Feind, aber war es darum falsch? Als Sie 1740 – ein halbes Jahr nach Ihrer Thronbesteigung – in Schlesien einmarschierten, erklärten Sie Ihren Offizieren forsch: „Meine Herren, ich unternehme einen Krieg, für welchen ich keinen anderen Bundesgenossen habe als Ihre Tapferkeit und keine Hilfsquellen als mein Glück."

Das war Frevel, Sire, Vabanque-Spiel. Zwar haben Sie diesen ersten Feldzug gegen Österreich gewonnen und Schlesien, wie man heute sagt, in einem Blitzkrieg erobert. Aber es war ein Pyrrhussieg, Sie wissen es. Dieser erste Krieg brütete wie ein Fluch alle weiteren Kriege aus, die Sie führten, auch den schrecklichsten, den Siebenjährigen Krieg.

Glaubten Sie wirklich, Europa würde Ihnen einen Landraub dieser Größenordnung vergeben? Sie sahen sich gern als Opfer und sprachen von der „schändlichen Verschwörung" Ihrer Gegner. Aber waren nicht Sie es, Sire, der Österreich, Russland und Frankreich – alle Großmächte gleichzeitig – gegen sich aufbrachte? Wir haben das später noch mehrfach durchexerziert, und die Dilettanten und Verbrecher an der Spitze des Staates beriefen sich dabei auf Sie, aber es ging natürlich schief.

Sire, Sie nötigten auch Ihren Gegnern Respekt ab. Sie haben sich nicht geschont. Sieben Jahre teilten Sie das Feldlager mit Ihren Truppen und holten sich dabei die Gicht in Schlamm, Dreck und Schnee. Der Krieg wurde Ihr Handwerk. Das machte Ihnen keiner nach unter den gekrönten Häuptern Europas. Dafür wurden Sie bewundert.

Wie viele Schlachten haben Sie geschlagen, Sire? Wie oft haben Sie Ihre Regimenter gegen die brüllenden Kanonen des Feindes gejagt, wieviel 1000 Tote haben Sie gesehen, wieviel Blut, wieviel Elend, wie viele Ruinen, rauchende Trümmer, Flüchtlinge, Gefangene, Verwundete, die hilflos verreckten?

„Kerls, wollt ihr denn ewig leben?" – haben Sie das Ihren Grenadieren wirklich zugerufen, Sire? Sie, der Sie am Abend vor der Schlacht noch rasch ein Sonett zu schreiben pflegten, um sich zu entspannen?

Nein, Sie waren nicht verrückt, aber besessen. Und Sie kannten die Depressionen, welche die Erkenntnis der Wahrheit verursacht. Mehr als einmal suchten Sie den Tod. „Gibt es denn keine verwünschte Kugel für mich?" riefen Sie in Ihrer schwärzesten Stunde, auf dem Schlachtfeld von Kunersdorf, aber die Russen schossen Ihnen nur das Pferd unter dem Leib weg.

Wozu der ganze Wahnsinn, Sire, zu welchem Zweck? Um des „Glücks der Menschheit" willen, das Sie in Ihren Rheinsberger Kronprinzenjahren so oft beschworen hatten? Oder um Ihrer persönlichen Ehre willen, die Ihnen mehr galt als alles andere? Sie waren entschlossen, das ganze Land in Ihren Untergang mitzunehmen: „Kein Beweggrund, keine Überredungskunst wird imstande sein, mich dahin zu bringen, meine Schande zu unterschreiben. Entweder lasse ich mich unter den Trümmern meines Vaterlandes begraben, oder ich beende mein Unglück, wenn es nicht mehr möglich ist, es zu ertragen."

Ein fatales Wort, Sire. Es hat, wofür Sie nichts können, bis in unsere Zeit hineingewirkt. Es begleitete dieses Land, auch Preußen, in die Apokalypse.

Sire, Sie entgingen damals der Vernichtung durch ein Wunder. Die Zarin, Ihre Erzfeindin, starb. Man bot Ihnen Frieden an. Sie konnten Schlesien behalten – aber um welchen Preis: Preußen verwüstet, ausgeblutet, das Volk dezimiert. Sie selbst ein Wrack, körperlich und seelisch. Die Berliner erschraken, als sie Sie wieder sahen.

Es war nun Friede, aber die Uniform zogen Sie nie wieder aus. Sie wurde tatsächlich Ihr „Sterbekittel", wie Sie den blauen Rock als Jüngling verächtlich nannten. Dabei hatten Sie noch fast ein Vierteljahrhundert zu leben – eine Ewigkeit, die Ihnen schließlich selbst zur Last wurde.
Sie bauten wieder auf – was bleibt einem übrig nach solchen Kriegen. Sie ließen Menschen ins Land holen, neue Siedlungen anlegen, Kanäle graben, Kartoffeln anpflanzen. Sie empfanden diese Jahre wohl selbst als Sühneleistung. Als eine Delegation der Stadt Greifenberg sich bei Ihnen für den Wiederaufbau bedanken wollte, raunzten Sie: „Ihr habt nicht nötig, euch dafür bei mir zu bedanken. Es ist meine Schuldigkeit, meinen verunglückten Unterthanen wieder aufzuhelfen."
Man hat Ihre Toleranz gerühmt, Sire, zu Recht. Da Ihnen an der Religion nichts lag, verordneten Sie, dass in Preußen „jeder nach seiner Façon selig werden" dürfe. Sie nahmen alle auf, die unter Ihrer Herrschaft leben wollten. „Wenn Türken und Heiden kähmen und wollten das Land pöplieren, so wollen wir sie Mosqueen und Kirchen bauen", schrieben Sie in Ihrem eigenartigen Deutsch.
Jedermann in Preußen konnte sich auf das Recht verlassen, auch dieser Potsdamer Müller, mit dem Sie in Fehde lagen. Sie sagten, „Gazetten, wenn sie interessant sein sollen, dürfen nicht genieret werden" – eine höchst bemerkenswerte Einsicht, von der Ihre Nachfolger sofort wieder abrückten. Aber, Sire, von Gleichheit und bürgerlichen Freiheiten wollten Sie dann doch nichts wissen. Schon zu Ihren Lebzeiten kündigte sich die große Umwälzung an, die sich drei Jahre nach Ihrem Tode in der französischen Revolution entlud. Sie nahmen das Gewittergrollen nicht wahr, Sire. Sie wollten den preußischen Adelsstaat verewigen. Sie verwehrten den Bürgern sogar das Recht, Gutsbesitzer zu werden. Das Militär sollte „der erste Stand im Königreich" bleiben, aber „Bürgerliche" hatten zum Offiziersberuf keinen Zutritt. War das Gerechtigkeit, Sire? Konnte das dauern?

Mit Ihrem Freund d'Alembert, dem französischen Philosophen, erörterten Sie die Frage, ob man das „Volk aufklären" solle. Und Sie kamen zu dem Schluss, dass dies „verlorene Mühe" wäre: „Man muss sich damit zufrieden geben, für sich weise zu sein, sofern man es sein kann, und soll das gemeine Volk im Irrtum belassen und nur versuchen, es von Verbrechen abzuhalten, die die Ordnung der Gesellschaft stören."

Ja, Sie waren „weise für sich", und Sie konnten es sein. Sie machten Sanssouci zu einer Oase des Geistes: morgens die Flöte, mittags Tafelrunde mit Disputen über Gott und die Welt, über Kunst und Politik. Abends wieder Musik, Aufführung eigener Kompositionen. Dazwischen Staatsgeschäfte, Korrespondenz, Verwaltungskram. Hin und wieder Inspektionsreisen durch das Land, wortkarg, bissig, kenntnisreich.

So vergingen die Jahre, die Jahrzehnte. Im Volk hießen Sie am Ende Ihres langen Lebens der „Alte Fritz"– Sie wissen es. Es war nicht böse gemeint, Sire, es schwang Mitgefühl, vielleicht sogar so etwas wie Liebe mit in diesem Wort. Denn es wurde einsam um Sie. „Hat dieser Heros, der soviel von sich reden macht, hat dieser Eroberer einen einzigen Freund? Muss er nicht aller Welt misstrauen?" fragte Ihre alte Feindin Maria Theresia in Wien.

Nein, Sie hatten keine Freunde mehr, und Sie brauchten sie wohl auch nicht. Die Hunde genügten Ihnen. „Ein einsamer Freund der Weisheit, eingeschlossen in seinen kleinen Weinberg, wo er über den Aberwitz der Menschen nachdenkt" – so sahen Sie sich in Ihren späten Jahren. Mit Verlaub, Sire, trieben Sie die Bescheidenheit hier nicht ein wenig zu weit? Vergaßen Sie, dass Sie der absolute Herrscher über den bestorganisierten Militärstaat Europas waren? Dass in Preußen nichts, aber auch gar nichts, ohne Ihren Willen geschehen konnte?

Sire, es ist schmerzlich dies zu sagen, aber als Sie die Augen schlossen nach 46-jähriger Herrschaft, da atmete Preußen auf. Graf Mirabeau, Ihr Bewunderer, war entrüstet über das „unwürdige Schauspiel“, das Berlin am Todestag des Helden bot: „Alles war düster, niemand traurig. Kein Bedauern, kein Seufzen, kein Wort des Lobes.“ Damit also enden so viele gewonnene Schlachten, so viel Ruhm, eine Regierung von fast einem halben Jahrhundert! Man war dessen müde.

Sire, das Urteil der Nachwelt war Ihnen gewiss immer gleichgültig, aber glaubten Sie im Ernst, dass man Ihren letzten Willen erfüllen würde? Den König von Preußen einfach so in die Grube senken, „um Mitternacht, ohne Pomp, ohne Prunk und ohne die geringsten Zeremonien – beim Schein einer Laterne, ohne dass mir jemand folgt“ – das war eine Provokation, Sire, Ihre letzte. Friedrich der Große ohne den Segen der Kirche, neben seinen Hunden unter dem grünen Rasen – das ging denn nun doch nicht.

Ihr flotter Herr Neffe, Sire, der Ihnen auf dem Thron folgte, scherte sich den Kuckuck um Ihr Testament. Er ließ Sie mit großem Theater in der Potsdamer Garnisonkirche beisetzen, neben Ihrem Vater – eine groteske Pointe.

Sire, wir hatten später Kriege, gegen welche die Ihrigen zu Bagatellen verblassten. Außer Sanssouci ging in Potsdam alles in Flammen auf, auch die Garnisonkirche. Man hatte Sie rechtzeitig in Sicherheit gebracht, zusammen mit Ihrem Vater. Sie kamen ins Schwabenland, auf die Hohenzollernburg, von wo Ihre Ahnen einst aufgebrochen waren. Sind Sie zu Lebzeiten jemals dort gewesen, Sire? Sehr unpreußisch alles – bergige Gegend, unverständlicher Dialekt, katholisch. Nun bringt man Sie nach Sanssouci zurück. Man gibt vor, Ihren letzten Willen zu erfüllen, aber man tut es natürlich zur Erhöhung des eigenen Ansehens – vom Vorsteher des längst entthronten Hauses Hohenzollern, einem harmlosen Nachfahren von Ihnen, Sire, bis zum Regierungschef unserer Republik, der sich beflissen an Ihren Sarg drängt, um den Mantel der Geschichte zu erhaschen, den er sich gern selbst umhängen möchte.

Die Stadt Potsdam schließlich erhofft sich durch Ihre Anwesenheit eine weitere Hebung des Fremdenverkehrs. Sire, die Ruhe, auf die Sie Anspruch haben, werden Sie hier kaum finden. 1,3 Millionen Menschen trotten jährlich durch Ihr Schloss, über Ihre Terrasse. Täglich wird man mit Fingern auf die Steinplatte zeigen und sagen: „Dort liegt er." Und die Kinder werden fragen: „Wer?"

Sire, es sind andere Zeiten. Das gemeine Volk ist nun aufgeklärt. Aber man schreibt keine Sonette mehr. Undenkbar, dass man die Regierungsgeschäfte mit einem Flötenkonzert beginnt, und ganz unvorstellbar, dass unser gegenwärtiger Regent auch nur einen einzigen Brief von der Eleganz Ihrer Korrespondenz zu Papier bringen könnte. Man wäre schon froh, wenn die heutigen Inhaber der Macht sich so geläufig wie Sie in einer Weltsprache ausdrücken könnten.

Was aber die allgemeine Lage des Menschengeschlechts betrifft, Sire, so hat sich seit Ihrer Zeit nicht viel geändert. Abgesehen von ein paar höchst überflüssigen Erfindungen, die das Leben nur komplizierter gemacht haben, würden Sie bestätigt finden, was Sie vor mehr als 220 Jahren an Ihren Briefpartner d'Alembert schrieben: „Alles das lässt mich überzeugt sein, dass mit dieser hübschen zweibeinigen und ungefiederten Gattung nichts zu erreichen ist und dass sie wahrscheinlich für immer der Spielball der Schurken bleibt, die nur darauf aus sind, sie hinters Licht zu führen."

Sie haben nur zu Recht, Sire, aber sollen wir uns damit zufriedengeben?

Was ist des Deutschen Vaterland? Weder Einheit noch Freiheit

Es war ein kühler Frühlingstag in Mannheim. Regen hing in der Luft. Der junge Mann lief unruhig durch die Straßen. Er war am Abend zuvor in der Stadt eingetroffen, nach wochenlangem Fußmarsch quer durch Deutschland. Endlich war er am Ziel. Heute noch würde er seine Tat vollbringen. Eine Tat, die Deutschland aufrütteln sollte, ein Fanal, mit Blut geschrieben. Die ganze Nation würde sich dieses Datum merken: den 23. März 1819. Und seinen Namen dazu: Karl Ludwig Sand aus Wunsiedel, 23 Jahre alt, Student der Theologie.

Seit einem Jahr hat er sich auf die Tat vorbereitet. Sie darf nicht misslingen. Er führt zwei Dolche mit sich, einen kleinen und einen großen, fast schon ein Kurzschwert. Er hat Vorlesungen in Anatomie besucht, um zu wissen, wie man das Herz trifft. Er hat sich auch innerlich vorbereitet, hat in Briefen an Freunde, Eltern und Lehrer die Tat begründet und gerechtfertigt.

Es sind Abschiedsbriefe, denn der junge Mann will auch sein eigenes Leben opfern. In seiner Tasche stecken das Johannesevangelium und ein Gedichtband seines Idols Theodor Körner. Einen Vers aus dem berühmten „Aufruf" des Kriegsdichters hat er unterstrichen: „Drück Dir den Speer ins treue Herz hinein / Der Freiheit eine Gasse / Wasch die Erde, Dein deutsches Land, mit Deinem Blute rein."

Der Mann, den Sand töten will, ahnt nicht im Geringsten, dass er zum Opfer ausersehen ist. Er gehört nicht zu den

Machthabern, besitzt kein öffentliches Amt, übt kein Mandat aus: August von Kotzebue, erfolgreichster Bühnenautor seiner Zeit. Seine Stücke, leichte Komödien voller Ironie und Witz – mehr als 200 hat er geschrieben –, sind Kassenschlager in ganz Deutschland. Sein berühmtestes Werk: „Die deutschen Kleinstädter" mit dem Schauplatz „Krähwinkel", eine Persiflage deutschen Spießertums.
Kotzebue ist eine Institution in der deutschen Kulturszene: Goethe als Intendant des Weimarer Staatstheaters hat allein 87 Stücke von ihm aufgeführt, und Beethoven bat den Meister ehrerbietigst um eine Oper „von Ihrem einzig dramatischen Genie".
Doch der erfolgverwöhnte Mann hat sein Publikum in letzter Zeit irritiert. Er hat sich auf politisches Glatteis begeben, und da er ein Zyniker ist, liebt er die Provokation. Er gibt eine eigene Zeitung heraus und ergreift offen die Partei der Reaktion. Er spottet über alles, was der neu-deutschen Jugendbewegung heilig ist – Nation, Vaterland, Freiheit. Er ist gegen die studentischen Burschenschaften, gegen das Geschwätz von deutscher Einheit und für die Fürsten. Und als herauskommt, dass er an die russische Regierung vertrauliche Berichte über die Zustände in Deutschland liefert, wird der frivole Stückeschreiber zum bestgehassten Mann der deutschen Nationalbewegung, zur „Eiterbeule".
Karl Ludwig Sand sieht sich als Werkzeug der Gerechtigkeit: „Soll die Sache der Menschheit aufkommen in unserem Vaterlande, soll die Begeisterung wieder auflohen, so muss der Schlechte, der Verräter und Verführer der Jugend, nieder! Ich kann nimmer ruhen, bis der Spottbube Kotzebue durch meine Hand seinen Lohn erhalten wird."
Am Nachmittag des 23. März 1819 betritt der Mörder das Haus seines Opfers. Er gibt sich als Verehrer des Dichters aus und wird in den Salon geführt. Kotzebue erscheint nach wenigen Augenblicken. Zum ersten Mal erblickt Sand den Mann, den er töten will: einen jovialen, beleibten Herrn von 57 Jahren. Kotzebue kann gerade noch fragen, mit

wem er das Vergnügen habe, da stößt Sand zu. „Hier nimm, du Verräter des Vaterlandes!“ ruft er.
Der erste Stoß trifft Kotzebue ins Gesicht. Er reißt die Hände hoch. Jetzt liegt die Brust frei. Sand stößt zum zweiten Mal zu. Der Dolch durchbohrt das Herz und zerfetzt die Lunge. Kotzebue bricht lautlos zusammen.
Während das Gesinde zusammenläuft, kann der Mörder auf die Straße entkommen. Vor Kotzebues Haus stößt er sich den kleinen Dolch in die Brust. „Es lebe mein deutsches Vaterland!“ ruft er den entsetzten Passanten zu, und: „Ich danke dir, Gott, für diesen Sieg!“ Dann verliert er das Bewusstsein. Die zu Hilfe gerufene Polizei lässt ihn ins Hospital bringen.

Der Mord an Kotzebue ist die erste Bluttat der deutschen Nationalbewegung. In Windeseile verbreitet sich die Nachricht: Deutschlands populärster Autor von einem unbekannten jungen Fanatiker im Namen des „Vaterlandes“ ermordet – das ist unglaublich, unvorstellbar, unbegreifbar. In den Staatskanzleien von Berlin bis Wien löst die Meldung Alarm aus – unter den Studenten von Jena dagegen klammheimliche Freude, denn es war einer der ihren, der dem „Verräter“ den Todesstoß gab.
Deutschland ist über Nacht ein anderes Land geworden. Etwas Neues, Unheimliches ist plötzlich zutage getreten: ein mörderischer Fanatismus, wie man ihn bisher nicht kannte, ein Hass, der an Wahnsinn grenzt und vor Verbrechen nicht zurückschreckt. Denn alsbald wird klar, dass es nicht die Tat eines Wirrkopfs war, sondern dass der Mörder sehr überlegt handelte und nur ausführte, was im Lager seiner Freunde gedacht und gesagt wurde.
Das Attentat ist die erste gewalttätige Manifestation eines Fiebers, das die Nation seit den Befreiungskriegen gegen Napoleon schüttelt. Noch 20 Jahre zuvor galt Deutschland als ein schlafender Riese. Die Französische Revolution war mehr oder weniger spurlos am „Land der Dichter und Den-

ker" vorbeigegangen. Niemand lief hier auf die Straße und verlangte „Freiheit", niemand wurde hier geköpft.

Die Deutschen waren kein politisches Volk. Jahrhundertelang an Knechtschaft und Drangsalierung gewöhnt, sehnten sie sich vor allem danach, in Ruhe gelassen zu werden. „Die Ofen, das Bier und der Tabakrauch bilden in Deutschland um die Leute aus dem Volk eine schwere und warme Atmosphäre, die sie nur ungern verlassen", schreibt Madame de Staël, die französische Intellektuelle, die Deutschland zu Beginn des 19. Jahrhunderts bereist. „Die Entschlüsse sind langsam, während die Entmutigung leicht um sich greift, weil ein für gewöhnlich ziemlich trauriges Dasein nicht viel Vertrauen in das Glück einflößt."

Die Deutschen konnten nicht stolz sein auf ihr Land, und sie waren es auch nicht. „So, wie wir sind", schrieb der Reichsfreiherr Friedrich Karl von Moser 1766, „sind wir schon Jahrhunderte hindurch ein Rätsel politischer Verfassung, ein Raub der Nachbarn, ein Gegenstand ihrer Spöttereien, uneinig unter uns selbst, kraftlos durch unsere Trennungen, unzusammenhängend in Grundsätzen, gewalttätig in deren Ausführung, ein großes, aber gleich wohl verachtetes, ein in der Möglichkeit glückliches, tatsächlich aber sehr bedauernswertes Volk."

Kaum ein deutscher Dichter oder Philosoph, der nicht an Deutschland leidet, kaum einer, der nicht ein Klagelied voll Selbstmitleid und Selbsthass anstimmt, am bittersten Friedrich Hölderlin im *Hyperion*: „Es ist ein hartes Wort, und dennoch sag ich's, weil es Wahrheit ist: Ich kann kein Volk mir denken, dass zerrissner wäre wie die Deutschen. Handwerker siehst du, aber keine Menschen, Denker, aber keine Menschen, Priester, aber keine Menschen, Herrn und Knechte, Jungen und gesetzte Leute, aber keine Menschen – ist das nicht wie ein Schlachtfeld, wo Hände und Arme und alle Glieder zerstückelt untereinander liegen, indessen das vergossne Lebensblut im Sande zerrinnt?"

Woran auch sollten sich die Deutschen aufrichten? Was konnte sie zu „Menschen", zu freien Bürgern machen? Wie sollten sie zur Nation werden? Es gab nur Fürsten und Untertanen. „Deutschland" war eine Fiktion, ein nebelhafter Begriff, von dem niemand sagen konnte, was er eigentlich meinte. Einen deutschen Nationalstaat gab es nicht. Das „Heilige Römische Reich Deutscher Nation" war ein mittelalterlich drapiertes Gespenst, ein absurder Club von mehr als 300 Territorialfürsten und Reichsstädten, die eifersüchtig über ihre Souveränität wachten und abwechselnd gegeneinander oder sogar, wie Friedrich der Große, gegen das Ganze, gegen Kaiser und Reich, Krieg führten. „Das liebe Heilge Römsche Reich, wie hält's nur noch zusammen?" spottet Goethe im *Faust*.

Aber dann ist es plötzlich vorbei mit dem Spukgebilde. Napoleon zerschlägt das morsche Reich. 1806 legt der letzte Kaiser, Franz II. von Österreich, die deutsche Krone nieder und erklärt das Römische Reich Deutscher Nation für erloschen – eine denkwürdige Weltsekunde.

Nun gab es auch formal kein gemeinsames Dach mehr für die Deutschen. „Deutschland" war von der Landkarte verschwunden. Es gab nur noch Preußen, Österreich und den Rheinbund. Preußen war besetzt, Österreich zur Ohnmacht verurteilt, der Rheinbund eine französische Satrapie.

Niemand weinte dem alten Reich eine Träne nach, dennoch war sein plötzlicher Untergang ein Schock. Für einen Augenblick herrschte die Windstille nach dem Orkan in Deutschland – die Stille der Stunde Null. Das Alte war tot, der Weg für das Neue frei.

Das Neue wartete seit langem auf seinen Auftritt. Jetzt erschien es dröhnend auf der Bühne: Es war der Ruf nach dem Nationalstaat. Die Idee lag seit der Französischen Revolution in der Luft. Sie war gekoppelt mit der Idee der Freiheit und Brüderlichkeit, und sie fand überall in Europa Widerhall. Doch in Deutschland hatte sie von Anfang an einen anderen, einen besonderen Klang. Nicht der Ruf nach Selbstbestimmung und Bürgerrechten machte den Grundton aus, sondern ein dunkler Erlöserglaube, der die Worte „Volk“, „Vaterland“, „Nation“ zu quasi-religiösen Begriffen verklärte. „Deutschland“ – das war nun nicht mehr ein blasser Schemen, sondern ein Zauberwort, eine Heilserwartung, die Errettung aus aller Not und Bedrängnis der Gegenwart.

Nach Jahrhunderten nationaler Zerrissenheit erlebte Deutschland eine Eruption nationaler Selbstverklärung. Erniedrigung schlug um in Aggression, Servilität in Hass. Alles was den späteren deutschen Nationalismus ausmacht – die wahnhafte Selbstüberschätzung, der Glaube an die deutsche Weltmission, die totalitäre Staatsidee bis hin zur Rassenideologie des Nationalsozialismus – all dies ist vom ersten Augenblick an im Keim da und wird in den Jahren der napoleonischen Unterdrückung formuliert.

Das Zentrum der jungen Nationalbewegung ist Berlin. Es sind vor allem drei Männer, die ihr Profil und Programm geben: Ernst Moritz Arndt, Johann Gottlieb Fichte und Friedrich Ludwig Jahn – der Dichter, der Philosoph und der Demagoge. Sie werden zu mythischen Leitfiguren des deutschen Nationalismus.

Arndt schreibt das Lied, das später Generationen deutscher Schüler auswendig lernen werden: „Was ist des Deutschen Vaterland?“ Es stellt die Kernfrage der Nationalbewegung und gibt zugleich die Antwort: „So weit die deutsche Zunge klingt / Und Gott im Himmel Lieder singt / Das soll es sein! / Das, wackrer Deutscher, nenne dein!“

Es ist der erste Glaubensartikel der Bewegung: Deutschland ein Einheitsstaat, „von der Maas bis an die Memel, von der Etsch bis an den Belt“, wie August Heinrich Hoffmann von Fallersleben 1841 dichten wird. Die Idee ist eine doppelte Kampfansage: an die äußeren Feinde Deutschlands und an die deutschen Fürsten, die diesem imaginären Deutschland im Wege stehen.

Dichter und Agitator. Ernst Moritz Arndt (oben links): „Frisch auf denn, Hass!“

Philosoph und „Volksbefreier“. Johann Gottlieb Fichte (oben rechts), hier in einer Karikatur von 1813 als Berliner Landsturmmann: „Deutschland – glorreichster Name unter allen Völkern“

„Turnvater“ und Demagoge. Friedrich Ludwig Jahn (unten): „Veredeltes Volk aufziehen“

Arndt ist nicht nur Dichter, sondern auch sprachgewaltiger Pamphletist und Programmatiker. Er erhebt die „Deutschheit“ zur moralischen Kategorie, zum heiligen Gut, das hoch über der „welschen“ Rationalität steht: „Heiliger Born deutscher Tiefe und Höhe, gläubige Demut, unendliche Sehnsucht, alles umarmende Liebe, auch dich, oft zu phantastische Phantasie meines Volkes, euch verehre ich.“

Die Anbetung der „Deutschheit“ ist gepaart mit der Verachtung alles „Undeutschen“. Wütend polemisiert Arndt gegen die „Verbastardung“ des Volkes, gegen „Kosmopolitismus“ und „Liberalismus“. Die deutschen Klassiker nennt er „veredelte Juden“, denn: „Sie schlossen die ganze Welt in den weiten Mantel der Liebe ein, aber übersahen nur, dass die Leute zu Hause froren. Sein Fazit: „Unsere deutsche Äfferei und Elendigkeit kann nur durch das Eisen getilgt werden, und zwar durch unser eigenes Eisen ... Frisch auf denn, Hass, mutiger, lebendiger Wind in die Segel der Seele, wehe, blase, brenne, ja donnere und zerschmettere, wenn du kannst! Du bist mein Glück und mein Stolz, du bist mein Schirm und meine Stärke.“

Es ist die blumige Sprache der Romantik, aber der Dichter meint es todernst, und seine Worte senken sich tief in die Seelen seiner jungen Leser.

Zur gleichen Zeit liefert der Philosophie-Professor Fichte den ideologischen Überbau. Seine *Reden an die deutsche Nation*, die er im Winter 1807/08 im besetzten Berlin hält und die sogleich als Flugschriften verbreitet werden, prägen den deutschen Nationalismus bis weit ins 20. Jahrhundert hinein. Ihre Kernthese lautet: Die Deutschen sind das „Urvolk“, und sie werden, wenn sie sich erst selbst befreit haben, die Menschheit erlösen.

„Ihr sehet im Geiste durch dieses Geschlecht den deutschen Namen (sich) zum glorreichsten unter allen Völkern erheben“, ruft Fichte den Hörern zu, die ihm andächtig zu Füßen sitzen. „Ihr sehet diese Nation als Wiedergebärerin und Wiederherstellerin der Welt ... Wenn ihr versinkt, so versinkt die ganze Menschheit mit, ohne Hoffnung einer einstigen Wiederherstellung."

Erstaunlicherweise schritt die französische Besatzungsmacht nicht ein, wohl, weil sie so krauses Zeug nicht ernst nahm. Doch es hatte Folgen.

Was Arndt in patriotischer Lyrik und Fichte in akademischer Rede verkündeten, übersetzte Friedrich Ludwig Jahn in Volkes Sprache. Er geistert bis heute unter dem harmlosen Beinamen „Turnvater" durch die Geschichtsbücher, doch er war der mit Abstand wildeste Demagoge dieser Jahre. Seine Schrift *Deutsches Volkstum*, die, ebenfalls zur Franzosenzeit, 1810 erschien, ist die Bibel der Jugendbewegung. Sie enthält das ganze Rüstzeug der völkischen Ideologie.

Jahn fordert die totale „Deutschheit" und die Ausmerzung alles Fremden: „Je reiner ein Volk, je besser – je vermischter, je bandenmäßiger." Er hasst die Franzosen, die Intellektuellen, die Juden und will „ein neues veredeltes Volk aufziehen". Ausländische Stücke sollen nicht mehr gespielt werden. „Jeder welsche Gesang muss auf der Bühne aufhören." Modische Kleidung wird abgeschafft, die Deutschen sollen nur noch, wie er selbst und seine Turner, „deutsche Tracht" tragen: schwarzen Rock und Schillerkragen. Jahn denkt auch als erster an Rassengesetze: Fortpflanzung ist die erste Bürgerpflicht. „Wer nicht heiratet, obwohl er gesund ist, verliert das Bürgerrecht." Desgleichen, „wer sich mit einer noch nicht eingebürgerten Undeutschen verheiratet". Jahns „Teutomanie" wird auch von vielen Mitstreitern bespöttelt, doch unter den rebellischen Studenten ist er die unangefochtene Autorität. Einer seiner glühenden Verehrer ist der junge Karl Ludwig Sand.

1813 schlägt endlich die Stunde der Befreiung. Napoleon wurde in der Völkerschlacht bei Leipzig bezwungen, die Fremdherrschaft ist gebrochen. Ein ungeheurer Jubel geht durch das Land. Die Sehnsucht nach dem vereinten deutschen Vaterland scheint vor der Erfüllung zu stehen, doch sie wird bitter enttäuscht: Die Fürsten, allen voran die Habsburger und die Hohenzollern, denken nicht daran, auch nur einen Hauch ihrer Souveränität an eine wie auch immer geartete gesamtdeutsche Institution abzutreten.

Als eine Art Ersatzvaterland wird der Deutsche Bund gegründet, der weniger als das alte Reich ist: eine lose Konföderation der nach den napoleonischen Wirren verbleibenden 38 deutschen Staaten und freien Städte. Eine Volksvertretung gibt es nicht. Der Bundestag besteht lediglich aus den Gesandten der Mitgliedstaaten. Er wird beherrscht von Österreich, genauer: vom Wiener Staatskanzler Fürst Metternich.

Die Politik des Fürsten hat ein einziges, simples Credo: die Welt zurückzudrehen auf die Zeit vor der Französischen Revolution. Alles was danach kam – Demokratie, Volksherrschaft, Nationalbewegung –, ist in seinen Augen des Teufels. Folglich hat der Deutsche Bund nur eine einzige Aufgabe: den Status quo zu erhalten und alle revolutionären Umtriebe zu unterbinden. Das feierliche Versprechen der deutschen Monarchen nach dem Sieg über Napoleon, ihren Völkern eine Verfassung, also freie Wahlen, Bürgerrechte und Pressefreiheit zu gewähren, wird kaltschnäuzig gebrochen.

Nur einer hält sein Wort: der Großherzog Karl August von Sachsen-Weimar. Sein kleiner Staat, dessen geistiger Übervater der Geheimrat Goethe ist, wird zur liberalen Trutzburg in Deutschland. In Jena, der Universitätsstadt des Herzogtums, sammelt sich die Nationalbewegung. 1815 wird hier, unter dem Einfluss Jahns, die erste Burschenschaft gegründet. Ihr Ziel: ein deutscher Nationalstaat, ihr Motto: „Ehre, Freiheit, Vaterland“, ihre Farben: Schwarz-Rot-Gold. Die Pflichten des Burschen: „Über alles hoch muss ihm das deutsche Volk und das deutsche Vaterland gelten, und er muss deutsch sein in Worten, Werken und Leben.“

Goethe, der alternde Weltbürger, steht der Deutschtümelei, die sich vor seiner Haustür abspielt, äußerst reserviert gegenüber. In Wahrheit findet er sie abscheulich. Mit Schiller dichtete er einst: „Zur Nation euch zu bilden, ihr hofft es, Deutsche, vergebens / bildet statt dessen, ihr könnt es, freier zu Menschen euch aus."

Dem Professor Heinrich Luden, der ihn 1813 für die nationale Sache begeistern will, entgegnet Goethe kühl: „Glauben Sie ja nicht, dass ich gleichgültig wäre gegen die großen Ideen Freiheit, Volk, Vaterland. Auch mir liegt Deutschland warm am Herzen. Ich habe oft bitteren Schmerz empfunden bei dem Gedanken an das deutsche Volk, das so achtbar im Einzelnen und so miserabel im Ganzen ist."

Jetzt steht plötzlich einer dieser Burschenschafter namens Sand vor Goethe und bittet ihn, sich dafür einzusetzen, dass in Jena eine gedeckte Turnhalle gebaut wird, damit man auch im Winter für das Vaterland üben könne. Der Dichterfürst weist den Burschen ungnädig ab.

Herzog Karl August indessen ist toleranter als sein intellektueller Freund und Ratgeber und lässt die Burschenschaften gewähren. 1817 kommt es zum Eklat. Die Jenaer Burschenschaft veranstaltet zum vierten Jahrestag der Völkerschlacht bei Leipzig eine gesamtdeutsche Studentenkundgebung auf der Wartburg, die auf dem Territorium von Sachsen-Weimar liegt. Hunderte kommen aus ganz Deutschland – Studenten, Professoren, Literaten. Auch Jahn und Arndt sind dabei. Es ist die erste öffentliche Demonstration für ein freies, einiges Deutschland. Schwarzrotgoldene Fahnen wehen, feurige Reden werden gehalten.

Doch es geht weniger um Bürgerfreiheit als vielmehr um die wahre „Deutschheit" und die inneren Feinde der nationalen Wiedergeburt. Am Abend des Festtages wird ein Feuer entfacht, und in die Flammen werden Makulaturbogen mit den Titeln „undeutscher" Schriften geworfen – so kulminiert die erste Kundgebung der deutschen Nationalbewegung in einer symbolischen Bücherverbrennung. Zu den Büchern gehört neben dem *Code Napoleon* und dem preußischen *Kodex der Gendarmerie* auch die unpatriotische *Geschichte des Deutschen Reiches* von August von Kotzebue, dem Komödiendichter.

In der Menge am Feuer steht Karl Ludwig Sand. Er verteilt ein eigenes Flugblatt: „Jedwedem Unreinen, Unehrlichen, Schlechten, und wer nur immer seinen deutschen Namen entehrt, soll der Einzelne auf eigene Faust zum offenen Kampfe entgegentreten."

Die Wartburgfeier, unverzüglich in Dutzenden von Druckschriften bekannt gemacht, wird zum politischen Skandal. In Wien und Berlin ist man aufs höchste alarmiert. Sachsen-Weimar gilt plötzlich als „Brutanstalt des Jakobinismus" (Metternich), der Herzog wird hämisch „Oberbursche" tituliert. Preußen verbietet die Burschenschaften und untersagt seinen Untertanen, in Jena zu studieren. Zar Alexander I., dessen Schwester mit dem weimarischen Thronerben verheiratet ist, schreibt einen besorgten Brief an Karl August.

Der Herzog beugt sich nicht, Jena bleibt eine freie Universität. Aber die Spirale beginnt sich zu drehen. Während die Repression in Deutschland zunimmt, radikalisieren sich die Studenten. Geheimbünde bilden sich. Einer davon nennt sich die „Unbedingten". Ihr Führer, Karl Follen, ein deutscher Jakobiner, fordert die egalitäre Republik und rechtfertigt alle Mittel, einschließlich des Terrors. Aber auch bei ihm sind die Deutschen die auserwählte Nation, „der Völker Volk".

Zu den Gefolgsleuten Follens gehört Karl Ludwig Sand. Als ruchbar wird, dass einer der „Hauptverräter", der Spötter Kotzebue, im Dienst des Zaren steht, beschließt Sand zu handeln. Er macht sich auf den Weg nach Mannheim.

Der Mord an Kotzebue verändert Deutschland. Es ist, als hätte man eine Bombe in die Staatskanzleien von Wien und

Bücherverbrennung 1817: Am 18. Oktober kommt es auf der Wartburg zur ersten völkischen Kundgebung der Burschenschaften. Die Studenten fordern Einheit und Freiheit, kämpfen aber zugleich gegen Liberalismus und ausländische Einflüsse und verbrennen „undeutsche" Bücher.

Berlin geworfen. Auf einer Panikkonferenz im böhmischen Karlsbad setzt Metternich die „Karlsbader Beschlüsse" durch, die den Deutschen Bund in ein geistiges Gefängnis verwandeln:

Die Universitäten werden unter staatliche Kontrolle gestellt, die Burschenschaften im ganzen Bundesgebiet verboten, ebenso die Turner-Organisationen. Die allgemeine Pressezensur wird eingeführt, Verstöße werden mit Berufsverbot bedroht. Schließlich wird in Mainz eine zentrale Überwachungsbehörde zur Bekämpfung revolutionärer Umtriebe errichtet – die einzige gesamtdeutsche Institution. Die Sprecher der Nationalbewegung werden verhaftet (wie „Turnvater" Jahn) oder aus den Universitäten entfernt (wie Ernst Moritz Arndt). Für viele beginnt der Leidensweg der Emigration und der Verfemung.

Karl Ludwig Sand hatte Deutschland aufrütteln wollen – seine Tat bewirkte das Gegenteil. Deutschland war zurück-

Der Attentäter avanciert zum Helden. Karl Ludwig Sand, der Mörder des Schriftstellers Kotzebue, wird am 20. Mai 1820 in Mannheim enthauptet – ein Märtyrer in den Augen seiner Gesinnungsgenossen.

geworfen in eine Zeit der Verfolgung und geistigen Finsternis.

Der Attentäter stirbt auf dem Schafott. Die Ärzte hatten ihre ganze Kunst aufgeboten, um sein Leben zu retten und es dem Scharfrichter zu überantworten. Am 20. Mai 1820 wird Sand in Mannheim öffentlich enthauptet.

Eine riesige Menschenmenge wohnt der Hinrichtung bei. Karl Ludwig Sand ist der populärste Mörder seit langem. Holzsplitter des Schafotts, mit seinem Blut getränkt, werden schon am selben Tag als Reliquien verkauft. In Volksliedern wird er zum Helden verklärt, und in einem weit verbreiteten Flugblatt heißt es: „So, wie die Tat geschehen ist / mit diesem Glauben, dieser Zuversicht / ist sie ein schönes Zeichen der Zeit."

Die deutsche Nationalbewegung hat ihren ersten Märtyrer.

Gegen Demokraten helfen nur Soldaten: Die gescheiterte Revolution

Im dritten Jahr seines französischen Exils, im Sommer 1833, hatte Heinrich Heine eine seltsame Begegnung. Er war, um innere Ruhe zu finden, in die Normandie gereist. Bei einem Spaziergang am Meer traf er unversehens auf einen Zug Auswanderer, ein elendes Häuflein Menschen, die sich im nächsten Hafen einschiffen wollten. Es waren Deutsche. Sie boten dem Dichter ein Bild des Jammers: „Alles Blut stieg mir plötzlich in die Herzkammern und klopfte gegen die Rippen, als müsse es heraus aus der Brust, und der Atem stockte mir in der Kehle. Ja, es war das Vaterland selbst, das mir begegnete in der Fremde, im Elend, und ich drückte ihnen die Hand, als gäbe ich dem Vaterland selber den Handschlag. ‚Warum habt ihr Deutschland verlassen', fragte ich diese armen Leute. ‚Das Land ist gut, und wir wären gern dageblieben', antworteten sie, ‚aber wir konnten's nicht länger aushalten.'"
„Bis tief in die Nacht stand ich am Meer und weinte", schreibt Heine, krank vor Heimweh und zugleich voll Zorn über das eigene Vaterland. „Ich schwöre es bei allen Göttern des Himmels und der Erde: Der zehnte Teil von dem, was jene Leute in Deutschland erduldet haben, hätte in Frankreich 36 Revolutionen hervorgebracht und 36 Königen die Krone mitsamt dem Kopf gekostet."
Es war die Zeit der dumpfesten Repression in Deutschland. Alle Hoffnung auf „Einheit und Freiheit" war zerschlagen. Die besten Köpfe waren in die Emigration getrieben, saßen

im Kerker oder waren zum Schweigen gebracht worden. Der Polizeispitzel und der Zensor waren die wirklichen Herrscher des Landes. Aber es sollte noch 15 Jahre dauern, bis Deutschland seine erste Revolution erlebte – wenn das, was 1848 geschah, wirklich eine Revolution genannt werden kann.

Die Wende kam unerwartet, der Anstoß nicht von innen, sondern von außen: In Paris hatte es im Februar 1848 einen Umsturz gegeben. Der König war verjagt, die Republik wiederhergestellt worden. Der Funke sprang auf ganz Europa über, auch auf Deutschland. Das System Metternich, das aus dem Deutschen Bund eine Zwangsanstalt gemacht hatte, war am Ende. In allen deutschen Residenzstädten liefen die Menschen auf die Straße und forderten die seit 35 Jahren versprochenen Bürgerrechte. Panik erfasst die deutschen Fürsten. Um Kopf und Thron zu retten, geben sie den Forderungen nach einer Verfassung, freien Wahlen und nationaler Einheit widerstandslos nach.

Nur in Berlin kommt es zum Blutbad. Zwar hat König Friedrich Wilhelm IV., den die Historiker so gern den „Romantiker auf dem Thron" nennen, am 18. März „alles bewilligt". Doch als die Menschenmenge vor dem Schloss nicht weichen will, fallen Schüsse aus den Reihen der Wache. Stunden später ist ganz Berlin in Aufruhr. Überall formieren sich Bürgerwehren, dilettantisch und schlecht bewaffnet, aber voll revolutionären Eifers. Überall werden Barrikaden errichtet, überall wehen schwarzrotgoldene Fahnen, daneben vieler Orts auch das rote Banner des Sozialismus – Preußen erlebt die erste Revolution seiner Geschichte.

Der „Romantiker auf dem Thron" schickt die Armee vor. Artillerie fährt auf. Mit militärischer Präzision wird Barrikade um Barrikade zusammengeschossen, die Fliehenden werden in die Häuser verfolgt und herausgeholt, viele füsiliert. Trotzdem gelingt es der Armee nicht, die Stadt unter Kontrolle zu bringen. Friedrich Wilhelm, ein realitätsferner

Reaktionär, aber kein Bluthund, lässt den Kampf einstellen und die Truppen abziehen. Die Offiziere sind erbittert. Sie hätten gern Remedur gemacht. Ein junger Major namens Roon, später Bismarcks Kriegsminister, schreibt in sein Tagebuch: „Mein Gott, mein Gott, warum hast Du uns verlassen?"
Am Morgen des 19. März wälzt sich abermals eine Menschenmenge zum Schloss. Sie führt die Toten des Vortages mit sich – 183 Leichen, mit offenen Wunden, blutverkrustet, Burschen von 15 Jahren darunter. Bahre auf Bahre wird im Schlosshof abgesetzt. Gespenstische Stille liegt über der Szene. Der König und die Königin erscheinen. „Hut ab!" brüllt die Menge. Der König zieht die Mütze. Die Menge singt: „Jesus, meine Zuversicht." Die Königin ist totenbleich. „Jetzt fehlt nur noch die Guillotine", flüstert sie. Aber in Preußen köpft man keinen König. Friedrich Wilhelm kennt sein Volk. Um es zu beschwichtigen, nimmt er eine weitere Demütigung auf sich: Am übernächsten Tag, dem 21. März, reitet er durch das Zentrum Berlins. Über der Uniform trägt er eine schwarzrotgoldene Armbinde, die Farben der Revolution. Am Abend dieses Tages erscheint jene denkwürdige Proklamation, die den schwärzesten Tag im Leben Friedrich Wilhelms markiert: „Ich habe heute die alten deutschen Farben angenommen und Mich und Mein Volk unter das ehrwürdige Banner des Deutschen Reiches gestellt. Preußen geht fortan in Deutschland auf."

Berlin jubelt. Es sieht so aus, als habe die Revolution gesiegt. Die Bahn scheint frei für ein einiges, demokratisches Deutschland, der alte Traum steht vor der Erfüllung. Zunächst geht alles gut. Freie Wahlen finden statt, die ersten in der deutschen Geschichte. Zwei Monate nach der Revolution tritt die Nationalversammlung in der Frankfurter Paulskirche zusammen. Der Ort ist mit Bedacht gewählt. Frankfurt, einst Krönungsort im alten deutschen Reich, ist Freie Stadt und liegt somit außerhalb des Macht-

Eine Stadt wird zum Schlachtfeld. Berlin Alexanderplatz in der Nacht zum 19. März 1848: Unter den alten Reichsfarben Schwarz-Rot-Gold kämpfen Bürger und Arbeiter gegen die preußische Armee.

bereichs der beiden deutschen Großmächte Österreich und Preußen.

Die Nationalversammlung macht sich an die Arbeit. Sie ist ein Honoratioren-Parlament, die ehrenwerteste und gebildetste Versammlung, die Deutschland je haben wird. Es gibt noch keine Berufspolitiker. Drei Viertel der Abgeordneten sind Akademiker, viele Professoren, Schriftsteller, Publizisten darunter. Auch Ernst Moritz Arndt und „Turnvater“ Jahn, die Veteranen der Nationalbewegung, sind noch dabei. Aber sie nehmen sich in diesem von demokratischem Pathos vibrierenden Parlament wie Fossilien aus. Die tumbe Deutschtümelei von 1813 ist passé, man ist jetzt europäisch-aufgeklärt. Die Mehrheit ist liberal, das heißt, sie will einen demokratischen Verfassungsstaat unter dem Dach der Monarchie. Was sie auf keinen Fall will, ist Gewalt. Deutschlands Umwandlung soll gesittet vor sich gehen – „soviel guter Wille und soviel Zipfelmütze“, schreibt Kurt Tucholsky später.

Von Anfang an haftet dem Unternehmen Paulskirche etwas Surrealistisches an. Da ihnen der Sieg praktisch in den Schoß gefallen ist, glauben die Liberalen, die alten Machthaber hätten sich mit der Revolution abgefunden. Und so spielen sie mit tiefem Ernst Staatsgründung, ohne auch nur über einen Hauch realer Macht zu verfügen – denn kein deutscher Potentat war ja wirklich vom Thron gestoßen worden. Das Parlament kürt einen „Reichsverweser“ als provisorisches Staatsoberhaupt – den österreichischen Erzherzog Johann, der eine Reichsregierung einsetzt. Zum Kabinett gehört sogar ein Kriegsminister, der freilich über keine Truppen verfügt, so wenig wie die übrigen Ministerien über einen Beamtenapparat. Die Autorität der Reichsregierung endet an der Tür der Paulskirche. Und so wird aus der siegreichen Revolution ein deutsches Trauerspiel – tragisch und grotesk zugleich, im Letzten tief beschämend.

Die Hauptfrage der Nationalversammlung ist die alte Frage von Ernst Moritz Arndt: „Was ist des Deutschen Vaterland?“ Mit anderen Worten: Was soll zu dem Staat gehören, den man gründen will? Das Parlament ist gespalten in Großdeutsche und Kleindeutsche. Großdeutsch heißt: Österreich gehört dazu, kleindeutsch: Österreich bleibt draußen. Die Mehrheit, inklusive der Linken und der meisten Österreicher, denkt großdeutsch. Erstens hat Österreich immer dazugehört – es stellte die Kaiser im alten Reich, und es war die Präsidialmacht im Deutschen Bund –, zweitens fürchteten die Demokraten in einem Klein-Deutschland das Übergewicht Preußens, der reaktionärsten Macht in Deutschland. „Nicht einen Augenblick will ich hier sitzen, wenn Österreich nicht dabei ist“, ruft der aus der Emigration zurückgekehrte Kölner Publizist Jakob Venedey in der Debatte aus, und das Sitzungsprotokoll verzeichnet „stürmisches Bravo auf der linken Seite“. Die Sache hat bloß einen Haken: Der Anschluss Österreichs setzt die Auflösung des Habsburger Reiches voraus, denn man will sich ja nicht

„So viel guter Wille und so viel Zipfelmütze“: 18. Mai 1848, erste Sitzung der frei gewählten deutschen Nationalversammlung. Die Abgeordneten, die feierlich in die Frankfurter Paulskirche eingezogen sind, erstreben ein einiges, demokratisches Vaterland – ein Traum, aus dem es bald ein böses Erwachen gibt.

mit den Ungarn, Polen, Italienern und sonstigen Vasallenvölkern vereinen, die gerade in hellem Aufruhr gegen Wien stehen, sondern nur mit Deutsch-Österreich. „Kein Teil des Deutschen Reiches darf mit nichtdeutschen Ländern zu einem Staat vereinigt sein“, heißt es im Verfassungsentwurf der Paulskirche. Doch die ganze Debatte wird im luftleeren Raum geführt, denn die österreichische Regierung denkt natürlich nicht im Traum daran, die Habsburger Monarchie zugunsten eines imaginären deutschen Nationalstaates zu opfern. Zudem hat sie inzwischen den Schock des Frühjahrs überwunden und holt zum Vernichtungsschlag gegen die Revolution aus.

Nachdem die Erhebungen in Prag und Oberitalien niedergeschlagen sind, setzt Fürst Windischgrätz, der österreichische Oberbefehlshaber, zum Sturm auf die eigene Hauptstadt an, die sich seit dem März 1848 in der Hand der Revolution befindet. Wien wird von 70 000 Mann eingeschlos-

sen. Am 28. Oktober befiehlt Windischgrätz den Angriff. Alles, was Widerstand leistet, wird erbarmungslos zusammengeschossen. Nach wenigen Tagen herrscht Friedhofsruhe in der Hauptstadt.
Unter den Gefangenen befindet sich auch ein Abgeordneter der Frankfurter Paulskirche: Robert Blum, der feurige Volkstribun aus Sachsen. Er war mit einer Delegation nach Wien gekommen, um den österreichischen Genossen beizustehen. Windischgrätz lässt ihn – wohl wissend, was er tut – standrechtlich erschießen. Zweitausend Mann sind zur Hinrichtung abkommandiert, um der Exekution einen demonstrativen Charakter zu geben – eine blutige Verhöhnung des gesamtdeutschen Parlaments. Man schreibt den 9. November. Zum ersten Mal taucht das düstere Schicksalsdatum in der deutschen Geschichte auf. Österreichs Beispiel ermuntert Friedrich Wilhelm, nun auch zuzuschlagen. Alles, was er im März versprach, ist vergessen. „Gegen Demokraten helfen nur Soldaten", ist jetzt sein Motto. Als die preußische Nationalversammlung, die parallel zur Paulskirche tagt, die Worte „Von Gottes Gnaden" aus dem Verfassungsentwurf streicht, lässt der König die Armee marschieren. General Wrangel rückt mit der Garde in Berlin ein, doch diesmal kommt es nicht zu Blutvergießen. Die Bürgerwehr kapituliert, das Parlament wird aus der Stadt gejagt und kurz darauf aufgelöst – Preußen hat seine Ordnung wieder.

Die deutsche Revolution ist innerlich am Ende, doch in Frankfurt spielt die Paulskirche weiter Staatsgründung, als wäre nichts passiert – ein Schattenparlament in einem Reich der Phantasie. Im März 1849 wird die „Verfassung des Deutschen Reiches" verabschiedet – ein wunderschönes Papier mit allen Grundrechten, die ein Jahrhundert später im Bonner Grundgesetz stehen werden, darunter Paragraph 139: „Die Todesstrafe ist abgeschafft." Nun braucht man nur noch einen Kaiser, denn die Paulskirche hat sich nach leidenschaftlichen Debatten für die Erbmonarchie als Staatsform des neuen Deutschland entschieden. Eine starke Minderheit, darunter der Dichter Ludwig Uhland (*Ich hatt' einen Kameraden*), wollte wenigstens ein Wahlkaisertum wie im alten deutschen Reich durchsetzen. „Die Revolution und ein Erbkaiser – das ist ein Jüngling mit grauen Haaren", rief der alte Freiheitsdichter der Rechten zu: „Glauben Sie mir, meine Herren, es wird kein Haupt über Deutschland leuchten, das nicht mit einem vollen Tropfen demokratischen Öls gesalbt ist!" Doch die Linke wurde überstimmt. Die Mehrheit wollte das Unvereinbare vereinbaren – die Demokratie und das Gegenteil davon. Die Paulskirche zerbrach schließlich an diesem Widerspruch.

Wer aber sollte nun die deutsche Krone tragen? Nach dem Ausscheiden Österreichs, des größten deutschen Staates, kam nur Preußen, der zweitgrößte, in Frage, und damit als Regent derselbe Friedrich Wilhelm also, der soeben die preußische Nationalversammlung auseinander gejagt hatte. Man wusste, was er von der Paulskirche und von der Idee einer demokratischen Kaiserkrone hielt. Er nannte sie „Schweinekrone", „Hundehalsband", „Reif aus Dreck und Letten (Lehm)". An den liberalen Großherzog von Sachsen-Weimar, der für die Annahme war, schrieb er barsch, diese Krone sei „wie das Aas zu schlecht, um von solchen Händen (wie denen der Hohenzollern) berührt zu werden. Untertanen können keine Krone vergeben."

Die preußische Regierung hatte die Nationalversammlung über die Haltung des Königs nicht im Unklaren gelassen. Dennoch wählte man in Frankfurt – allerdings mit knapper Mehrheit – den Verächter der Demokratie und des Parlaments zum „Kaiser" des neuen Deutschlands. Eine Delegation fuhr nach Berlin, um ihm ehrerbietigst die Krone aus der Hand des Volkes anzutragen. An der Spitze der Abordnung, neben dem Parlamentspräsidenten Eduard Simson, der 79-jährige Ernst Moritz Arndt, der seine Vision vom einigen deutschen Vaterland noch zu erleben hoffte. Es war

Der Märtyrer der Revolution. Robert Blum, Abgeordneter der deutschen Nationalversammlung, wird am 9. November 1848 in Wien exekutiert.

Der Dichter, der die Heimat verließ. Heinrich Heine im französischen Exil: „Bis tief in die Nacht stand ich am Meer und weinte.“

eine der beschämendsten Szenen der deutschen Geschichte. Friedrich Wilhelm wahrte zwar gerade noch die Form, aber er ließ die Parlamentarier kalt abblitzen. Gedemütigt und demoralisiert kehrte die Delegation nach Frankfurt zurück. Der Rest war Verzweiflung und Untergang. In einer letzten leeren Geste erklärte das Paulskirchen-Parlament die verabschiedete Verfassung für gültig und schrieb Wahlen für den ersten regulären „Reichstag" aus – als hätte es die Macht, auch nur im kleinsten deutschen Duodezfürstentum einen Rechtsakt zu vollziehen.
Als Antwort teilte Preußen der deutschen Nationalversammlung mit, dass es sie als „nicht länger auf gesetzlichem Boden stehend" betrachte. Berlin entzog ihr damit die Anerkennung und forderte die preußischen Parlamentsmitglieder gleichzeitig auf, ihr Mandat niederzulegen. Die meisten gehorchten dem Befehl. Es war das Ende der Paulskirchen-Versammlung. Den letzten Fußtritt gab ihr die Freie Stadt Frankfurt: Sie untersagte dem deutschen Parlament weitere Sitzungen in ihren Mauern. Rund hundert Abgeordnete der Linken, darunter Ludwig Uhland, wollten sich nicht beugen und traten in Stuttgart zu einem Rumpfparlament zusammen. Es wurde nach 18 Tagen von württembergischen Dragonern auseinander gejagt. „Wollt ihr den alten Uhland niederreiten?" schrie ihnen der Dichter entgegen, als sie ihn und seine Begleitung auf der Straße umzingelten. Sie hätten es getan, wenn ihnen nicht ein Offizier Einhalt geboten hätte.

Ganz so sang- und klanglos ließ sich die Revolution dann doch nicht beerdigen. Sollten alle Siege, alle Mühen, alle Hoffnungen vergebens gewesen sein? Wut und Enttäuschung explodierten im Mai 1849 in einer neuen Aufstandswelle. Die Linke ging auf die Barrikaden, um die Verfassung gewaltsam durchzusetzen – in Dresden, in der Pfalz, in Baden. In der sächsischen Hauptstadt standen so unterschiedliche Männer wie der Königliche Kapellmeister

Richard Wagner – sein Opernhaus ging bei dieser Gelegenheit in Flammen auf – und der russische Anarchist Bakunin auf den Barrikaden. Aber es war wie das letzte Aufflackern eines erlöschenden Feuers.

Die preußische Armee erstickte die Erhebungen in Mittel- und Süddeutschland in flächendeckenden Operationen. Der Feldzug gegen den Aufstand in der Pfalz und in Baden wurde vom Bruder des Königs geleitet, dem späteren Kaiser Wilhelm I. Der „Kartätschenprinz“, der schon die Berliner März-Revolution am liebsten zusammengeschossen hätte, stampfte mit 50 000 Mann quer durch Deutschland – Blut, Asche und Tränen hinter sich lassend. Die Reste des badischen Revolutionsheeres – 6000 Mann – wurden in der Festung Rastatt eingeschlossen. Sie kapitulierten am 23. Juli 1849 nach dreiwöchiger Belagerung. Das letzte Wort hatten die Exekutionskommandos, die in den Festungsgräben ihre Arbeit verrichteten. „Diesen standrechtlich Hingerichteten wurde weder ein Sarg noch ein Grabhügel gestattet“, berichtet ein Zeitgenosse. „Kein Zeichen sollte die Stelle erkennen lassen, wo diese Menschenleiber, in kühler Erde ruhend, der Auferstehung entgegenharren.“ Einer, der in Rastatt davonkam, war Carl Schurz, ein halbes Leben später Armeegeneral und Innenminister der Vereinigten Staaten. So wie er verließen nun Tausende das deutsche Vaterland für immer. Der Versuch, ein freiheitliches Staatswesen in Deutschland aufzurichten, war gescheitert. Der schwachen demokratischen Bewegung war das Rückgrat gebrochen. Deutschland krankt bis heute daran. Heinrich Heine schrieb mit dem Gedicht *Im Oktober 1849* den Epilog auf das Trauerspiel dieser Revolution: „Gemütlich ruhen Waid und Fluss / Von sanftem Mondlicht übergossen / Nur manchmal knallt's – ist das ein Schuss? / Es ist vielleicht ein Freund, den man erschossen.“

Bismarck: Reichsgründung nach Gutsherrenart

Er war ein Gewaltmensch. In der hünenhaften Gestalt mit dem massigen Schädel brannte eine vulkanische Energie, die aus seinem Leben eine Kette unaufhörlicher Kämpfe machte. Blut schreckte ihn nicht. Als Student schlug er in drei Semestern 28 scharfe Mensuren und kam bei allen glimpflich davon. Als Staatsmann brach er in sechs Jahren drei Kriege vom Zaun, die er alle gewann. Er stapfte mit seinen Kürassierstiefeln durch das Jahrhundert und ließ ganz Europa erbeben in Schrecken und Bewunderung.

Er war kein Gewaltmensch. In der hünenhaften Gestalt mit dem massigen Schädel hauste eine empfindsame, harmoniebedürftige Seele. Er litt unter schweren Depressionen und wurde in Lebenskrisen von Weinkrämpfen geschüttelt. Seiner Frau schrieb er von jeder Reise, jedem Feldzug, jeder Konferenz die zärtlichsten Briefe, über 40 Jahre hinweg. Er konnte kaltblütig über Schlachtfelder reiten, aber er geriet in Panik, wenn er drei Tage lang keine Post von ihr bekam. Er hasste seine Mutter, eine schöne, gebildete, ehrgeizige Frau, die ihn mit sechs Jahren aus seinem Kinderparadies, dem väterlichen Gut, riss und nach Berlin in ein Internat steckte. „Meine Kindheit hat man mir in der Plamannschen Anstalt verdorben, die mir wie ein Zuchthaus vorkam.“

Die Frauen seiner Dienstherren, Kaiserin Augusta und ihre englische Schwiegertochter Victoria, verabscheuten ihn. „Fürst Bismarck hat so viel Brutales und Zynisches, so wenig Anständiges und Ehrliches in seiner Natur; er ist ein

Mensch aus einem ganz anderen Jahrhundert" – so Victoria, die Gemahlin Kaiser Friedrichs III.
Er polarisierte und hatte ein Vergnügen daran. Er machte Bewunderer zu Feinden und Feinde zu Bewunderern. Theodor Fontane, anfangs ein Bewunderer, nannte ihn eine „Mischung von Übermensch und Schlauberger, von Heros und Heulhuber".
Die preußische Kardinaltugend, der Gehorsam, war Bismarcks Sache nicht. „Ich habe nie Vorgesetzte vertragen können", bekannte er. „Nicht zu gehorchen, sondern zu befehlen" sei sein Ehrgeiz. Als Behördenchef war er gefürchtet. „Die Zitrone ausdrücken und wegwerfen, das ist seine Politik", sagte ein Diplomat, der unter ihm arbeitete.
Er war der erfolgreichste Machtmensch der deutschen Geschichte, aber er verlor nie den Boden unter den Füßen. „Das lernt sich in diesem Gewerbe", schrieb er seiner Frau, „dass man so klug sein kann wie die Klugen dieser Welt und doch jederzeit in die nächste Minute geht wie ein Kind ins Dunkle."
Er hatte anfangs nichts übrig für einen deutschen Nationalstaat. Doch als dieser nicht zu verhindern war, setzte er sich an die Spitze der Bewegung und zimmerte ihn nach seinem Gusto zusammen. „An Grundsätzen hält man nur fest, solange sie nicht auf die Probe gestellt werden."

Lange Zeit wusste er nicht, was er mit seinem Leben anfangen sollte. „Ich habe manche Stunde trostloser Niedergeschlagenheit mit dem Gedanken zugebracht, dass mein und anderer Menschen Dasein zwecklos und unersprießlich sei", sagte er mit 31 Jahren.
Er musste sich nicht nach oben durchboxen. Er gehörte der Kaste an, die die tragende Säule des preußischen Staates war, und als er entdeckte, wozu er auf der Welt war – nämlich einzugreifen in den Lauf der Dinge, Schicksal zu sein statt zu erleiden –, brauchte er nur die Bühne zu betreten. Das Stück, das auf dem Spielplan des Jahrhunderts stand, hieß „Was soll aus Deutschland werden?"

Die Welt ist im Umbruch, als Otto von Bismarck 1815 im väterlichen Schloss Schönhausen in der Altmark, 100 Kilometer westlich von Berlin, geboren wird. Napoleon ist geschlagen, Europa atmet auf nach einem Vierteljahrhundert Krieg und Tyrannei. Eine Welle der Hoffnung geht durch Deutschland. Das alte „Heilige Römische Reich Deutscher Nation", ein amorphes Gebilde, das sich wie ein Gespenst durch die Jahrhunderte schleppte, ist für immer untergegangen. Die Befreiungskriege haben das Tor zu einem neuen Zeitalter aufgestoßen. „Einheit und Freiheit" heißt die Losung – Nationalstaat und Demokratie.

Die deutschen Fürsten haben ihren Untertanen während der Erhebung gegen Napoleon freiheitliche Verfassungen versprochen. Doch nur wenige halten Wort. Österreich und Preußen, die beiden deutschen Großmächte, denken nicht daran, dem Volk Mitbestimmung einzuräumen. Klemens Fürst von Metternich, der österreichische Staatskanzler, dreht das Rad der Geschichte zurück und etabliert im Bündnis mit Preußen ein rigoroses Unterdrückungssystem.

Auch von Einheit ist keine Rede mehr. An die Stelle des alten Reiches tritt der Deutsche Bund, ein loser Zusammenschluss der 39 Einzelstaaten (35 Erbmonarchien und vier Freie Städte), die ihre volle Souveränität behalten. Einzige gesamtdeutsche Institution ist der Bundestag in Frankfurt – kein Parlament, sondern ein Delegierten-Club der Regierungen.

Der preußische Landjunker Otto von Bismarck wächst auf in der Zeit der „Demagogenverfolgung", der Unterdrückung der national-demokratischen Bewegung. Er hat nichts übrig für die Idealisten und Schwärmer, die von einem geeinten und freien Deutschland träumen. Sie stellen eine Bedrohung seiner Welt dar, der fest gefügten preußischen Ordnung, die keine anderen Götter kennt als KÖNIG und KRONE. Eine Ordnung, in der die Armee das Fundament des Staates ist und der Zweck des Staates die Aufrechterhaltung seiner selbst.

Der junge Herr hat gerade sein Jurastudium in Göttingen begonnen, als im April 1832 die erste Massendemonstration für „Einheit und Freiheit“ in Deutschland stattfindet – das Hambacher Fest: Mehr als 200 000 Menschen protestieren unter schwarzrotgoldenen Fahnen gegen das System Metternich. Ein Jahr später stürmen Studenten die Frankfurter Hauptwache in einer putschartigen Erhebung.

„Diese Erscheinungen stießen mich ab“, schreibt Bismarck später. Er schließt sich nicht den demokratischen Burschenschaften an, sondern einer konservativen schlagenden Verbindung. Er fordert sechs Kommilitonen auf einmal zum Duell, weil „sie so auf unseren König geschimpft haben“.

Stets begleitet von einer schwarz-gelben Dogge, ist der preußische Junker bald eine markante Erscheinung an der Georgia-Augusta-Universität, trinkfest und großmäulig. „Ich werde entweder der größte Lump oder der erste Mann in Preußen sein“, verkündet er. Vorerst gibt er sich jedoch dem Rausch des Lebens hin. Den größten Teil seiner Referendarzeit absolviert er bei der Provinzialverwaltung in Aachen. Die Stadt ist damals ein mondäner Kurort, der bevorzugt vom englischen Hochadel besucht wird. Bismarck, den die Aktenarbeit anödet, findet reichlich Gesellschaft. „Ich bin fortwährend exzessiv verliebt“, berichtet er in einem Brief. Mal ist es die Nichte eines englischen Herzogs, mal eine verheiratete „femme de qualité“, dann die 17-jährige Tochter eines anglikanischen Geistlichen. Ohne Urlaub reist er ihr quer durch Deutschland nach, das Geld mit vollen Händen bei Champagner-Diners und am Spieltisch ausgebend. Als er nach Wochen an seinen Arbeitsplatz zurückkehrt, wirft ihn der Regierungspräsident kurzerhand hinaus – Bismarcks Beamtenlaufbahn ist beendet.

„Arm im Beutel und krank am Herzen“ kehrt er auf die heimatliche Scholle zurück. Nach dem Tod seines Vaters übernimmt er die ausgedehnten Familiengüter in Brandenburg und Pommern und ist damit einer der Großen unter den ostelbischen Agrarmagnaten.

Aber auch unter den Standesgenossen bleibt er das Enfant terrible: Der „tolle Junker“ veranstaltet die wüstesten Saufgelage und wildesten Jagden. Eine große Liebe bringt ihn schließlich auf den Pfad der Tugend. Sie heißt Marie von Thadden, ist 21 Jahre alt, Gutsherrentochter in Hinterpommern, sehr religiös und gerade verlobt – Bismarcks Sehnsucht muss unerfüllt bleiben. Dennoch macht Marie aus ihm einen ernsthaften Menschen: Sie führt ihn zum Glauben. Ihr Tod, drei Jahre später, erschüttert Bismarck zutiefst. Marie hatte sich gewünscht, dass er ihre beste Freundin heiratet: Johanna von Puttkamer, Tochter des benachbarten Großgrundbesitzers. Bismarck erfüllt der Toten den Wunsch; 1847 findet die Trauung statt. Johanna wird der „Anker seines Lebens“. Er zieht mit ihr nach Schönhausen, in das Schloss seiner Väter.

Stürmische Zeiten kündigen sich an. Der Ruf nach demokratischen Reformen und nationaler Einheit ist nicht mehr zu ignorieren. König Friedrich Wilhelm IV. beruft den Vereinigten Landtag ein, der aus Vertretern der acht preußischen Provinziallandtage besteht. Bismarck, Deichhauptmann in Schönhausen, zieht als Nachrücker für einen erkrankten Abgeordneten in das Pseudo-Parlament ein – ein Zufall, der eine Lebenswende einleitet: Der Landedelmann entdeckt seine wahre Leidenschaft, die Politik.
„Die Sache ergreift mich viel mehr, als ich dachte“, schreibt er seiner Frau aus Berlin. Er befinde sich „in einer ununterbrochenen Aufgeregtheit, die mich kaum essen und schlafen lässt“. Schon mit seiner ersten Rede im Vereinigten Landtag profiliert sich der 32-jährige Parlamentsneuling als rabiater Konservativer und Verfassungsgegner. Es sei eine „Legende“, ruft er mit seiner schneidenden hohen Stimme aus, dass es der Volkserhebung von 1813 gegen die Franzosen um eine Verfassung gegangen sei, als hätte „die Nation dafür, dass sie sich selbst befreit habe, dem König eine in Verfassungsparagraphen zahlbare Rechnung überreichen wollen“.
Die Rede ist eine gezielte Provokation, eine Verhöhnung des Parlamentarismus und eine vorsätzliche Beleidigung der

Volksvertretung. Ein Sturm der Entrüstung schlägt dem forschen Junker entgegen. Bismarck nahm das Pfeifkonzert mit ebenso provozierender Gelassenheit entgegen: „Ich blieb auf der Tribüne", schreibt er in seinen Erinnerungen, „blätterte in einer Zeitung und brachte, nachdem der Lärm sich ausgetobt hatte, meine Rede zu Ende" – noch am Ende seines Lebens ist er stolz auf diesen Tag.

Sein Auftritt macht ihn auf einen Schlag im politischen Berlin bekannt. Der König äußert allerhöchstes Wohlwollen. Als er Bismarck und dessen junge Frau auf ihrer Hochzeitsreise in Venedig trifft, lädt er sie zu Tisch und befiehlt Bismarck, sich „im Laufe des Winters bei ihm zu melden". Damit ist Bismarck bei Hofe eingeführt.

Wenig später, im März 1848, fegt die Revolution durch Deutschland. Das System Metternich bricht wie ein Kartenhaus zusammen, der allmächtige Wiener Staatskanzler flieht nach England. Der Frankfurter Bundestag hebt die Zensur auf und erklärt Schwarz-Rot-Gold zur Bundesflagge. Auch Friedrich Wilhelm IV. beugt sich zunächst den Forderungen der Erhebung. Am 18. März 1848 verspricht er eine „constitutionelle Verfassung für alle deutschen Länder" und die „Umwandlung Deutschlands aus einem Staatenbund in einen Bundesstaat".

Die Proklamation ist in Berlin öffentlich angeschlagen. Die Leute strömen zum Schloss. Sie wollen den König selbst hören. Friedrich Wilhelm tritt auf den Balkon und lässt den Innenminister zwei Verkündungen verlesen: 1. Aufhebung der Pressezensur, 2. Einberufung des Vereinigten Landtages. Doch die Stimmung auf dem Schlossplatz bleibt aufgeheizt. Als die Menge Anstalten macht, in das Schloss einzudringen, lässt General Karl von Prittwitz den Platz durch die Schlosswache räumen. Schüsse fallen – der Zündfunke zur offenen Rebellion.

In allen Zufahrtsstraßen zum Schloss wachsen Barrikaden aus dem Boden. Bewaffnete Arbeiter, Handwerker und Bürger übernehmen die Kontrolle. Am Nachmittag ist ganz Ber-

lin in der Hand der Aufständischen. Neben den schwarzrotgoldenen flattern erstmals rote Fahnen.
Der König zaudert, er will kein Blutvergießen. Doch sein Bruder Wilhelm, der Thronfolger (Friedrich Wilhelm IV. hat keine Kinder), ist für hartes Durchgreifen. Noch am Nachmittag des 18. März tritt die Armee zum Angriff an. Die Truppe hat Schießbefehl.
Von den Barrikaden schlägt den Soldaten erbitterter Widerstand entgegen. Prinz Wilhelm lässt Artillerie auffahren. Barrikade um Barrikade wird sturmreif geschossen. Hunderte wälzen sich in ihrem Blut. Der ungleiche Kampf dauert bis in die Nacht. Als der Morgen graut, liegt eine gespenstische Stille über Berlin.
Der König, ein weicher, wankelmütiger Mensch, ist entsetzt. Er ordnet die Einstellung der Kampfhandlungen an und befiehlt der Armee, die Hauptstadt zu räumen. Seinen Bruder, den „Kartätschenprinzen", wie er von nun an heißt, schickt er noch in der gleichen Nacht nach England.
Das Königspaar bleibt schutzlos im Schloss zurück. Am folgenden Morgen, einem Sonntag, wälzt sich abermals ein Menschenstrom zum Schloss. Er bringt die Toten der letzten Nacht mit, auf Wagen und Bahren. Der König, sichtlich erschüttert, wechselt die Front und stellt sich auf die Seite der Revolution.
Am Morgen des 21. März reitet er mit schwarzrotgoldener Armbinde durch die Linden. „Ich trage die Farben, die nicht mein sind", erklärt er den jubelnden Berlinern, „aber ich will nichts usurpieren, ich will Deutschlands Freiheit."
Am Abend erklärt er in einer neuen Proklamation, er werde nunmehr die „Leitung" zur Vereinigung der Deutschen übernehmen: „Ich habe heute die alten deutschen Farben angenommen und Mich und Mein Volk unter das ehrwürdige Banner des Deutschen Reiches gestellt. Preußen geht fortan in Deutschland auf" – ungeheuerliche Sätze für einen Preußenkönig.
Bismarck hält sich in diesen stürmischen Tagen in Potsdam auf. In ohnmächtiger Wut hat er die „Kapitulation" des

Königs und dessen „würdelosen Umzug“ verfolgt. Er drängt die ihm bekannten Generäle, die Revolution auf eigene Faust niederzuschlagen – eine Aufforderung zum Hochverrat also.
Doch die Generäle lehnen ab – Gehorsam ist noch immer oberste Preußenpflicht. Auch ein Versuch Bismarcks, die Unterstützung von Prinzessin Augusta, der Frau des flüchtigen „Kartätschenprinzen“, zu gewinnen, schlägt fehl. Die spätere Königin und Kaiserin lässt den anmaßenden Amateur-Putschisten eiskalt abblitzen. Sie wird mit dieser Stunde zu seiner Intimfeindin am Hof. Noch in seinen Memoiren klagt Bismarck, sie habe ihm „mehr Schwierigkeiten bereitet als alle fremden Mächte und die gegnerischen Parteien im Lande“.
Dem König wird er die „Weichlichkeit“ vom März 1848 nie verzeihen. Wochenlang grollt er, bis er einer Einladung des Königspaares nach Sanssouci folgt. „Was werfen Sie mir eigentlich vor?“, fragt Friedrich Wilhelm. „Die Räumung Berlins“, entgegnet Bismarck.
„Daran ist der König ganz unschuldig“, wirft die Königin ein, „er hatte seit drei Tagen nicht geschlafen.“
Darauf Bismarck kühl: „Ein König muss schlafen können.“
Die Revolution hat gesiegt – vorübergehend. In Frankfurt tritt die Nationalversammlung, das erste frei gewählte deutsche Parlament, in der Paulskirche zusammen, in Berlin eine preußische Nationalversammlung. Aber schon im Herbst schlägt das Pendel zurück. In Wien wird die junge Demokratie durch die Armee in blutigen Straßenkämpfen liquidiert, und am 10. November marschiert auch in Berlin die Armee ein. Die preußische Nationalversammlung wird „vertagt“ und am 5. Dezember 1848 endgültig aufgelöst.

Die deutsche Revolution ist zu Ende, doch die ungelöste nationale Frage steht weiter auf der Tagesordnung des Jahrhunderts. Das Verlangen nach einem staatlichen Zusammenschluss der Deutschen ist zum dominierenden

Faktor der Politik geworden. Aber was ist Deutschland? Wer soll dazu gehören und wer nicht? Wo liegen die Grenzen des ersehnten neuen Reiches? Im Streit zwischen Großdeutschen und Kleindeutschen ist Bismarck ein entschiedener Verfechter der kleindeutschen Lösung, das heißt der Ausgrenzung Österreichs. In seinem Weltbild kann Deutschland nichts anderes sein als ein erweitertes Preußen. Ein Deutsches Reich, in dem der Hohenzollernstaat nicht die erste Geige spielt, ist für ihn inakzeptabel. Für nationales Einheitspathos ist er ohnehin nicht empfänglich. „Es liegt ohne Zweifel etwas in unserem Nationalcharakter, was der Vereinigung widerstrebt", erklärt er. „Wir hätten die Einheit sonst nicht verloren oder hätten sie bald wieder gewonnen."
Doch er spürt, dass das Verlangen nach Einheit nicht mehr aufzuhalten ist. Sein Denken nimmt eine neue Richtung: Wenn schon deutsche Einheit, dann unter Preußens Führung und zu preußischen Bedingungen. Das aber bedeutet die Konfrontation mit Österreich, denn „für beide ist kein Platz (in Deutschland). Wir atmen einer dem anderen die Luft vor dem Munde fort, einer muss weichen oder vom andern gewichen werden."

Österreich ist indessen nicht bereit, sich „aus Deutschland hinauswerfen zu lassen", wie der Wiener Ministerpräsident erklärt. Als der Preußenkönig 1849/50 eine separatistische Deutsche Union mit Hannover und Sachsen zusammenbastelt – als Konkurrenz zum bestehenden Deutschen Bund, in dem Österreich dominiert –, droht Wien mit Krieg. Preußen, militärisch nicht gerüstet, muss nachgeben. In der „Punktation von Olmütz" setzt sich Österreich mit allen Forderungen durch: Der Deutsche Bund wird in alter Form wiederhergestellt, Preußen verzichtet feierlich auf künftige Alleingänge, Österreich bleibt Präsidialmacht.
In Preußen kocht die Volksseele über die „Schmach". Doch Krieg wäre jetzt eine Torheit. Bismarck antwortet den Scharfmachern im Landtag mit einer Friedensrede, wie sie

leidenschaftlicher kein Pazifist hätte halten können: „Es ist leicht für einen Staatsmann, mit dem populären Winde in die Kriegstrompete zu stoßen und sich dabei vor seinem Kaminfeuer zu wärmen oder von dieser Tribüne donnernde Reden zu halten und es dem Musketier, der auf dem Schnee verblutet, zu überlassen, ob sein System Sieg und Ruhm erwirbt oder nicht. Werden Sie dann (nach dem Krieg; Red.) den Mut haben, zu dem zusammengeschossenen Krüppel, zu dem kinderlosen Vater hinzutreten und zu sagen: ‚Ihr habt viel gelitten, aber freut euch mit uns, die Unionsverfassung ist gerettet?' Haben Sie den Mut, das den Leuten zu sagen, dann beginnen Sie diesen Krieg!"

Im gleichen Atemzug proklamiert er sein unverändert reaktionäres Glaubensbekenntnis: „Ich suche die preußische Ehre darin, dass Preußen sich von jeder schmachvollen Verbindung mit der Demokratie fern halte, dass Preußen nicht zugebe, dass in Deutschland irgendetwas ohne Preußens Einwilligung geschehe." Dies bleibt seine Richtschnur bis zum Ende seiner Tage.

Nach so viel Einsatz darf Bismarck eine Anerkennung erwarten. Er hofft auf einen Kabinettsposten, doch der König will ihn nicht in der Regierung haben. „Nur zu gebrauchen, wo das Bajonett schrankenlos waltet", schreibt er hinter Bismarcks Namen auf einer potentiellen Kabinettsliste. Er entschädigt ihn dafür mit einem diplomatischen Posten: Bismarck wird preußischer Gesandter beim Bundestag in Frankfurt. Drei Jahre nach seinem Einstieg in die Politik sitzt er im Zentrum des komplizierten deutschen Machtgeflechts.

Frankfurt wird seine Hohe Schule. Endlich kann er mitspielen beim großen Poker um Deutschlands Zukunft. Er lernt alle Finessen der Diplomatie, sieht hinter die Kulissen der Macht, erlebt die Eitelkeiten, die Beschränktheit und die Skrupellosigkeit der Amtsinhaber – und liefert sich lustvoll einen entnervenden Kleinkrieg mit der Präsidialmacht Österreich, dem Gegner von morgen.

Dann kommt ein Rückschlag: Friedrich Wilhelm IV. fällt in geistige Umnachtung. Sein Bruder Wilhelm, der „Kartätschenprinz“, übernimmt 1858 die Regentschaft – keine gute Nachricht für Bismarck, denn nun herrscht seine Feindin Augusta am Hof.

Unter ihrem mäßigenden Einfluss verkündet Wilhelm bei seiner Amtsübernahme den Anbruch einer „neuen Ära“: Preußen wolle fortan „moralische Eroberungen“ in Deutschland machen – schlechte Zeiten für Scharfmacher.

Bismarck wird als Gesandter nach St. Petersburg versetzt, eine Art ehrenvolle Verbannung. Er fällt in eine monatelange Erkrankung, die ihn an den Rand des Todes bringt. „Wenn er doch alles aufgeben möchte, was mit Politik zusammenhängt, und wir nach Schönhausen gingen – das wäre meine Wonne“, schreibt Johanna an einen Freund. Aber er kann die Politik nicht abschütteln wie eine schlechte Gewohnheit. Sie ist sein Leben und sein Schicksal.

1861 stirbt der umnachtete König. Sein Bruder Wilhelm, der bisherige Regent, trägt nun als König Wilhelm I. die Hohenzollernkrone. Seine Thronbesteigung steht unter keinem guten Stern. Wilhelm liegt im Dauerkonflikt mit dem Parlament. Der König will auf Biegen und Brechen eine Heeresreform durchpauken, die nichts anderes als eine drastische Aufrüstung ist. Der Landtag, der das Haushaltsrecht besitzt, verweigert dem König die Mittel. Alles treibt auf eine Staatskrise zu. Das ist die Stunde, auf die Bismarck hofft. Er kehrt 1862 aus St. Petersburg zurück und geht als Gesandter nach Paris – in Wartestellung.

Dieser Sommer wird für Bismarck zur Lebenszäsur: Er erreicht das Hochplateau der Macht – und er erlebt seine letzte große Liebe.

Ungeachtet der gespannten Lage in Berlin hat der preußische Gesandte in Paris Urlaub genommen. Er reist ans Meer, nach Biarritz, dem Modebad der europäischen Hautevolee. Unter den Gästen ist der russische Gesandte in Brüssel, Fürst

Nikolaj Orlow, den Bismarck von St. Petersburg her kennt. Der Fürst hat seine junge Frau mitgebracht: Katharina, 22 Jahre alt, temperamentvoll, schön, klug. Der 47-jährige Bismarck verliebt sich, und sie erwidert seine Zuneigung. Die junge Russin erinnert ihn an Marie, die Liebe seines früheren Lebens, und wie jene muss auch diese letzte Leidenschaft unerfüllt bleiben.

Er berichtet seiner Frau von „Kathi“: „Sie spielt mir alle Tage sämtliche Mendelssöhne und Beethoven und Winterreise und ist eine Frau, für die Du Dich passionieren wirst, wenn Du sie kennst.“

Johanna zeigt nachsichtiges Verständnis: „Ich freue mich ungeheuer, dass mein lieber Gemahl die reizende Frau dort gefunden, ohne deren Gesellschaft er nimmer so lange Ruhe auf einem Fleck gehabt hätte.“

Noch einmal genießt der Machtmensch in vollen Zügen den Rausch des Augenblicks, die Freiheit des Daseins. Man unternimmt gemeinsame Ausflüge zu dritt, macht Hochgebirgswanderungen in den Pyrenäen, reist an die Côte d'Azur, vergisst alle Turbulenzen der Welt. Die Zeit mit „Kathi“ erscheint ihm später „wie der letzte Widerschein eines schönen Tages, der nicht mehr ist“. Zum Abschied schenkt sie ihm einen Olivenzweig, den sie in Avignon gepflückt hat. Bismarck verwahrt ihn in seinem Zigarrenetui.

Bei seiner Rückkehr nach Paris findet er ein Alarmtelegramm von Kriegsminister Roon, seinem politischen Vertrauten, vor: „Periculum in mora. Dépêchez-vous!“ (Gefahr im Verzug. Beeilen Sie sich!) Die preußische Staatskrise hat den Höhepunkt erreicht. Bismarck nimmt den nächsten Zug nach Berlin.

Am 22. September 1862 steht Bismarck in Schloss Babelsberg vor dem König. Wilhelm I. teilt ihm mit, dass er keine andere Lösung der Krise sehe, als die Krone niederzulegen und zugunsten seines Sohnes abzudanken. Er zeigt Bismarck die vorbereitete Demissionserklärung.

Die Abdankung des Königs wäre für Bismarck die Katastrophe schlechthin, denn der Thronfolger, verheiratet mit der

ältesten Tochter Queen Victorias, ist für seine liberale Einstellung bekannt. Er würde den Repräsentanten des preußischen Junkertums keinen Tag in politischer Verantwortung dulden und Preußen auf den Weg in die konstitutionelle Monarchie führen.
Bismarck weiß, dass dieser Tag über die Zukunft Preußens entscheidet – und auch über seine eigene. Er setzt alles auf eine Karte und packt den König beim „Portepee" (was er später noch öfter tun wird). Er appelliert an sein Ehrgefühl als Hohenzoller und spitzt den Konflikt auf eine griffige Formel zu, die dem schlichten Gemüt Wilhelms I. entgegenkommt: „Königliches Regiment oder Parlamentsherrschaft" – das, und nichts anderes, sei die Frage, um die es gehe. Parlamentsherrschaft aber bedeutet für Bismarck wie für Wilhelm nichts anderes als Weltuntergang. Sie müsse mit aller Macht verhindert werden, so Bismarck, notfalls „durch eine längere Periode der Diktatur".
Was Bismarck dem König vorschlägt, ist ein kalter Staatsstreich. Aber das schreckt ihn nicht. Er ist wieder der Putschist von 1848 und kokettiert mit Todesszenarien. Er werde „lieber mit dem König untergehen, als Eure Majestät im Kampf mit der Parlamentsherrschaft im Stich lassen". Dieser Gedanke, so Bismarck in seinen Erinnerungen, erschien ihm als „natürlicher und sympathischer Abschluss des Lebens".
Als er am Abend Schloss Babelsberg verlässt, hat er die Ernennung zum Ministerpräsidenten in der Tasche: Preußen hört ab jetzt auf sein Kommando.

Das Echo ist ein allgemeiner Aufschrei – Bismarck, die Inkarnation preußischen Junkertums, an der Spitze der Regierung! Sieben Tage nach seiner Ernennung hat der neue Ministerpräsident seinen ersten Auftritt im preußischen Abgeordnetenhaus. Zum Zeichen seiner Friedensbereitschaft zieht er sein Zigarrenetui heraus und schwenkt den Olivenzweig, den ihm „Kathi" in Avignon gepflückt hat.

Doch dann hält er jene Rede, die ihn für immer zum wilden Mann stempelt. „Nicht auf Preußens Liberalismus sieht Deutschland, sondern auf seine Macht. Nicht durch Reden und Majoritätsbeschlüsse werden die großen Fragen der Zeit entschieden – das ist der große Fehler von 1848 gewesen –, sondern durch Eisen und Blut."

Er kann diese Worte zeitlebens nicht mehr abschütteln, aber er will es auch gar nicht.

Bismarck regiert ohne Parlament, ohne Budget – ein glatter Verfassungsbruch, aber was schert ihn die Verfassung. Die Abgeordneten beschließen, dass sie die Minister für alle ungesetzlichen Ausgaben mit deren Privatvermögen haftbar machen werden. Bismarck kann darüber nur lachen.

Dennoch: Das Land kann auf Dauer nicht in einem diktaturähnlichen Zustand verharren. Bismarck braucht einen Krieg – und er bekommt ihn frei Haus geliefert. Es geht um Schleswig-Holstein. Beide Herzogtümer – „up ewig ungedeelt" – sind der dänischen Krone untertan, das südliche Holstein gehört aber gleichzeitig zum Deutschen Bund, wodurch der dänische König Christian IX. Mitglied der deutschen Föderation ist. Als Christian die dänische Staatsverfassung auf das Herzogtum Schleswig ausdehnt – und es damit von Holstein trennt –, lodert in ganz Deutschland die nationale Empörung auf. Der Bundestag in Frankfurt verhängt die Bundesexekution gegen sein Mitglied, den König von Dänemark.

Seite an Seite marschieren österreichische und preußische Truppen am 1. Februar 1864 in Schleswig ein. Die Preußen schlagen mit der Erstürmung der Düppeler Schanzen die entscheidende Schlacht. Dänemark muss ganz Schleswig-Holstein aufgeben. Österreich und Preußen übernehmen gemeinsam die Verwaltung.

Der Sieg verändert alles. Über Nacht ist Bismarck der gefeierte Staatsmann, bei Hofe wie beim Volk. Auch einige Liberale schwenken um. Bismarck sieht es mit Genugtuung. Schon peilt er die nächste Runde an: den Krieg mit Österreich.

Der Regierungschef hat ihn sorgfältig vorbereitet: militärisch, politisch, diplomatisch. Aber dieser Krieg ist nicht populär. Es ist kein Einigungs-, sondern ein Trennungskrieg. Jahrhundertelang stellten die Habsburger den Kaiser des alten Reiches, waren sie die einzige Klammer, die Deutschland zusammenhielt. Zudem fühlen sich die liberalen süddeutschen Staaten dem nach Lebensart und Kultur verwandten Österreich näher als dem norddeutsch-protestantischen Militärstaat Preußen.

Doch Sentimentalitäten zählen nicht für Bismarck. „Für die Phrasen vom Bruderkrieg bin ich stichfest", sagt er. „Ich kenne keine andere als ungemütliche Interessenpolitik, Zug um Zug und bar."

Der Krieg entzündet sich am Schleswig-Holstein-Problem. Als preußische Truppen das von Österreich verwaltete Holstein besetzen, ruft Wien den Bundestag an, der die Mobilmachung gegen Preußen beschließt. Fast alle deutschen Länder, mit Ausnahme der norddeutschen Kleinstaaten, schließen sich Österreich an. Preußen erklärt daraufhin den Deutschen Bund für aufgelöst. Am 16. Juni 1866 tritt die preußische Armee zum Großangriff auf das übrige Deutschland an.

Der Deutsche Krieg ist der erste moderne Blitzkrieg. Der preußische Aufmarsch erfolgt per Eisenbahn, die Kommunikation per Telegraf. Die deutschen Mittelstaaten werden in wenigen Tagen überrollt. Keine drei Wochen nach Kriegsbeginn fällt die Entscheidung. Am 3. Juli 1866 stehen sich die Hauptarmeen Österreichs und Preußens bei Königgrätz in Böhmen gegenüber, mehr als 200 000 Mann auf jeder Seite, der Truppenstärke nach die größte Schlacht des 19. Jahrhunderts. Sie endet mit einem Desaster für Österreich. Die überlegene Führung der Preußen durch Generalstabschef Helmuth von Moltke sowie die bessere Bewaffnung mit dem neuartigen Zündnadelgewehr bereiten der kaiserlichen Armee in wenigen Stunden eine vernichtende Niederlage.

Der englische Kriegsreporter W. H. Russell erlebt den fluchtartigen Rückzug der Österreicher: „Überall Verwundete, Trümmer zurückflutender Regimenter, die Straßen gesäumt von Fahrzeugen, Geschützen, durcheinander gewürfelten Kavallerieverbänden, Tiroler Jäger, Ungarn, Kroaten, Italiener – das Wrack einer Armee."

Der preußische Triumph ist grenzenlos. Der König, der die Schlacht gemeinsam mit Bismarck verfolgt hat – zeitweise im Feuerbereich der feindlichen Artillerie –, will den Sieg vollenden und bis Wien durchmarschieren.

Doch Bismarck will Österreich nicht noch tiefer demütigen. Seine Visionen reichen weiter als bis zur Siegesparade in Berlin. Eine falsche Entscheidung, aus soldatischer Eitelkeit getroffen, kann alles zunichte machen. Zum ersten Mal handelt Bismarck als europäischer Staatsmann und nicht mehr als gehorsamer Diener der preußischen Krone.

Es kommt zu einer dramatischen Auseinandersetzung im preußischen Hauptquartier. Die Generäle sind geschlossen gegen den Ministerpräsidenten, der ihnen als Reserveoffizier ins Handwerk pfuschen will. „Der König trat der militärischen Mehrheit bei", schreibt Bismarck in seinen Erinnerungen. „Meine Nerven widerstanden den mich Tag und Nacht ergreifenden Eindrücken nicht, ich stand schweigend auf, ging in mein Schlafzimmer und wurde dort von einem heftigen Weinkrampf befallen." Er fragt sich in dieser Stunde, „ob es nicht besser sei, aus dem offen stehenden, vier Stock hohen Fenster zu fallen".

Der Kronprinz Friedrich, der bei Königgrätz mit seiner 2. Armee den entscheidenden Stoß geführt hat, sucht Bismarck in seinem Zimmer auf. Ausnahmsweise ist er mit dem Regierungschef einer Meinung. Es gelingt ihm, seinen Vater, den König, umzustimmen und auf die Fortsetzung des Krieges zu verzichten. Grollend erklärt Wilhelm: „Nachdem mich mein Ministerpräsident vor dem Feinde im Stiche lässt, sehe

ich mich zu meinem Schmerz gezwungen, nach so glänzenden Siegen einen so schmachvollen Frieden anzunehmen."
Der „schmachvolle" Friedensschluss verändert Europa von Grund auf. Österreich ist aus Deutschland ausgeschlossen, es wird zur k. u. k. Donaumonarchie, die ein halbes Jahrhundert später im Ersten Weltkrieg untergeht. Preußen übernimmt die Führungsrolle in Deutschland.

Hannover trifft es am härtesten. Das Königreich wird ausgelöscht und zur preußischen Provinz degradiert. König Georg V., der ins Exil nach Wien gegangen ist, wird enteignet, sein Privatvermögen (16 Millionen Taler) als „Welfenfonds" in ein Geheimbudget verwandelt, das Bismarck zur Bekämpfung hannoverscher Oppositionsbestrebungen verwendet.

Annektiert werden auch Schleswig-Holstein, Kurhessen und Nassau. Die alte Reichsstadt Frankfurt, die sich auf die Seite Österreichs gestellt hat, wird ihrer Unabhängigkeit beraubt und zur Zahlung von 31 Millionen Gulden verdonnert. Bürgermeister Carl Fellner nimmt sich beim Einmarsch preußischer Truppen das Leben. Die süddeutschen Staaten werden mit harten Kriegskontributionen belegt und durch Schutz- und Trutzbündnisse an Preußen gefesselt.

Das Ergebnis von Königgrätz ist eine „weiße" Revolution, ein Umsturz von oben. Bismarck selbst sieht es so. „Soll Revolution sein, so wollen wir sie lieber machen als erleiden", sagt er 1866.

Verlierer sind nicht nur Österreich und die süddeutschen Staaten, sondern das liberale Deutschland. Es bleibt für immer verkrüppelt. „Das Gefühl der Trauer über diesen tragischen Weg der deutschen Geschichte kann einen bis heute ergreifen", so der Historiker Thomas Nipperdey.

Doch in Preußen ist Bismarck jetzt eine Lichtgestalt. Alle Sünden sind vergeben. Das Parlament gewährt dem Regierungschef durch das Indemnitätsgesetz Generalpardon, indem alle verfassungswidrigen Staatsausgaben nachträglich legalisiert werden. Auf Vorschlag des Königs bewilligt

ihm der Landtag eine Dotation von 400 000 Talern. Bismarck erwirbt damit das Besitztum Varzin in Hinterpommern, 25 000 Morgen groß, sieben Dörfer inklusive.
Innenpolitisch bieten sich neue Freunde an. Von der alten Fortschrittspartei spalten sich die Nationalliberalen ab, die Partei des Besitzbürgertums, der Industrie und der Finanzwelt. Sie werden zu Bismarcks wichtigster Stütze im Parlament.
Zügig steuert er nun das Endziel an: das geeinte Reich. Der Norddeutsche Bund, in dem alle Staaten nördlich des Mains unter Preußens Führung vereint sind, wird zum Modell des neuen Reiches, einschließlich Reichstag, Verfassung und Fahne: das Schwarz-Weiß Preußens plus dem Rot der Hansestädte. „Meine Herren, arbeiten wir rasch“, ruft Bismarck den Abgeordneten des Nord-Parlaments zu, „setzen wir Deutschland in den Sattel, reiten wird es schon können.“
Der Rest ergibt sich von selbst. Die vier süddeutschen Länder – Bayern, Württemberg, Baden, Hessen – haben nach dem Untergang des Deutschen Bundes kein gemeinsames Dach mehr. Wollen sie nicht in Bedeutungslosigkeit versinken, bleibt ihnen nur ein Weg: der Anschluss an das entstehende Bismarck-Reich.
Widerstrebend fügen sich die Besiegten in das Unvermeidliche, und wenn einer gar zu uneinsichtig ist wie der junge Bayernkönig Ludwig II., der mit 18 Jahren den Thron bestiegen hat, hilft Bismarck mit Geld aus dem Welfenfonds nach.
Das Endziel vor Augen, entdeckt er nun den gesamtdeutschen Patriotismus. „Unsere Politik“, schreibt er an den Kronprinzen, „hat das Gesicht der Zukunft zuzuwenden und unter Beseitigung der Erinnerung an vergangene Stammesfeindschaft die nationale Einheit zu suchen“ – also „das auf die Dauer nicht haltbare Verhältnis zwischen Siegern und Unterworfenen zu verwischen.“

Doch er braucht noch einen Krieg, um dieses Volk wirklich „zusammenzuschweißen“: einen Krieg gegen den äußeren

Feind, gegen Frankreich. Er kommt schneller als erhofft. Bismarck schaukelt eine Bagatelle – die spanische Thronfolger-Frage – zur internationalen Krise hoch, und Frankreichs Kaiser Napoleon III. tut ihm den Gefallen und erklärt Preußen am 19. Juli 1870 den Krieg. Für die Süddeutschen ist damit der Bündnisfall gegeben, sie müssen mitmarschieren, und sie tun es mit fliegenden Fahnen.

Eine noch nie dagewesene nationale Euphorie ergreift Bayern wie Brandenburger, Württemberger wie Schlesier. Die Erinnerung an 1813, an die Erhebung gegen Napoleon I. und den Traum von deutscher Einheit, wird heraufbeschworen. Es ist wie damals, nur schöner noch: „Nie war ein Krieg mit so viel Liebe vorbereitet worden, nie wurde er so begeistert geführt. Was die beiden Revolutionsjahre nicht zuwege gebracht hatten und 50 schleppende Friedensjahre nicht, drei Tage Krieg gegen Frankreich brachten es zuwege" – so Golo Mann in seiner *Deutschen Geschichte des 19. Jahrhunderts.* Der Krieg wird zum Paten des neuen Deutschland. Keiner der süddeutschen Fürsten kann sich ausschließen, auch der empfindsame Bayernkönig nicht. Andernfalls, so fürchtet er zu Recht, verlöre „die Krone allen Halt im Lande". Diesen Krieg mitzumachen sei, „so schauderhaft und entsetzlich es bleibt, ein Akt von politischer Klugheit, ja von Notwendigkeit" – so Ludwig an seinen Bruder Otto.

Der Krieg ist kein militärischer Spaziergang, die Verluste sind hoch. Auch Bismarcks Sohn Herbert wird verwundet. Der Vater findet ihn in einem Feldlazarett, „zwei Löcher in der linken Lende, Aus- und Einschuss, gut verbunden", wie er Johanna schreibt.

Der Regierungschef bleibt für die Dauer des Krieges beim Hauptquartier der Armee in Frankreich, um den König unter Kontrolle zu haben. Bei seinen Erkundungsritten im Hinterland schlägt ihm der Hass der Bevölkerung entgegen. „Die Leute müssen mich hier für einen Bluthund halten", meldet er nach Hause, „die alten Weiber, wenn sie meinen Namen hören, fallen auf die Knie und bitten mich um ihr Leben."

Mit der Schlacht von Sedan am 1. September 1870 ist der Krieg entschieden. Das Gros der französischen Armee, mit Napoleon an der Spitze, wird eingeschlossen und muss die Waffen strecken.
Noch in der Nacht der Kapitulation lässt Napoleon melden, dass er Bismarck zu sehen wünsche. Sie kennen sich aus Paris, wo sie sich auf das Liebenswürdigste unterhalten haben. „Ungewaschen und ungefrühstückt" reitet Bismarck dem Kaiser in der Morgenfrühe des 2. September entgegen. Napoleon erwartet ihn auf der Landstraße im offenen Wagen. „Ich grüßte ihn ebenso höflich wie in den Tuilerien und fragte nach seinen Befehlen", schreibt Bismarck nach Hause. Er bemüht sich persönlich um ein anständiges Quartier für den Kaiser und bringt ihn in einem kleinen Schloss in der Nähe unter. „Unsere Unterhaltung war schwierig, wenn ich nicht Dinge berühren wollte, die den von Gottes Hand Niedergeworfenen schmerzlich berühren mussten. Es ist ein welthistorisches Ereignis, ein Sieg, für den wir Gott dem Herrn in Demut danken wollen", schreibt er an Johanna.
Der Krieg geht indessen weiter. In Paris wird die Republik ausgerufen, die den Kampf als „Volkskrieg" fortsetzen will. Die Hauptstadt wird von den Deutschen eingeschlossen. Die Außenforts liegen unter dem Dauerbeschuss der Belagerer.
In dieser Situation wird das Deutsche Reich gegründet – nicht auf heimatlichem Boden, nicht durch eine Volksvertretung, sondern im besetzten Land, im Allerheiligsten des Gegners, dem Schloss von Versailles, das sich die preußische Armeeführung als Hauptquartier ausgesucht hat. Unter den Detonationen der Belagerungsgeschütze wird der deutsche Nationalstaat am 18. Januar 1871 aus der Taufe gehoben.

Der Festakt findet unter Ausschluss der Öffentlichkeit statt. Volk ist nicht zugelassen. Eine Delegation des Norddeutschen Reichstags muss vor der Tür bleiben, während im Spiegelsaal des Sonnenkönigs die deutschen Fürsten den neuen Kaiser küren. Anton von Werner hat die Szene in sei-

nem idealisierenden Kolossalgemälde verewigt: ein Wall von Uniformen, Ordensschärpen und gezogenen Degen, kein einziger Zivilist, und ein einsamer Bismarck im weißen Waffenrock der Kürassiere.
In Wahrheit ist die Stimmung im Saal gedämpft. Wilhelm I. hegt einen tiefen Widerwillen gegen das ganze Unternehmen. Die preußische Krone bedeutet ihm mehr als jeder Kaisertitel. „Was soll mir der Charaktermajor“, knurrt er Bismarck an. Für den Hohenzoller ist die Reichsgründung der Abschied vom alten Preußen, wie er mit Tränen in den Augen erklärt. Am Abend vor der Proklamation ist es abermals zu einem schweren Zusammenstoß zwischen dem 73-jährigen König und Bismarck gekommen. Trotzig wie ein Kind, dem man sein liebstes Spielzeug wegnimmt und ihm dafür ein ungeliebtes in die Hand drückt, beharrt der König auf einer Formalie: Wenn er schon Kaiser sein soll, will er auch „Kaiser von Deutschland“ heißen und nicht „Deutscher Kaiser“, wie es im Entwurf der neuen Verfassung festgeschrieben ist. Bismarck erklärt seinem Dienstherrn noch einmal die staats- und verfassungsrechtlichen Gründe dafür. Aber der König will nichts mehr hören. Er schlägt mit der Faust auf den Tisch und bricht die Diskussion ab. „Ich hatte das dringende Bedürfnis, eine Bombe zu sein und zu platzen, dass der ganze Bau in Trümmer gegangen wäre“, berichtet Bismarck nach Hause.
Wilhelms Groll ist auch anderntags beim Festakt im Spiegelsaal noch nicht verflogen. Als der Großherzog von Baden als ranghöchster der anwesenden Monarchen die Gründungsproklamation mit einem diplomatischen Hoch auf „Kaiser Wilhelm“ vollzogen hat, geht Wilhelm an dem vor ihm stehenden Bismarck vorbei, ohne ihn eines Blickes zu würdigen.
Die Könige von Bayern, Sachsen und Württemberg sind der Gründungszeremonie ostentativ ferngeblieben: Die Erhebung des Hohenzollern zum Kaiser bedeutet ihre Degradierung. Prinz Otto von Bayern, der König Ludwig II. in Ver-

Im Herzen Frankreichs, im Spiegelsaal von Versailles, wird der Preußenkönig Wilhelm I. am 18. Januar 1871 zum Kaiser von Deutschland ausgerufen. Dieser Akt ist das Werk des Mannes im hellen Waffenrock: des preußischen Ministerpräsidenten Otto von Bismarck. Für Jahrzehnte bestimmt er die Geschicke der Deutschen.

sailles vertritt, schreibt dem Bruder: „Ach Ludwig, ich kann Dir gar nicht beschreiben, wie unendlich weh es mir während jener Zeremonie zumute war, wie sich jede Faser in meinem Innern empörte gegen all das, was ich mit ansah. Alles so kalt, so stolz, so glänzend, so prunkend und großtuerisch und herzlos und leer." Preußen ist nicht in Deutschland aufgegangen, wie Friedrich Wilhelm IV. im Revolutionsjahr 1848 meinte, vielmehr geht Deutschland an diesem 18. Januar 1871 in Preußen auf.

Zehn Tage nach der Kaiserproklamation kapituliert Paris. Der Krieg ist vorüber. Die Friedensbedingungen sind hart: fünf Milliarden Francs Kriegskontribution sowie Abtretung von Elsass-Lothringen – womit ein Grundstein für den nächsten Krieg gelegt ist.

Deutschland jubelt. Nach Jahrhunderten der Ohnmacht und Zerrissenheit ist das „Reich" zur europäischen Großmacht aufgestiegen – ein waffenklirrender Gigant. „Wir Deutsche fürchten Gott und sonst nichts auf der Welt", verkündet sein Schöpfer. Der Kaiser erhebt Bismarck in den Fürstenstand und schenkt ihm den Sachsenwald, einen 60 Quadratkilometer großen Forst vor den Toren Hamburgs.

Bismarck hat Deutschland „zusammengeschmiedet", wie es nun heißt, doch die innere Einheit, und mit ihr der Traum von einem freiheitlichen Gemeinwesen, bleibt unerfüllt. Das Kaiserreich ist ein autoritär verfasster Staat. Der Regierungschef ist nicht dem Parlament, sondern dem Kaiser verantwortlich. Dieser ernennt und entlässt den Reichskanzler nach eigenem Ermessen.

Bismarck ist Kanzler, Außenminister und preußischer Ministerpräsident zugleich. Umstrahlt vom Nimbus des Reichsgründers, genießt er eine nahezu diktatorische Machtfülle. „Er ist ein vollkommener Despot", schreibt der britische Premierminister Disraeli nach einem Besuch in Berlin. „Vom Höchsten bis zum Niedrigsten der Preußen und aller ausländischen Diplomaten beben alle vor seinem Stirnrunzeln und werben höchst emsig um sein Lächeln."

Zeitlebens bleibt der Kanzler ein erbitterter Gegner der Demokratie. Schon der schwache Reichstag ist ihm zu viel, Bismarck hasst ihn. „Die Herstellung eines parlamentarischen Regiments wäre die sichere Einleitung zum Verfall und zur Wiederauflösung des Deutschen Reiches", erklärt er. Kaum ist das Reich konstituiert, eröffnet der Kanzler den Kampf gegen die „Reichsfeinde" – die katholischen „Pfaffen" und die Sozialdemokraten. Gegen beide hegt er einen neurotischen Hass. Er reißt Gräben auf, die erst nach Generationen überwunden werden. Doch in beiden Fällen verliert er die Schlacht.

Der Kulturkampf ist ein Unterwerfungsfeldzug gegen den politischen Katholizismus, dessen oberste Autorität nicht der Staat ist, sondern der Papst in Rom. Bismarck setzt das Bürgerrecht auf freie Religionsausübung faktisch außer

Kraft. Gottesdienste und Predigten werden polizeilich überwacht, die Klöster aufgelöst, die Orden verboten.
Der gesamte katholische Klerus bis hinunter zum kleinsten Dorfpfarrer wird unter Staatsaufsicht gestellt. Auf dem Höhepunkt der Verfolgung sind alle preußischen Bischöfe verhaftet oder ausgewiesen, ein Viertel der Pfarrstellen ist nicht mehr besetzt, zahllose Priester sind eingekerkert.
Doch die deutschen Katholiken halten durch: Ihre Partei, das Zentrum, wird trotz aller Repression zur stärksten Fraktion im Reichstag. Bismarck muss den „Kulturkampf" abbrechen. Einziges Ergebnis: Der Graben zwischen dem katholischen und dem protestantischen Deutschland ist zu einem Abgrund geworden.
Das nächste Opfer Bismarckscher Hass-Sucht sind die Sozialdemokraten. „Sie sind die Ratten im Lande und sollten vertilgt werden", erklärt er noch wenige Jahre vor seinem Tod.
Nach zwei (fehlgeschlagenen) Attentaten auf den Kaiser holt der Kanzler 1878 mit dem „Gesetz gegen die gemeingefährlichen Bestrebungen der Sozialdemokratie" zum Schlag gegen die Arbeiterbewegung aus: Alle Versammlungen und Aktivitäten werden verboten, die sozialistischen Vereine, auch Arbeitergesangvereine, aufgelöst, die führenden Genossen unter Polizeiaufsicht gestellt, Hunderte verhaftet, aus ihren Wohngebieten verjagt oder in die Emigration getrieben.
Der Kampf dauert zwölf Jahre, bis zum letzten Tag von Bismarcks Kanzlerschaft. Am Ende aber steht die Arbeiterpartei stärker da als je zuvor. Sie wächst in der Zeit der Verfolgung um das Dreifache auf 1,4 Millionen Mitglieder an und wird 1890 im Reichstag zweitstärkste Fraktion nach dem Zentrum.
Bismarck ist abermals gescheitert, doch seinen Hass legt er nicht ab. Als es 1889, in seinem vorletzten Regierungsjahr, zu einem Bergarbeiterstreik kommt, erwägt er, den Ausstand durch die Armee gewaltsam niederzuschlagen. „Fragen, wie

die der Sozialdemokratie, werden nicht gelöst ohne Bluttaufe, wie die deutsche Einheit auch", erklärt er.
Paradoxerweise führt der Sozialistenhasser als erster die gesetzliche Sozialversicherung ein: Unfall-, Kranken-, Invaliden- und Altersversorgung (ab dem 70. Lebensjahr). Es ist Sozialpolitik nach Gutsherrenart: Wenn die Leute gehorchen und ordentlich arbeiten, muss man auch für sie sorgen. „Der Staatssozialismus paukt sich durch", erklärt Bismarck im Alter, „jeder, der diesen Gedanken wieder aufnimmt, wird ans Ruder kommen" – prophetische Worte.

So engstirnig und grobschlächtig Bismarck als Innenpolitiker ist, so weitsichtig gibt er sich in seiner Außenpolitik. Hier zeigt er staatsmännische Größe. Er widersteht dem aggressiven Chauvinismus, der mehr und mehr den deutschen Stammtisch beherrscht. „Wir verfolgen keine Macht-, sondern eine Sicherheitspolitik", sagt er.
Er hält das Reich für „saturiert" und will bewahren, „was wir mühsam unter dem bedrohenden Gewehranschlag Europas ins Trockene gebracht haben". Er ist gegen Kolonien und gegen Militäreinsätze im Ausland. Als es wegen Bosnien (schon damals) zu einer Krise kommt, donnert er 1876 vor dem Reichstag, diese Frage sei nicht „die gesunden Knochen eines einzigen pommerschen Musketiers wert".
Sein Albtraum ist ein französisch-russisches Bündnis gegen Deutschland. Er tut alles, um Russland davon abzuhalten. Im „Rückversicherungsvertrag" verpflichtet sich das Zarenreich für den Fall eines deutsch-französischen Krieges zur Neutralität. Dafür sichert Bismarck den Russen in einem geheimen Zusatzprotokoll Unterstützung für deren Balkanpläne zu. Es ist sein letzter Schachzug auf dem Feld der Diplomatie.
Am 9. März 1888 stirbt Wilhelm I. im Alter von 91 Jahren. „Es ist nicht leicht, unter einem solchen Kanzler König zu sein", hat er einmal gesagt und damit diese seltsame Partnerschaft auf die kürzeste Formel gebracht. 26 Jahre haben sie gemeinsam Geschichte gemacht, immer wieder im Streit

und in Versöhnung. Auch Bismarcks Zeit ist abgelaufen. Er will es nur nicht wahrhaben.
Der „ewige Kronprinz“, der nach dem Tod seines Vaters als Kaiser Friedrich III. den Thron besteigt, ist bereits vom Tode gezeichnet, als ihm die Macht zufällt. Einst war er die Hoffnung des liberalen Deutschland. Seine Frau Victoria, Tochter der britischen Königin, hat den preußischen Prinzen an ihrer Seite zu einem konstitutionellen Demokraten und Bismarck-Gegner erzogen.
„Bismarck hat uns groß und mächtig gemacht“, hat der Thronfolger nach der Reichsgründung gesagt, „aber er raubte uns unsere Freunde, die Sympathien der Welt und – unser gutes Gewissen.“ Dem Kronprinzen schwebt ein Deutschland vor, das nicht „durch die Gewalt der Waffen“, sondern durch „deutsche Kultur, deutsche Wissenschaft und deutsches Gemüt“ draußen in der Welt „Achtung, Liebe und Ehre gewinnen“ würde.
Die Chance, ein solches Deutschland zu schaffen, ist ihm nicht vergönnt. Der Kehlkopfkrebs hat ihn umklammert, als er als Kaiser Friedrich III. mit 57 Jahren endlich die Krone übernimmt. Die letzten Monate seines Lebens sind ein Martyrium. Er kann nicht mehr sprechen und nicht mehr essen. Er wird künstlich ernährt und verständigt sich nur noch durch kleine handgeschriebene Zettel. Auf eine förmliche Krönung wird verzichtet. 99 Tage später ist er erlöst. Mit ihm stirbt die Hoffnung, das Bismarck-Reich in ein liberaleres Staatswesen umzuwandeln.

Eine neue Zeit bricht an, in Gestalt des schneidigen jungen Herrn, der nun als Wilhelm II. „die Brücke übernimmt“, wie er sich ausdrückt. Er ist 29 Jahre alt. Bismarck könnte sein Großvater sein. Der junge Monarch steckt voller Kraft und Tatendrang, Bismarck ist ausgebrannt, doch er denkt nicht daran, Abschied von der Macht zu nehmen. Er will alle Fäden in der Hand behalten und unterlässt es, den Kaiser, den er schon als jungen Mann nicht leiden konnte, über die laufenden Geschäfte zu informieren. Zwischen Schloss und Reichskanzlei herrscht offener Krieg. Nach zwei quälenden Jahren kommt es schließlich zum Bruch.

Letzter Anlass ist das Sozialistengesetz. Bismarck will es verlängern und sogar verschärfen, der Kaiser dagegen hat vor, es aufheben zu lassen, weil er seine ersten Regierungsjahre „nicht mit dem Blut seiner Untertanen färben" wolle. Als Bismarck stur bleibt, schickt der Kaiser am Morgen des 17. März 1890 den Chef seines Militärkabinetts, General Hahnke, in die Wilhelmstraße: Der Kanzler solle am Nachmittag ins Schloss kommen und sein Abschiedsgesuch mitbringen.

Bismarck lehnt dies ab. „Meine bis dahin gleichmütige Stimmung musste naturgemäß einem Gefühl der Kränkung weichen." Er lässt sein Abschiedsgesuch am nächsten Tag durch Boten ins Schloss bringen. Am Abend bestellt Wilhelm die Kommandierenden Generäle ein und teilt ihnen den Abgang des Reichskanzlers mit.

Am 29. März 1890 verlässt Bismarck nach 28 Dienstjahren die Wilhelmstraße, in der er als preußischer Ministerpräsident, Reichskanzler und Außenminister residierte. In offener Kutsche fährt er zum Lehrter Bahnhof. Die Berliner stehen am Straßenrand Spalier. Der Kaiser hat eine Ehreneskorte zum Bahnhof geschickt, aber der scheidende Reichsgründer empfindet alles nur als „Leichenbegängnis erster Klasse".

Europa ist bestürzt. Der Eiserne Kanzler galt zuletzt als Garant des Friedens. Doch in Deutschland sind viele erleichtert. „Ein Glück, dass wir ihn los sind", schreibt der Preuße Theodor Fontane, der ihn einst verehrt hat.

Das „System Bismarck" lag fast 30 Jahre wie ein erstickender Panzer über dem Land. Das autokratische Regiment eines einzigen Mannes, der jeden Widerspruch niederbügelte, hat alle Regungen zur politischen und geistigen Emanzipation verkümmern lassen. „Die Gewinne an Macht",

Otto von Bismarck auf Schloss Friedrichsruh. Der alternde Staatsmann muss mit ansehen, wie Wilhelm II. die deutsche Außenpolitik auf gefährlichen Kurs bringt.

schreibt der Historiker und liberale Reichstagsabgeordnete Theodor Mommsen um die Jahrhundertwende, „waren Werte, die bei dem nächsten Sturm der Weltgeschichte wieder verloren gehen; aber die Knechtung der deutschen Persönlichkeit, des deutschen Geistes, war ein Verhängnis, das nicht mehr gutgemacht werden kann."

Bismarck lässt sich in Friedrichsruh nieder, wird „der Alte vom Sachsenwald". Längst ist er zum Mythos seiner selbst geworden, Gegenstand eines wuchernden Personenkults, den er verabscheut. Noch immer grollt er und schleudert Blitze gegen seine Feinde. Er schreibt seine Memoiren (die zum Bestseller werden) und rechnet mit allen ab, die ihm in die Quere kamen, einschließlich seiner weiblichen Gegner am Hof.

Vier Jahre nach seiner Entlassung kommt der Kaiser zu einem Versöhnungsbesuch nach Friedrichsruh. Die Atmosphäre bleibt frostig. Die alten Bitterkeiten sind nicht vergessen. Der Reichstag lehnt es mit knapper Mehrheit ab, dem Altkanzler zum 80. Geburtstag zu gratulieren.

Am Ende ist er einsam. Johanna, die geduldige Gefährtin seines wilden Lebens, stirbt vor ihm. Ihr hat er seine wahren Gedanken anvertraut. Bei ihr war er nie hochmütig. „Leb wohl mein süßes Herz und lerne des Lebens Unverstand mit Wehmut genießen", schreibt er ihr einmal, „es ist ja nichts auf dieser Erde als Heuchelei und Gaukelspiel, und ob uns das Fieber oder die Kartätsche diese Maske von Fleisch abreißt, fallen muss sie doch über kurz oder lang ..."

Er stirbt am 30. Juli 1898 in Schloss Friedrichsruh.

47 Jahre später, in den letzten Tagen des Zweiten Weltkriegs, wird das Schloss zerbombt. Einige Erinnerungsstücke werden gerettet – seltsamerweise auch ein vertrockneter Olivenzweig und ein silbernes Zigarrenetui. Heute liegen sie zusammen im Bismarck-Museum, zwischen den Kürassierstiefeln und martialischen Kolossalgemälden: Lebensspuren einer empfindsamen Seele, die an einen brodelnden Vulkan gekettet war.

Wilhelm II.: Ein deutsches Unglück

Er ist hartnäckig. Niemand liebt ihn, aber er will nicht weichen aus dem Gedächtnis der Nation. Er hat sich damals aus dem Staub gemacht, ziemlich ruhmlos für einen Hohenzollern, doch er geistert noch immer durch die Gemüter, die zwiespältigste Figur auf dem Preußenthron. Er steht für Pickelhaube und Säbelrasseln, für deutsche Hybris und politische Blindheit, aber auch für Glanz und Gloria, für eine nostalgisch verklärte Vergangenheit, als die Welt noch in (preußischer) Ordnung war.

Er hat dem wilhelminischen Zeitalter den Namen gegeben, und seine klotzigen Bauten – Dome, Justizpaläste, Kasernen und Denkmäler – stehen noch immer mitten unter uns. Doch er war schon zu Lebzeiten der umstrittenste – und meistkarikierte – Herrscher Europas, eine schillernde Erscheinung zwischen Pathos und Peinlichkeit.

Er war kein Staatsmann. Er war ein Staatsschauspieler, und dies von hohen Graden. In wechselnden Kostümen trat er in immer derselben Rolle auf: „ICH – WILHELM II., DEUTSCHER KAISER UND KÖNIG VON PREUSSEN, IMPERATOR REX.“ Das Publikum applaudierte – solange aus dem Spiel nicht Ernst wurde. Dann stand der Kaiserdarsteller ratlos auf der Bühne. Die Realität kam in seinem Textbuch nicht vor.

Er trat mit 29 Jahren an die Spitze des Reiches und regierte 30 Jahre lang. Er war der erste wirkliche Kaiser und zugleich der letzte Hohenzoller auf dem Thron. Er ver-

sprach den Deutschen „herrliche Zeiten“ und führte sie in den Ersten Weltkrieg, die Urkatastrophe des 20. Jahrhunderts. Er floh bei Nacht und Nebel aus dem Land, das ihn zuletzt nicht mehr haben wollte, und lebte noch 23 Jahre im Exil in Holland, Bäume zersägend und Memoiren schreibend, die mehr verschleiern als enthüllen.
Als er 1941 starb, war er bereits zu einer anachronistischen Figur geworden, überrollt von der Nachfolge-Katastrophe, die den Namen Hitler trug. Doch allmählich taucht sein Bild aus dem Schutt des 20. Jahrhunderts wieder auf – als Mythos einer vermeintlich heilen Welt, die 1914 unterging.

In den Augen der Zeitgenossen war die wilhelminische Ära „die glücklichste Zeit, die das Deutsche Reich gehabt hat“, schreibt Sebastian Haffner. Zum ersten Mal in ihrer chaotischen Geschichte sahen sich die Deutschen auf der Sonnenseite des Daseins – eine Siegernation, Nummer eins in Europa, Weltspitze. Es ging ständig aufwärts. Die Wirtschaft boomte, der Wohlstand wuchs, dauernd gab es neue Erfindungen, die das Leben leichter und aufregender machten: elektrisches Licht, Telefon, Auto, Flugzeug, Grammofon, Kinematograf – es war ein einziger Fortschrittsrausch. Sie passten gut zusammen, der Zeitgeist und der junge Kaiser. „Das Kraftstrotzende, Expansive, Prahlerische, das von Gefahren nichts Wissende, über dünne Eisdecken Stapfende, als sei der Boden aus Kruppstahl – dieses Element wusste der Kaiser glänzend darzustellen“, so Golo Mann. „Es musste immer Sonntag sein im Deutschen Reich, sensationelle Neuerwerbungen, Kampf gegen irgendwen, Sieg über irgendwas.“
Die euphorische Stimmung der Kaiserzeit hat Peter Schamoni in seinem brillanten Dokumentarfilm „Majestät brauchen Sonne“ lebendig werden lassen. Er zeigt den Kaiser so, wie ihn die Zeitgenossen wahrnahmen (und wie er gesehen werden wollte): als Friedensfürst und obersten Festveranstalter des Reiches, bombastisch und leutselig zugleich,

immer in Bestform – einhändig reitend, schießend, segelnd – immer in Aktion, immer in Pose. Permanent auf Reisen mit Sonderzug und Staatsyacht (der eleganten „Hohenzollern"), und wenn nicht auf Reisen, dann daheim Staatsempfänge gebend, Jubiläen feiernd, Denkmäler einweihend oder mit seiner Gemahlin Kindergärten besuchend. Freilich, Kaiserin Auguste Viktoria, genannt Dona, war in dem Stück, das „ICH, IMPERATOR REX" hieß, nur eine Statistin: In seinen Lebenserinnerungen widmet er ihr anderthalb Seiten. Ihr Platz war nach Hohenzollern-Sitte im Haus bei den Kindern, von denen sie sieben hatte: sechs stattliche Söhne und eine hübsche Tochter. So durfte Berlin jedes Jahr ein Fest mit der Herrscherfamilie feiern – wenn nicht Geburt, dann Taufe, wenn nicht Taufe, dann Konfirmation, und dann kamen auch schon die 18. Geburtstage, an denen ein Hohenzoller volljährig wurde, und die Verlobungen und Hochzeiten. Alljährlicher Höhepunkt der Familiendarstellung aber war der Neujahrsmorgen, wenn S. M. mit seinen sechs strammen Söhnen in Gardeuniform durch ein Spalier Hüte schwenkender Untertanen vom Schloss zum Zeughaus marschierte – eine perfekte Show.

Die preußische Tugend der Bescheidenheit („Mehr sein als scheinen") war seine Sache nicht. Der alte Kaiser, der Großvater Wilhelms II., hatte öffentliche Selbstdarstellungen gehasst wie die Pest, Bismarck ebenso. Doch dieser Hohenzoller war anders. Er genoss das Rampenlicht der Weltbühne, und er liebte Inszenierungen, die ihn im Glanz der Macht zeigten. Paraden waren der Gipfel seines Lebensgefühls, eine Art Narkotikum. Er berauschte sich an ihnen, so wie sich ganz Deutschland berauschte: Das Reich war auf der Höhe seiner Weltgeltung, seit 100 Jahren keinen Krieg mehr verloren, die schwarzweißrote Fahne in den fernsten Winkeln der Erde, von Südwestafrika bis Tsingtau, während die neuen Panzerkreuzer, die ER in Rekordzeit bauen ließ, auf den Weltmeeren Flagge zeigten – egal, was die arroganten Engländer davon halten mochten.

Wilhelm verkörperte den Geist der Zeit und wusste dabei ein breites Gefolge hinter sich: In den Direktionen der Kohle- und Stahlimperien, in den Kontoren der Reedereien und den Salons des neuen Bürgertums dachte man wie S. M., bei der Armee und der Flotte sowieso. Das Auswärtige Amt kuschte, und die wechselnden Kanzler waren gefügige Diener des Monarchen: Er allein konnte den Reichskanzler ernennen und entlassen, mochte der Reichstag auch toben. Wilhelms Deutschland fühlte sich zum Bersten stark, und niemand außer ein paar intellektuellen Miesmachern zweifelte, dass es so weitergehen würde. „Die Frage ist dann nur", so Golo Mann, „warum es mit dieser glücklichen Epoche ein so raues Ende nahm."

Der Kaiser hat sich dieser Frage nie gestellt, denn die Antwort liegt in seiner Person. Nichts hätte so kommen müssen, wie es kam, nichts war „unausweichlich". Es war diese irrlichternde, von sich selbst berauschte Figur an der Spitze, die den Zug entgleisen ließ. Wilhelm II. war weder ein böser noch ein dämonischer Charakter, aber er war, was im Ergebnis nicht viel besser ist, ein politischer Dilettant, eine hohle Nuss, um es krass zu sagen. Es war die fatale Mischung aus Naivität und Ehrgeiz, die ihn für sein Amt disqualifizierte.

Die Urteile ihm nahe stehender Menschen sind vernichtend. Am härtesten ist das seines Erziehers Georg Hinzpeter: „Zum Repräsentanten taugt er, sonst kann er nichts. Er hätte Maschinenschlosser werden sollen."

Vielleicht wäre er als konstitutioneller Monarch unter parlamentarischer Kontrolle hinnehmbar gewesen, doch jeder Gedanke an eine demokratische Verfassung war für ihn Landesverrat und Eidbruch. Er wollte „Volkskaiser" sein und die Arbeiterklasse für die Monarchie gewinnen, doch nur zu seinen Bedingungen. Für den Fall von Unruhen war er entschlossen, schießen zu lassen. „Für mich ist jeder Sozialdemokrat gleichbedeutend mit einem Reichs- und Vaterlandsfeind", verkündete er 1889 vor einer Bergarbeiterdelegation.

Jeden Tag eine andere Uniform: Wilhelm II. in der Montur der „Garde du Corps“ mit dem goldenen Adlerhelm

Er hatte kein Gespür dafür, dass die Zeit der absoluten Monarchie vorbei war, dass Deutschland nicht das technisch fortschrittlichste Land Europas sein und zugleich wie ein pommersches Kartoffelgut regiert werden konnte.
Ihm fehlte jedes diplomatische Fingerspitzengefühl. Weltpolitik betrieb er im Casino-Stil: dröhnend, verletzend, kein Fettnäpfchen auslassend. So wurde seine Regierungszeit zu einer Kette verbaler Entgleisungen, außenpolitischer Abenteuer und Provokationen. „Kein Augenmaß", sagte Bismarck von ihm. In diesen zwei Worten liegt das ganze Drama Wilhelms II.
Als 1900 beim Boxeraufstand in China der deutsche Gesandte in Peking ermordet wird, verabschiedet der Kaiser das deutsche Strafexpeditionskorps in Bremerhaven mit den Worten: „Pardon wird nicht gegeben, Gefangene werden nicht gemacht! Wer euch in die Hände fällt, sei euch verfallen! Wie vor 1000 Jahren die Hunnen unter ihrem König Etzel sich einen Namen gemacht, so möge der Name Deutscher in China auf 1000 Jahre durch euch in einer Weise bestätigt werden, dass niemals wieder ein Chinese es wagt, einen Deutschen auch nur scheel anzusehen." Wie immer hatte S. M. sich nichts dabei gedacht, aber er wurde nun in ganz Europa als Chinesenschlächter karikiert, und der Name „Hunne" blieb an Deutschland kleben, in England bis heute.

Der Dilettant auf dem Thron sah nicht, dass es seine Eskapaden waren, die Deutschland immer mehr von Europa isolierten, bis es allein stand. Er hatte auch dafür eine Ausrede. Sie hieß Einkreisung – das Reich als Opfer einer Weltverschwörung, deren Drahtzieher England war, „dieses verhasste, verlogene, gewissenlose Krämervolk".
Die neurotische England-Phobie spiegelt den Grundkonflikt in Wilhelms Wesen wider: Er war selbst zur Hälfte Engländer – und kämpfte zeitlebens gegen diese Hälfte an. Seine Mutter Victoria (Vicky) war die Tochter Queen Victorias, der deutsche Kaiser damit ein Enkel der britischen

Königin. Als Kind war er der erklärte Liebling der Queen. Ein Freund Britanniens sollte dieser Hohenzoller nach dem Willen der beiden Frauen, seiner Großmutter und seiner Mutter, werden, und so lernte er England besser kennen als irgendein deutscher Regent vor ihm. Mit anderthalb Jahren nahm ihn seine Mutter zum ersten Mal mit „nach Hause“, zum Entzücken der Queen.

Er wurde als Familienmitglied am Hof aufgenommen, sprach schon als Kind fließend Englisch und nahm als junger Mann an den Jagden, Banketten und Regatten der Royals teil. „Das Heim“ seiner Großmutter (der Buckingham Palace) sei ihm damals „zu einem zweiten Vaterhaus“ geworden, schreibt er nostalgisch in seinen Erinnerungen. Als die Königin mit 81 Jahren die Augen schloss, stand er an ihrem Sterbelager. Sie sei in seinen Armen entschlafen, behauptete er stolz. Doch die politischen Hoffnungen, die die Queen auf ihren deutschen Enkel setzte, wurden bitter enttäuscht: Wilhelm sagte sich von seiner Mutter los und verwandelte sich in einen glühenden England-Hasser.

Die Ursache des folgenschweren Dramas liegt nach gängiger psychologischer Deutung in einem körperlichen Gebrechen des Kaisers: Sein linker Arm war von Geburt an gelähmt und hing funktionslos an seinem Körper – ein Unglück, über das die junge Mutter (sie war bei der Geburt 18 Jahre alt) nie hinwegkam.

Die Entbindung im Kronprinzenpalais Unter den Linden war außerordentlich kompliziert und kostete Mutter wie Kind fast das Leben. Es handelte sich um eine Steißgeburt, bei der der linke Arm des Kindes über den Kopf nach hinten gebogen war. Ein hochkarätiges Ärzteteam überwachte die Entbindung, darunter Sir James Clark, der Leibarzt der Queen. Dennoch wurde beim gewaltsamen Herausziehen des Körpers aus dem Mutterleib – Vicky lag in Vollnarkose – das für die Armbewegung zuständige Nervengeflecht im Hals des Kindes offenbar zerrissen.

Das Gebrechen konnte trotz jahrelanger Therapien, die für den Knaben ein Martyrium waren, nie behoben werden. Der linke Arm, verkürzt und atrophiert, blieb unbrauchbar. So konnte der Kaiser kein Essbesteck benutzen. Fleisch musste ihm vorgeschnitten werden. Auf Jagd ging er mit einer Spezialbüchse, die auf eine vorbereitete Stütze gelegt wurde, damit er schießen konnte: De facto war der Kaiser einhändig, was er unter großer Willensanstrengung zu verbergen suchte – ein Hohenzoller durfte kein Krüppel sein.

Die Geburt blieb für Mutter wie Sohn ein Trauma, das sie schließlich zu Feinden werden ließ. Kein Geringerer als Sigmund Freud stellte die waghalsige These auf, dass Wilhelms Mutter in der Verkrüppelung ihres Sohnes eine Beeinträchtigung ihres Selbstwertgefühls sah und deshalb „dem Kind ihre Liebe entzog“. Richtig ist, dass Vicky zu ihrem Erstgeborenen nie ein herzliches Verhältnis entwickelte. Sie blieben sich gegenseitig fremd, und die Fremdheit wuchs im Lauf des Lebens. „Diese liberale, intelligente, belesene, selbstkritische, perfektionistische, leidenschaftliche und willensstarke Frau bildete in der Tat das Kernproblem im Leben des letzten deutschen Kaisers“ – so der britische Historiker John C. G. Röhl in seiner profunden Biografie Wilhelms II.

Die Antwort des heranwachsenden Sohnes auf die nicht erlebte Mutterliebe war schließlich ein blinder Hass auf alles Englische. Als Kaiser sagte er später: „Ein englischer Arzt tötete meinen Vater, und ein englischer Arzt verkrüppelte meinen Arm – und das ist die Schuld meiner Mutter, die keine Deutschen um sich duldete.“

Das gestörte Verhältnis zwischen Mutter und Sohn übertrug sich bald auf Wilhelms Vater, Kronprinz Friedrich Wilhelm (genannt „Fritz“), einen weichen, träumerischen Mann, der sich willig der Führung durch seine Frau überließ. Auch ihm blieb der Sohn fremd und „rätselhaft“. In zahllosen

Mitteilungen an Vicky – sie wechselten über 10 000 Briefe in ihrer glücklichen Ehe – beklagte er Wilhelms „Herzenskälte“ und „Gefühllosigkeit“.
Je älter Wilhelm wurde, desto rüpelhafter benahm er sich gegen den Vater. Einen Tag nach seinem 21. Geburtstag kam es zu der bis dahin schwersten Auseinandersetzung. Der Vater nahm ihn im Schloss „mit aufs Zimmer“ und stellte ihn wegen seines Verhaltens zur Rede. Wilhelm antwortete „in seiner unausstehlichen, süffisanten Manier“ (so Fritz an Vicky) und brach das Gespräch grußlos ab. „Nicht ein Schlusswort für mich oder ein Händedruck!!“, schreibt der Kronprinz, zutiefst verletzt. „Erst jetzt kenne ich ihn in seiner ganzen eisigen, selbstsüchtigen Natur und werde ihn danach behandeln.“
Der Bruch war nicht mehr heilbar. Er wurde verschärft durch den politischen Konflikt, der die Familie zerriss: Das Kronprinzenpaar stand in unverhüllter Opposition zur konservativen preußischen Staatsführung. Beide machten keinen Hehl aus ihrer Vorliebe für das parlamentarische System und die konstitutionelle Monarchie nach englischem Vorbild.
Vicky hasste Bismarck, so wie umgekehrt der Kanzler die „Engländerin“ hasste, die den künftigen Kaiser mit undeutschen Ideen infizierte.
In der Tat sah sich Victoria als politische Erzieherin ihres vergleichsweise unbedarften Gatten. Geduldig bemühte sie sich, aus ihrem Fritz, den sie innig liebte, einen Demokraten zu machen. Sie träumte von einem neuen, freien Deutschland unter Fritzens (und ihrer) Führung: „Unter unserem mächtigen Schutz müsste das liberale Prinzip sich segnend (in Deutschland) verbreiten – die engen Schranken früherer Jahrhunderte hinwegräumend.“

Solche Gedanken waren für Bismarck glatter Umsturz. Mit zunehmender Wut sah der Kanzler, dass der Thronfolger voll auf die Linie seiner Frau einschwenkte. Quer durch die

Staatsspitze zog sich eine Barrikade, die Scheidelinie zwischen zwei Welten: dort der autokratische Reichsgründer mit dem alten Kaiser, hier der liberale Thronfolger und Reformer mit seiner emanzipierten, kämpferischen Frau.
Wilhelm war in dieser Konstellation das Zünglein an der Waage. Hätte er sich hinter seinen Vater gestellt, hätte Deutschland ein anderes, zivileres Gesicht bekommen. Zur Erbitterung des Kronprinzenpaares schlug sich ihr Sohn auf die andere Seite. Er lief zum konservativen Großvater über, der den Prinzen von Jugend auf planmäßig an sich gezogen hatte: Er führte lange Gespräche mit ihm, nahm ihn mit in seine Loge in der Oper und lud ihn sonntags, als besondere Auszeichnung, zu einem Glas Champagner in sein berühmtes Eckzimmer ein, wo sie zusammen vom Fenster aus die Wachablösung Unter den Linden beobachteten.
Jetzt standen sie, der Alte und der Junge, in einer Front gegen Wilhelms Eltern. Das Drama bekam Shakespearesche Dimensionen. Die Luft am Berliner Hof war hasserfüllt. In der Armee zirkulierten abenteuerliche Staatsstreichpläne gegen den Kronprinzen für den Fall seiner Thronbesteigung. Mehrfach kam es in aller Öffentlichkeit zum Schlagabtausch zwischen Vater und Sohn, wobei der Kronprinz nur mühsam die Contenance bewahrte. Schließlich kappte Wilhelm den Kontakt zu seinen Eltern. Er stellte den Verkehr ein und beantwortete keine Briefe mehr, obwohl ihn seine Mutter darum anflehte. „Ich sitze oft in meinem Zimmer und weine“, meldete sie nach London.
Vickys Gegner – und das war die gesamte preußische Staatsführung – sahen die Entwicklung dagegen mit unverhohlener Freude. Generalstabschef Alfred Graf Waldersee, Exponent der antiliberalen Kräfte, frohlockte: „Wenn seine (Wilhelms) Eltern sich das Ziel gesetzt hatten, einen konstitutionellen König zu erziehen, der sich gehorsam vor einer Kammermajorität beugt, so haben sie Unglück gehabt. Es kommt anscheinend das gerade Gegenteil heraus.“ So war es dann auch.

Der Kronprinz, inzwischen in den Fünfzigern, spürte, dass die Luft um ihn dünn wurde. Als er erfuhr, dass Wilhelm ohne seine Kenntnis im Auswärtigen Amt hospitierte, schrieb er zornbebend an Bismarck, den Chef des AA: Sein Sohn solle gefälligst zuerst „die inneren Verhältnisse seines eigenen Landes kennen lernen, ehe er bei seinem ohnehin zur Übereilung neigenden Urteil sich mit der (auswärtigen) Politik befasst". Angesichts der „mangelnden Reife" seines Sohnes (Wilhelm war 27!) und seines „Hanges zur Überhebung wie zur Überschätzung" halte er es „geradezu für gefährlich", Wilhelm mit der Außenpolitik zu befassen.

Bismarck ignorierte den Einspruch. Er wollte den Prinzen in die Staatsgeschäfte einführen, denn bisher hatte Wilhelm nichts gelernt, was ihn für sein späteres Amt befähigte. Er hatte vier Semester in Bonn „studiert" – quer durch den Garten, von Jura über Geschichte bis Nationalökonomie – und war dann als Berufssoldat in die Armee eingetreten, natürlich bei der Garde in Potsdam.

Diese Zeit prägte sein Denken bis zum Ende. Die Armee war die „Schule des deutschen Volkes", so der Kaiser, und er war ein Teil von ihr. „In dem von altpreußischem Geiste beherrschten Kameradenkreise habe ich mich unendlich wohl gefühlt." Er stieg rasch auf in der militärischen Karriereleiter: Mit 24 war er Bataillonskommandeur beim 1. Garderegiment zu Fuß, mit 25 Oberst und Regimentskommandeur der Garde-Husaren, mit 29 Generalmajor und Kommandeur der 2. Garde-Infanterie-Brigade in Berlin, einer Achtung gebietenden Kampftruppe. Ob das nicht eine Nummer zu groß sei für den Jungen, fragte der alte Kaiser den Chef seines Militärkabinetts. „Er wird's schon machen, Majestät", war die Antwort.

Bismarck sah diesen Werdegang mit größtem Unbehagen. Der künftige Monarch kannte nichts als die Exerzierplätze und Casinos der Armee und fühlte sich zum Ärger des

Reichskanzlers sauwohl dabei. Er sprach den Jargon der Garde und teilte ihre arrogante Verachtung für die Welt der schlappen Zivilisten. „Die Beschränktheit seines Vorlebens“, so Bismarck in seinen Erinnerungen, „habe ich tief beklagt.“

Um in seine Umgebung „ein zivilistisches Element“ einzubringen, schlug der Kanzler vor, einen höheren Beamten „zur wissenschaftlichen Bildung Sr. Königlichen Hoheit“ abzustellen. Als der Kandidat dem prinzlichen Brigadekommandeur bei Tisch vorgestellt wurde, erklärte dieser fröhlich, mit so einem Bart, wie ihn jener Herr trage, habe er sich als Kind immer Rübezahl vorgestellt. Worauf das Engagement geplatzt war. Ein halbes Jahr später war der Brigadekommandeur Deutscher Kaiser.

Wilhelm I. war am 9. März 1888 friedlich in seinem Bett gestorben, umgeben von seiner ganzen Familie. Niemand wäre damals auf die Idee gekommen, den Kaiser in ein Hospital einzuliefern und sein Leben künstlich zu verlängern. Dieses Leben war nach 91 Jahren zu seinem gottgewollten Ende gekommen, bis zum letzten Atemzug vom preußischen Pflichtgedanken geprägt. Bismarck reichte seinem Dienstherrn noch auf dem Sterbebett Akten und Erlasse zur Unterzeichnung. Mit zitternder Hand kratzte der Monarch seinen Namenszug auf das Papier.

Er sah dem Tod mit stoischer Ruhe entgegen. Es war ihm nicht gesungen worden, dass er einmal die preußische Krone tragen und außerdem als „Deutscher Kaiser“ an der Spitze eines vereinigten Reiches stehen würde. Er war noch zur Zeit Napoleons geboren worden, hatte als Kind die tiefste Erniedrigung Preußens und die Flucht der Familie nach Tilsit erlebt. Er hatte diese Krone gegen alle Anfechtungen der Zeit verteidigt, gestützt und geführt von diesem Kanzler, der ihm noch in den letzten Stunden seines Lebens nicht von der Seite wich. Als er an diesem Märztag des Jahres 1888 die Augen schloss, endete die heroische Epoche der Dynastie.

Endlich konnte nun der Sohn des alten Kaisers, der „ewige Kronprinz“, die Nachfolge antreten. Als Kaiser Friedrich III. übernahm er das Szepter – ein vom Tode gezeichneter Mann. Der Kehlkopfkrebs hatte ihn besiegt, noch ehe er das Amt antreten konnte. Er konnte nicht mehr sprechen und hatte nur noch 99 qualvolle Tage zu leben, die tragischste Gestalt auf dem Preußenthron.
Es waren gespenstische Wochen. Das Land hielt den Atem an. Alle warteten nur noch auf den Tod des Gequälten. Hinter den Kulissen übernahm Prinz Wilhelm die Macht, noch ehe sein Vater die Augen schloss. In der Todesnacht ließ er das Neue Palais in Potsdam, wo der Kaiser residierte, von seinen Soldaten umstellen. Er wollte verhindern, dass seine Mutter unliebsame Papiere außer Landes schaffte. Doch die Kaiserin hatte vorgesorgt und bereits sechs Kisten mit Tagebüchern und vertraulichen Aufzeichnungen auf den Weg nach London gebracht. Sie wusste: Nach dem Tod ihres Mannes würde sie die einsamste Frau in Berlin sein.

Wilhelm, ihr ungeliebter Sohn, war nun Kaiser von Deutschland. Am 15. Juni 1888 bestieg er den Thron, mit 29 Jahren der jüngste Monarch Europas, tatendurstig, ruhmsüchtig. Er wollte es den alten Herren und liberalen Schlappschwänzen endlich zeigen. Doch zuerst musste er freie Bahn haben: Bismarck, der die Geschicke der Deutschen seit 26 Jahren mit harter Faust lenkte, der Reichsgründer und Kanzler, der grantelnde Besserwisser, der Alte, musste weg.
Der Konflikt war programmiert, der Anlass beliebig. Zwischen Kanzler und Kaiser herrschte kalter Krieg von Anfang an. In der Sache gab es so gut wie nichts, in dem sie übereinstimmten. Nach zwei Jahren waren sie fertig miteinander. Kurioserweise überwarfen sie sich zuletzt wegen der Arbeiterfrage. Dabei war der Kaiser toleranter als der alte Junker: „Fürsorge auf der einen, Panzerfaust auf

der anderen Seite, das war Bismarcksche Sozialpolitik", so Wilhelm in seinen Memoiren. „Ich aber wollte die Seele des deutschen Arbeiters gewinnen."

Bismarck trieb es zum Äußersten, indem er auf einer Kabinettssitzung erklärte, er betrachte es als einen „Übergang zum Landesverrat, wenn verantwortliche Minister den Souverän auf Wegen fänden, die sie für staatsgefährlich hielten, und das nicht offen sagten". Damit war der Bogen überspannt. Der Kaiser forderte den Kanzler ultimativ auf, ihm sein Rücktrittsgesuch einzureichen. Am 20. März 1890 ging „der Lotse von Bord": Die Illustration im englischen *Punch* wurde zur meistgedruckten Karikatur der Zeit. Der Kaiser übernahm nun allein das Kommando. Mit dem Feingefühl eines preußischen Gardeleutnants brach er in das komplizierte Geflecht der europäischen Politik ein.

Seine Mutter muss Qualen gelitten haben. Sie erlebte noch, dass er unter dem Motto „Unsere Zukunft liegt auf dem Wasser" den Bau einer gigantischen Schlachtflotte verkündete, die Deutschland binnen weniger Jahre zur zweitgrößten Seemacht der Welt hoch katapultierte – ein Wahnsinnsunternehmen, das zur tödlichen Konfrontation mit dem britischen Empire führen musste.

War Wilhelm schuld am Ersten Weltkrieg? War er unschuldig? Über die Frage wird noch immer gestritten, obwohl die Fakten klar sind. Unschuldig war keiner der Kontrahenten, am wenigsten unschuldig aber Wilhelm. Er war ein Maulheld und hat den Krieg jahrelang herbeischwadroniert. Vielleicht wollte er ihn nicht wirklich – er ahnte, was das bedeutete. Doch er tat nichts, um ihn zu verhindern. Ein einziges entschiedenes Nein von ihm, und der Erste Weltkrieg hätte nicht stattgefunden: Es war Deutschland, das Russland und Frankreich den Krieg erklärte, nicht umgekehrt. Und es war Deutschland, das durch den Einmarsch in Belgien die Kriegserklärung Englands provozierte.

Was nun kam, war etwas anderes als die Paraden zu Kaisers Geburtstag – Maschinengewehre, Trommelfeuer, Giftgas, Tanks, noch nie erlebtes Grauen, millionenfacher Tod. Das Zeitalter der Technik, eben noch angebetet als Wegbereiterin einer neuen Menschheit, enthüllte sein mörderisches zweites Gesicht.

Die Agonie dauerte vier Jahre, doch der Nimbus des Kaisers erlosch lange vor dem Ende. Der Krieg entlarvte ihn: Ohne Rampenlicht und ohne Kulisse war er nichts. Das Stück, in dem er eine Rolle spielte, war aus. Er, der sein Leben lang geredet hatte, verstummte.

Die Macht im Staat lag jetzt bei der Obersten Heeresleitung, mit Hindenburg und Ludendorff an der Spitze. Deutschland war de facto eine Militärdiktatur. Der Kaiser stand wie ein überflüssiges Möbel im Großen Hauptquartier herum. Als ihm die Heerführer im September 1918 erklärten, der Krieg sei verloren, konnte er es nicht glauben. Hatten sie ihm nicht die ganze Zeit erzählt, der Endsieg wäre zum Greifen nah?

Alles brach über Nacht zusammen. Die Alliierten verlangten seine Auslieferung als Kriegsverbrecher, die Flotte – SEINE Flotte! – meuterte, und in Berlin begann die Revolution. Der letzte kaiserliche Reichskanzler, Max von Baden, forderte seinen obersten Dienstherrn ultimativ zur Abdankung und zum Thronverzicht für die ganze Dynastie Hohenzollern auf. Als Wilhelm zögerte – er wollte wenigstens König von Preußen bleiben –, verkündete der Kanzler die Abdankung als vollzogene Tatsache: Wilhelm II. war schlicht abgesetzt. Deutschland hatte aufgehört, ein Kaiserreich zu sein. Man schrieb den 9. November 1918.

Wilhelm erlebte das alles wie in Trance in seinem Hauptquartier in Spa, im immer noch besetzten Belgien. Er war nur noch ein Stück Treibholz in einem Orkan. „Und meine Armee?“, fragte er die Generäle. Sie zuckten mit den Schultern. Die Armee wollte nach Hause.

Einen Augenblick lang erwog er, in einem letzten Stoßtruppunternehmen an der Front den Tod zu suchen. Doch an der Front wurde nicht mehr geschossen, der Waffenstillstand sollte am übernächsten Tag, dem 11. November, in Kraft treten. Blieb noch die andere Option: sich selbst den Tod zu geben – ein angemessener Abgang von der Bühne der Geschichte für den letzten Preußenkönig. Aber er verwarf auch dies: „Das war schon durch meinen festen christlichen Standpunkt ausgeschlossen", schrieb er rückblickend in Schloss Doorn.

So schlug denn die Stunde seiner tiefsten Demütigung: Allein im Novembernebel, mit einem Häuflein Getreuer auf einem gottverlassenen Bahnsteig, auf einen Zug wartend, der ihn in Sicherheit bringen sollte – die Königin der Niederlande hatte ihm Asyl gewährt, sie würde ihn nicht ausliefern. Zum letzten Mal machte er Schlagzeilen, aber sein Verschwinden erregte niemanden mehr. Auf gespenstisch lautlose Weise brach die Monarchie zusammen. Keine Hand rührte sich für das Haus Hohenzollern, das die Geschicke der Deutschen jahrhundertelang beeinflusst hatte. Eine Epoche war zu Ende.

Die Brandenburger, die sich 1701 in ihrer polnischen Lehnsherrschaft Preußen selbst zu Königen ernannten, hatten den Deutschen mehr Unglück als Glück gebracht, mehr Kriege als Frieden. Deutschland hat die Hohenzollern herzlich wenig gekümmert. Es ging ihnen immer nur um Preußen, um den Ruhm ihres Hauses, ihrer Fahne, ihrer Krone. Mit Waffengewalt zerschlugen sie 1849 die demokratische deutsche Einigungsbewegung, um sich 22 Jahre später ein Reich nach ihrem Gusto zu zimmern. Doch nicht einmal sie selbst waren die Baumeister, sondern ein besessener Vollblutpolitiker namens Bismarck. Die Kaiserkrone, die er aus dem Hut zauberte, musste er seinem Monarchen fast gewaltsam aufs Haupt drücken: Wilhelm I. hielt Krone und Kaisertitel für Mumpitz – eine neureiche Geschmacklosigkeit, unter der Würde eines Königs von Preußen.

Es war eine Fehlkonstruktion, das deutsche Kaiserreich. Mit „Eisen und Blut“ geschmiedet, hat es nur 47 Jahre gehalten, weniger als ein Menschenleben. Es zerbrach an seiner inneren Hohlheit. Wilhelm II. war sein authentischer Repräsentant.
PS: Man hat ihm kein Haar gekrümmt. Die Republik schickte ihm seine persönliche Habe ins Exil nach: 50 Eisenbahnwaggons voll. Er blieb bis ans Ende uneinsichtig und propagierte die Dolchstoßlüge. Er erlebte noch Hitlers Einmarsch in Holland und sandte ihm ein Glückwunschtelegramm zur Eroberung von Paris. Er starb 1941 mit 82 Jahren. Eine Ehreneskorte der Wehrmacht schoss an seinem Grab Salut.

Dreißig Tage bis Armageddon: Wer war schuld am Ersten Weltkrieg?

Es ist ein strahlender Sonntagmorgen, dieser 28. Juni 1914 in Sarajevo. Ein wolkenloser Himmel wölbt sich über dem orientalischen Gassengewirr mit seinen Moscheen und Minaretten. Die Stadt ist festlich geschmückt – überall Fahnen, Girlanden, das Bild des hohen Besuchers in vielen Schaufenstern: Die Hauptstadt Bosnien-Herzegowinas erwartet den künftigen Kaiser, Erzherzog Franz Ferdinand. Man hat den Termin auf einen Sonntag gelegt, damit die Bevölkerung der ehemals türkischen Provinz die Möglichkeit hat, ihn zu begrüßen. Franz Ferdinand kann jeden Tag an die Spitze des Reiches berufen werden, denn Kaiser Franz Joseph, der Österreich-Ungarn seit mehr als einem halben Jahrhundert regiert, steht im 85. Lebensjahr.

Für den Fall der Machtübernahme hat sich der 50-jährige Thronfolger, ein Neffe des Kaisers, viel vorgenommen. Er will den morschen Vielvölkerstaat umstrukturieren und die österreichisch-ungarische Zweierherrschaft durch Einbeziehung der südslawischen Völker in eine „Triade" umwandeln. Eine Art „Jugoslawien" unter dem Dach des Hauses Habsburg soll die Monarchie stabilisieren.

Solche Pläne machen Franz Ferdinand in der Wiener Hofburg nicht gerade beliebt. Auch beim Volk ist der Erzherzog nicht populär. Die Thronfolge ist ihm durch den Selbstmord des Kronprinzen Rudolf, des einzigen Sohnes Franz Josephs, zugefallen. Als Neffe des Kaisers war Franz Ferdinand der Nächste in der dynastischen Erbfolge: ein ver-

schlossener, hochfahrender Mensch, der zudem die falsche Frau geheiratet hat, eine böhmische Gräfin, die nach den Regeln des Hauses Habsburg nicht standesgemäß war. Um das Plazet des Kaisers für diese „morganatische" Ehe zu erhalten, musste Franz Ferdinand für seine Nachkommen auf alle dynastischen Rechte verzichten.
Seine Frau Sophie darf bei öffentlichen Auftritten – und die gibt es nahezu täglich – nicht an der Seite ihres Mannes erscheinen und bei Banketten nicht neben ihm an der Tafel sitzen. Diese Demütigung begleitet sie durch ihr Leben.
Franz Ferdinand, der seine Frau zutiefst liebt, nimmt Sophie mit auf die Reise nach Sarajevo. Sie soll einmal heraus aus der Wiener Stickluft. Zudem ist der 28. Juni der Tag, an dem Franz Ferdinand auf die Thronfolge für seine Nachkommen verzichtet hat, um Sophie heiraten zu können. Er hat sich ein besonderes Geschenk ausgedacht: Sophie wird mit ihm im selben Wagen durch die Stadt fahren (was ihr in Wien nicht gestattet ist). Wenigstens hier unten in Bosnien sollen die Leute sehen, dass der Platz der künftigen Kaiserin an der Seite ihres Mannes ist. Es wird für beide eine Reise in den Tod.

Bosnien-Herzegowina, seit 1878 unter österreichischer Verwaltung und 1908 von der Donaumonarchie annektiert, ist das Unruhezentrum der Region: Die muslimischen Bosniaken und die katholischen Kroaten haben zwar ihren Frieden mit Österreich gemacht, doch die Mehrheit der in Bosnien lebenden Serben, die 40 Prozent der Einwohner stellen, will die Vereinigung mit dem Mutterland, dem Königreich Serbien. In der heraufziehenden Epoche der Nationalstaaten keine absonderliche Idee, für Wien jedoch Hochverrat.
Serbien schürt die Anschlussbestrebungen nach Kräften, was zu permanenten Spannungen zwischen Wien und Belgrad führt. Zentrum der großserbischen Agitation ist der Geheimbund „Schwarze Hand". Sein eigentlicher Name lautet „Ujedinjenje ili Smrt" („Einheit oder Tod"), und sein politisches

Fernziel ist die Vereinigung aller Südslawen – Serben, Bosnier, Kroaten und Slowenen – unter serbischer Führung.
Franz Ferdinand, ein im Grunde liberaler Reformer, will das Gegenteil: eine Autonomie der Südslawen unter dem Dach der Donau-Monarchie. Die Idee hat gute Chancen, in absehbarer Zeit verwirklicht zu werden – falls Franz Ferdinand den Thron besteigt. Die serbischen Nationalisten sehen deshalb in dem österreichischen Thronfolger ihren Todfeind. Er muss beseitigt werden. Der Besuch des Erzherzogs in Sarajevo ist eine unwiederholbare Chance – wenn nicht jetzt, wann dann? Die Visite ist Monate zuvor bekannt gemacht worden, das Programm steht fest – Zeit genug, um das Attentat generalstabsmäßig zu planen.

Das Mordkommando besteht aus sieben jungen Männern: sechs bosnischen Serben und einem bosnischen Moslem, die jüngsten 17 Jahre alt. Drei von ihnen, darunter die Attentäter Gavrilo Princip und Nedeljko Cabrinovic (beide 19), sind in Belgrad von der „Schwarzen Hand" ausgebildet worden. Vor ihrer Abreise nach Sarajevo erhielten sie Revolver und Handgranaten, dazu Zyankalikapseln, um dem Feind nicht lebend in die Hand zu fallen. Serbische Grenzposten haben ihnen beim Übertritt auf k. u. k.-Territorium geholfen.
Inwieweit sogar serbische Regierungsstellen an dem Unternehmen beteiligt waren, ist nie eindeutig geklärt worden. Sicher scheint jedoch zu sein, dass hohe Dienststellen zumindest gerüchtweise Wind von der Sache bekamen, ohne indessen einzugreifen.
Anfang Juni treffen die drei aus Serbien eingeschleusten Terroristen in Sarajevo ein. Sie werben vier weitere Komplizen an – es gibt genügend junge Leute in der Stadt, die sich einem Selbstmordkommando wie diesem anschließen würden.
Am Morgen des 28. Juni 1914 verteilen sich die sieben entlang der Fahrstrecke und mischen sich unter die wartende Menge auf der Uferpromenade am Fluss Miljacka. Das

Datum dieses Tages gibt ihnen Kraft, denn der 28. Juni ist St.-Veits-Tag, der mythische Nationalfeiertag der Serben, an dem sie der Niederlage gegen die Türken 1389 auf dem Amselfeld gedenken.

An diesem heiligen Tag also begrüßt Sarajevo den Todfeind Serbiens. Er kommt im offenen Wagen, das Verdeck zurückgeschlagen, in Generalsuniform, den Stulpenhut mit dem grünen Federbusch auf dem Kopf, seine Gemahlin neben ihm, ganz in Weiß.

Die Mörder haben leichtes Spiel. Es gibt keinerlei Sicherheitsvorkehrungen. Franz Ferdinand und seine Frau fahren in „eine Allee von Bombenwerfern“, wie der deutsche Botschafter in London zwei Wochen später schreibt, als die ersten Ermittlungsergebnisse bekannt werden.

Das Automobil des Thronfolgerpaares – der zweite von vier Wagen – passiert die Positionen der ersten beiden Verschwörer, ohne dass etwas geschieht. Offenbar hat die jungen Burschen der Mut im letzten Augenblick verlassen. Der dritte Posten ist Cabrinovic. Er zündet eine Handgranate und wirft sie in den Wagen des Erzherzogs. Die Bombe landet auf dem zurückgeschlagenen Verdeck und rollt von dort auf das Pflaster, wo sie explodiert – Entsetzen, Panik. Franz Ferdinand lässt halten. Der Attentäter flieht, wird aber gefasst. Er schluckt das Zyankali, doch es wirkt nicht, er muss sich nur übergeben.

Ein Offizier aus der Begleitung des Erzherzogs ist im Nacken verwundet und wird ins Krankenhaus gebracht. Franz Ferdinand lässt in hoher Geschwindigkeit zum Rathaus weiterfahren – zu schnell für die übrigen vier Verschwörer. Im Rathaus ist ein Empfang vorgesehen. Der Bürgermeister verliest seine vorbereitete Rede. Franz Ferdinand bewahrt mühsam Haltung. Nach dem Empfang will er das Programm jedoch beenden und stattdessen den verwundeten Offizier im Krankenhaus besuchen.

Dem Fahrer ist die Änderung der Route nicht mitgeteilt worden. Er biegt, wie ursprünglich vorgesehen, von der

Uferpromenade in eine schmale Straße ein, die in die Innenstadt führt. Der neben ihm sitzende Provinzgouverneur befiehlt ihm, zurückzusetzen. Für eine Sekunde kommt der Wagen zum Stehen. Diese Sekunde entscheidet über Österreichs Schicksal.

Der Wagen stoppt drei Meter vor Gavrilo Princip, der an dieser Straßenecke Posten bezogen hat. Wie in der griechischen Tragödie führt ein unentrinnbares Schicksal das Opfer seinem Mörder zu – die Tat soll begangen werden, zum Unglück für die Welt.

Princip zieht den Revolver und schießt zweimal. Eine Kugel trifft den Erzherzog in den Hals, die andere seine Frau in den Unterleib. (Die Herzogin habe er nicht töten wollen, sagt Princip später vor Gericht, das ihn – da er noch minderjährig ist – zu 20 Jahren Haft verurteilt. Er stirbt 1918 an Knochentuberkulose.)

Während der Attentäter von der Menge überwältigt wird, rast der Wagen zur Residenz des Gouverneurs. Franz Ferdinand hängt bewusstlos in den Lederpolstern, Blut läuft ihm aus dem Mund, seine Frau ist über seinem Schoß zusammengesunken. Beide treffen als Sterbende ein. Ärzte sind zur Stelle, aber sie können nicht mehr helfen. Franz Ferdinands Halsschlagader ist zerrissen, er verblutet auf einer Chaiselongue. Sophie stirbt wenige Minuten vor ihm, ohne das Bewusstsein wiedererlangt zu haben.

Es ist 11.45 Uhr. Lähmendes Entsetzen breitet sich in der Stadt aus.

Die Morsetasten beginnen zu ticken. Sie reißen die europäischen Regierungszentralen aus dem Sonntagsschlaf. In Wien und St. Petersburg, in Berlin, Paris und London beugen sich fassungslose, bestürzte Diplomaten über die Depeschen aus dem tiefsten Balkan, und alle haben in dieser Sekunde den gleichen Gedanken: „Das ist der Krieg!“

Fünf Wochen später stehen sich die mächtigsten Staaten Europas in einem Vernichtungskampf gegenüber, der den

Die Schüsse, die die Welt in Brand setzen: Am 28. Juni 1914 erschießt der bosnische Student Gavrilo Princip den österreichischen Thronfolger Franz Ferdinand und seine Frau Sophie, die sich zum Staatsbesuch in Sarajevo aufhalten. Das Attentat löst eine politische Kettenreaktion aus, die einen Monat später zum Ersten Weltkrieg führt, der „Urkatastrophe" des 20. Jahrhunderts.

Kontinent für Generationen psychisch und moralisch verwüsten wird.
Wie konnte das geschehen? Wie war es möglich, dass zwei Revolverschüsse in einem obskuren Winkel des Kontinents die Apokalypse des Weltkriegs auslösten?
Generationen von Historikern haben sich mit dieser Frage herumgeschlagen, doch eine Antwort, welche die Vernunft befriedigt, wird es nie geben, denn die tiefste Ursache der Katastrophe war die Ausschaltung der Vernunft.
„Wir sind alle hineingeschlittert", sagt der britische Premierminister David Lloyd George später. Der Satz wird schnell populär in Deutschland, denn er spricht alle Beteiligten frei von Schuld. Doch die Fakten sehen anders aus. Von „Hineinschlittern" kann keine Rede sein. Der Krieg hatte eine lange Inkubationszeit, und die Staatenlenker der fünf europäischen Großmächte waren sich allesamt über die Tragweite ihrer Entscheidungen im Klaren. Das Verhängnis bestand nicht darin, dass die Führer der europäischen Völker blind in die Katastrophe stolperten, sondern dass sie die Katastrophe, auf die sie zutrieben, klar erkannten und dennoch den Kurs nicht änderten.

Die europäische Mächtekonstellation der Vorkriegszeit ist ein äußerst fragiles System einander durchkreuzender Bündnisse: auf der einen Seite die Tripel-Entente Großbritannien-Frankreich-Russland, auf der anderen der Dreibund Österreich-Deutschland-Italien (aus dem Italien sich bei Kriegsausbruch löst). In dieser Konstellation ist Deutschland die stärkste, Österreich-Ungarn die schwächste Kontinentalmacht. Unseligerweise sind beide durch Bündnisverträge miteinander verknüpft. In „Nibelungentreue", so hat Reichskanzler Bülow 1909 im Reichstag pathetisch erklärt, werde Deutschland der Habsburger Monarchie für immer zur Seite stehen. Dies wird dem wilhelminischen Reich zum Verhängnis.

Wilhelms II. dilettantische und plumpe Machtpolitik hat Deutschland im europäischen „Konzert der Mächte“ isoliert. Das Reich ist der ungeliebte Aufsteiger im Club der Arrivierten, der Parvenu unter den Großmächten. Was ihm an Respektabilität fehlt, ersetzt es durch Kraftmeierei. Bülow: „Träumend beiseite stehen, während andere Leute sich den Kuchen teilen, das können wir nicht und wollen wir nicht.“ Das deutsche Volk werde im 20. Jahrhundert entweder „Hammer oder Amboss sein“.

Deutschland sieht seine Isolierung als „Einkreisung“, als Verschwörung der missgünstigen Großmächte gegen das fleißige deutsche Volk. Diesen Ring zu sprengen wird zur Obsession Wilhelms II. und seiner Kabinette.

Auch die anderen haben ihren Einsatz im Machtpoker. Frankreich will Elsass-Lothringen zurückhaben und dürstet seit mehr als 40 Jahren nach Revanche („Nie davon sprechen, immer daran denken“). Russland will nach der demütigenden Niederlage gegen Japan 1905 seine Großmachtgeltung wiederherstellen und der österreichischen Balkanpolitik Paroli bieten. Österreich-Ungarn will Serbien klein halten und den russischen Einfluss auf dem Balkan eindämmen. Großbritannien will verhindern, dass der Kontinent unter die Kontrolle eines einzigen Staates fällt.

So gleicht die europäische Machtkonfiguration im Sommer 1914 dem chinesischen Mikado-Spiel, bei dem sich die kreuz und quer liegenden Stäbchen gegenseitig im Gleichgewicht halten. Wer das falsche Stäbchen zieht, bringt die ganze labile Konstruktion zum Einsturz. Serbien war das falsche Stäbchen.

Doch die Katastrophe ist nicht allein das Ergebnis einer verantwortungslosen, bellizistischen Politik. Es hätte diesen Krieg nie gegeben, wenn in den europäischen Eliten nicht eine morbide Bereitschaft dazu vorhanden gewesen wäre: eine untergründige Sehnsucht nach Apokalypse und Untergang, gespeist aus einem Überdruss am Frieden, an der Zivilisation, an der Perspektivlosigkeit des Daseins – eine Lust an der Zertrümmerung überkommener Formen, die in der Kunst, in Malerei, Musik und Literatur schon vorweggenommen war. Der Untergang der „Titanic“, des größten und luxuriösesten Schiffes der Welt, zwei Jahre vor Sarajevo, erschien vielen Zeitgenossen als Vorbote der kommenden Weltkrise.

„Wir hatten die Heimsuchung kommen sehen, mehr noch: auf irgendeine Weise ersehnt“, schreibt Thomas Mann im Herbst 1914 in einem wüsten Pamphlet. „Hatten im tiefsten Herzen gefühlt, dass es so mit der Welt nicht mehr weitergehe. Wimmelte sie nicht von dem Ungeziefer des Geistes wie von Maden? Gor und stank sie nicht von den Zersetzungsstoffen der Zivilisation? Wie hätte der Künstler, der Soldat im Künstler, nicht Gott loben sollen für den Zusammenbruch einer Friedenswelt, die er so satt, so überaus satt hatte!“

Das Geschwätz von der „Unvermeidbarkeit“ des Krieges war europäisches Gemeingut, in den Staatskanzleien wie in den Salons des Bürgertums und den Cafés der Literaten. Es nahm, wie der Historiker Wolfgang J. Mommsen schreibt, „in Deutschland schließlich die Qualität einer self-fulfilling prophecy an“.

Warnungen hatte es genug gegeben, auch von Männern, die nicht als Pazifisten diffamiert werden konnten. Der greise Moltke, der Sieger von Sedan, beschwor 1890 vor dem Reichstag das Schreckensbild eines Weltkrieges: „Wenn der Krieg, der jetzt schon mehr als zehn Jahre lang wie ein Damoklesschwert über unseren Häuptern schwebt, zum Ausbruch kommt, so ist seine Dauer und sein Ende nicht abzusehen. Es kann ein Siebenjähriger, es kann ein Dreißigjähriger Krieg werden – und wehe dem, der zuerst die Lunte in das Pulverfass schleudert!“

Die Sieger schoben Deutschland 1919 im Versailler Vertrag die Alleinschuld zu – was ebenso unsinnig war wie der deutsche Mythos vom „aufgezwungenen“ Krieg durch die

Mächte der Finsternis. Keine europäische Großmacht war völlig schuldlos, doch es gab unterschiedliche Grade von Skrupellosigkeit, Dummheit und Arroganz.
Erst lange nach dem Zweiten Weltkrieg setzte sich in Deutschland eine selbstkritische Betrachtung durch, ausgelöst durch den Historiker Fritz Fischer. „Die deutsche Reichsführung“, so Fischer, „trägt den entscheidenden Teil der Verantwortung für den Ausbruch des allgemeinen Krieges.“

Wilhelm II. erhält die Nachricht aus Sarajevo an Bord der kaiserlichen Yacht „Hohenzollern“, mit der er an der Kieler Woche teilnimmt. Er ist erschüttert. Franz Ferdinand war sein persönlicher Freund. Noch vor 14 Tagen hat Wilhelm ihn auf dem Jagdschloss Konopischt in Böhmen besucht, und jetzt – ermordet, auch die arme Sophie, die so gern in Potsdam war, wo sie nicht am Katzentisch sitzen musste.
Der Kaiser ist außer sich vor Zorn. Die Tat muss gesühnt werden, auch wenn Deutschland keine politischen Interessen auf dem Balkan hat. Bis jetzt galt Bismarcks Wort, dass die dortigen Wirren „nicht die Knochen eines einzigen pommerschen Grenadiers“ wert seien.
Wilhelm selbst hat noch vor zwei Jahren davor gewarnt, sich von Österreich „in einen Existenzkampf mit drei Großmächten“ verwickeln zu lassen, „bei dem Deutschland eventuell untergehen kann“. Niemand könne es „mit seinem Gewissen und seiner Verantwortung vor Gott und seinem Volke vertreten, aus solchen Gründen (wie dem Dauerkonflikt mit Serbien) die Existenz Deutschlands aufs Spiel zu setzen“.
Jetzt gilt das nicht mehr. Die Bluttat von Sarajevo hat alles verändert. Soll der Mord ungesühnt bleiben? Soll man tatenlos warten bis zum nächsten Anschlag? „Mit den Serben muss aufgeräumt werden, und zwar bald“, schreibt der Kaiser an den Rand jener Depesche, mit der ihm der deutsche Botschafter in Wien meldet, dass die Spuren der Attentäter nach Belgrad führen.

Österreich schreit nach Rache. Die Presse schäumt. Der Ton wird von Tag zu Tag schärfer, je weiter die Ermittlungen fortschreiten. Die Serben sind das „Räuber- und Mordgesindel", das „Läusevolk", die „Hammeldiebe". Der k. u. k.-Generalstabschef, Franz Freiherr Conrad von Hötzendorf, dringt auf sofortigen Einmarsch. Seit Jahren fordert er den Präventivkrieg gegen Belgrad, jetzt ist die Stunde der Abrechnung gekommen.

Der alte Kaiser in der Wiener Hofburg zögert. Er ist kein Abenteurer. Den letzten Krieg hat er 1866 gegen Preußen geführt, und den hat er verloren. Er ahnt, dass die vom Zerfall bedrohte Monarchie einen europäischen Großkrieg nicht überleben würde. Die Nachricht aus Sarajevo hat ihn nicht sonderlich erschüttert – ein Toter mehr in dieser vom Unglück verfolgten Familie: sein Sohn durch eigene Hand aus dem Leben geschieden, seine Frau von einem Anarchisten erdolcht, sein Bruder Maximilian in Mexiko erschossen. Und nun dieser Neffe und seine böhmische Gräfin – der Kaiser hat immer geahnt, dass es ein schlimmes Ende nehmen würde mit dieser Mesalliance. „Der Allmächtige lässt sich nicht herausfordern", sagt er zu dem Adjutanten, der ihm die Todesnachricht auf den Tisch legt.

Wenn es in diesem shakespeareschen Trauerspiel eine dämonische Figur gibt, dann ist es Leopold Graf Berchtold, Außenminister der Doppelmonarchie und Vorsitzender des österreichisch-ungarischen Gesamtkabinetts, der politische Leiter des Habsburger Reiches. „Ovaler Kopf, ermüdete Augen, zynisch-blasé, einer der elegantesten Herren von Wien, mit dem Ausdruck des übersättigten Welt- und Sportmannes, der Pferde zum Rennen und zur Schlacht lieber züchtet als reitet" – so beschreibt ihn Emil Ludwig in seinem 1929 erschienenen Bestseller „Juli 1914".

Von allen Verantwortlichen der beteiligten Mächte ist Graf Berchtold der skrupelloseste. Er will den Krieg gegen Serbien, hier und heute. Österreich muss die Welt vor voll-

endete Tatsachen stellen, die Welt wird es schon schlucken.
In den eigenen Reihen erhebt sich Widerspruch. Der ungarische Ministerpräsident István Graf Tisza protestiert schriftlich bei Kaiser Franz Joseph: Er halte eine Kriegserklärung an Serbien für „einen verhängnisvollen Fehler", den er nicht mitverantworten könne: „Wir würden vor der ganzen Welt als die Friedensstörer dastehen und einen großen Krieg unter den ungünstigsten Umständen entfachen." Russland würde eingreifen, und Deutschland könnte seine Hilfe verweigern.
Gut, sagt Berchtold, den Punkt werden wir klären. Er lässt Franz Joseph einen Brief an den deutschen Kaiser schreiben und schickt seinen Kabinettschef Graf Hoyos damit nach Potsdam, wo Wilhelm während der Sommermonate residiert. Am 5. Juli, sieben Tage nach dem Mord von Sarajevo, hält der Kaiser die Botschaft seines Verbündeten in der Hand. „Das gegen meinen armen Neffen verübte Attentat", schreibt Franz Joseph alias Berchtold, „ist die direkte Folge der von den russischen und serbischen Panslawisten betriebenen Agitation, deren einziges Ziel die Zertrümmerung meines Reiches ist." Frieden könne es nur geben, „wenn Serbien als politischer Machtfaktor ausgeschaltet ist".
Wilhelm versichert den österreichischen Gesandten in einer mündlichen Erklärung der uneingeschränkten Solidarität des Deutschen Reiches. Dieser gibt die Erklärung umgehend nach Wien durch: „Seine Majestät (Wilhelm II.) ermächtigte mich, unserem Allergnädigsten Herrn zu melden, dass wir auf die volle Unterstützung Deutschlands rechnen können. Russlands Haltung werde jedenfalls feindlich sein, doch er (Wilhelm II.) sei hierauf schon seit Jahren vorbereitet, und sollte es zu einem Krieg zwischen Österreich-Ungarn und Russland kommen, so könnten wir davon überzeugt sein, dass Deutschland in gewohnter Bundestreue an unserer Seite stehen werde. Wenn wir wirklich die Notwendigkeit einer kriegerischen Aktion gegen Serbien erkannt hätten, so wür-

de er es bedauern, wenn wir den jetzigen, für uns so günstigen Moment unbenützt ließen."

Dies sind die entscheidenden Worte für die Auslösung des Weltkriegs. Wilhelm hat sie aus dem Stegreif hingeworfen, nach Tisch, bei Kaffee und Zigarette, ohne Absprache mit dem Kanzler, ohne schriftliche Unterlage, ohne einschränkende Konditionen – so wie er eben spricht, ein ewiger Dilettant auf der Weltbühne.

Keinen Augenblick kommt ihm der Gedanke, dass er mit diesem „Blankoscheck" (wie die Historiker das später nennen) seine Handlungsfreiheit aufgibt und sich auf Gedeih und Verderb den Launen Österreichs ausliefert, das Bismarck vor 48 Jahren aus Deutschland herausgeworfen hat. Er sieht nicht, dass ihm diese Sätze die Anklage einbringen könnten, Österreich in den Krieg getrieben zu haben, so dass er vor der Welt als Hauptschuldiger dasteht.

In der Gewissheit, wieder einmal sein Bestes gegeben zu haben, reist der Kaiser am nächsten Morgen nach Kiel, um mit der „Hohenzollern" zu seiner alljährlichen Nordlandreise aufzubrechen. Reichskanzler Theobald von Bethmann Hollweg hat ihm dazu geraten. Die Welt soll sehen, dass der deutsche Kaiser nichts Arges im Schilde führt.

Mit dem deutschen Blankoscheck in der Tasche hat Berchtold jetzt freie Hand für die militärische Option. Während die „Hohenzollern" Kurs nach Norden nimmt, beruft er den gemeinsamen Ministerrat ein, das für Außenpolitik, Finanzen und Heerwesen zuständige oberste Regierungsorgan der Donaumonarchie. Auf dieser Sitzung, am 7. Juli 1914, werden die Signale auf Krieg gestellt. Das Sitzungsprotokoll ist erhalten.

Berchtold erklärt gleich zu Beginn, er sei „sich klar darüber, dass ein Waffengang mit Serbien den Krieg mit Russland zur Folge" haben könne. Dennoch müsse jetzt gehandelt werden. Der Kriegsminister stimmt zu und fordert, „die Mobilisierung sofort und möglichst heimlich" durchzuführen. Eine

förmliche Kriegserklärung hält er für überflüssig. Der Russisch-Japanische Krieg und der letzte Balkankrieg seien auch ohne vorherige Kriegserklärung begonnen worden.
Einzig der ungarische Premier, Graf Tisza, erhebt immer noch Einwände. Er werde einem „überraschenden Angriff auf Serbien ohne vorhergehende diplomatische Aktion niemals zustimmen". Man müsse Belgrad zumindest ein Ultimatum stellen, und erst wenn dieses abgewiesen werde, könne man mobilisieren.
Die anderen verlangen, dass das Ultimatum dann aber so abgefasst sein müsse, dass die Ablehnung durch Serbien sicher sei, „damit eine radikale Lösung im Wege militärischen Eingreifens" durchgeführt werden könne. So wird es beschlossen. Tisza muss sich fügen.
Am 14. Juli teilt Berchtold seinem Kaiser mit: „Der heute festgesetzte Inhalt der nach Belgrad zu richtenden Note ist ein solcher, dass mit der Wahrscheinlichkeit einer kriegerischen Auseinandersetzung gerechnet werden muss."
Die Übergabe der Note wird bis zum 23. Juli zurückgestellt, weil der französische Präsident Poincaré sich bis zu diesem Tage zu einem offiziellen Besuch in St. Petersburg aufhält und vom Zaren demonstrativ gefeiert wird. Man will vermeiden, dass sich die beiden Staatschefs im persönlichen Gespräch über „die durch die Absendung des Ultimatums geschaffene internationale Lage" austauschen.
Poincaré lässt in St. Petersburg keinen Zweifel daran, auf wessen Seite Frankreich in dieser Krise steht. Beim Empfang des diplomatischen Korps erklärt er dem österreichischen Botschafter: „Serbien hat warme Freunde im russischen Volk, und Russland hat einen Verbündeten, Frankreich. Was für Verwicklungen lassen sich da befürchten!"
Am Ballhausplatz in Wien werden solche Warnungen nicht mehr zur Kenntnis genommen. Nur Stunden nachdem Poincaré an Bord des Kreuzers „France" die Rückreise angetreten hat, stellt Österreich der serbischen Regierung das Ultimatum zu. Der britische Außenminister Sir Edward

Grey nennt es später „das übelste Schriftstück, das je von einem Staat an einen anderen gerichtet wurde“. Es ist in äußerst rüdem Ton abgefasst und enthält Forderungen, die in ihrer Summe eine rigorose Einschränkung der serbischen Souveränität bedeuten: Zweck dieses Papiers ist nicht die Kriegsverhütung, sondern die Kriegseröffnung.

Der Leiter des Auswärtigen Amtes in Berlin, Staatssekretär Jagow, bekommt das brisante Dokument erst am Abend vor der Übergabe zu Gesicht. Der österreichische Botschafter legt es ihm zur Kenntnisnahme vor. Jagow erschrickt. „Das ist aber reichlich scharf!“ sagt er.

Darauf der Botschafter im schönsten Wienerisch: „Ja, da kann man nix mehr machen! Morgen früh wird's in Belgrad übergeben.“

Das Ultimatum schlägt wie eine Bombe ein. Es zerreißt den Schleier der Geheimdiplomatie und versetzt ganz Europa in Alarmzustand. Der Krieg, den alle für „unvermeidlich“ erklärt haben, steht plötzlich als reale Drohung vor der Tür. Und plötzlich ist die Angst da. Plötzlich öffnet sich der Blick auf den Abgrund.

Hektische Vermittlungsbemühungen setzen ein, echte und vorgeschobene. Die Regierungszentralen sind rund um die Uhr besetzt, Depeschen werden hinausgejagt, eingehende Noten entschlüsselt. Russland ersucht Deutschland, mäßigend auf Österreich zu wirken. Deutschland ersucht Russland, Serbien zur Raison zu bringen. Frankreich drängt Russland zur raschen Mobilmachung. Großbritannien ersucht alle Beteiligten, sich an einen Tisch zu setzen.

Der deutsche Kaiser ist auf der „Hohenzollern“ von den Ereignissen überrascht worden. Mehrmals hat er beim Reichskanzler angefragt, ob es nicht besser sei, angesichts der zunehmenden Spannungen die Reise abzubrechen und zurückzukommen. Bethmann Hollweg hat ihn jedes Mal beruhigt. Die Lage sei völlig unter Kontrolle, die Anwesenheit von S. M. nicht erforderlich.

An Bord herrscht heitere Stimmung. Die Damen und Herren der Begleitung spielen Shuffleboard und treiben allerlei Mummenschanz. Man macht Ausflüge an Land, gibt Empfänge, das Schiffsorchester spielt Polka, man tanzt im Freien. S. M. erfährt von dem Ultimatum seines Verbündeten aus den norwegischen Zeitungen – „nicht etwa von Berlin aus“, wie er bitter in seinen Memoiren vermerkt. Unverzüglich lässt er die Anker lichten und dampft nach Kiel zurück.

Das Ultimatum ist auf 48 Stunden befristet, Ablauf 25. Juli, 18 Uhr. Niemand rechnet noch mit einer Antwort aus Belgrad. Der dortige österreichische Gesandte, Freiherr Giesl von Gieslingen packt seine Sachen. Er will Belgrad bei Ablauf der Frist verlassen und um 18.30 Uhr den Schnellzug nach Budapest nehmen. Zu seiner Verblüffung erscheint der serbische Ministerpräsident Nikola Pasic kurz vor 18 Uhr persönlich in der Gesandtschaft und überreicht Giesl die Antwortnote.

Serbien akzeptiert fast sämtliche Forderungen Österreichs, die Wien im Wortlaut vorgeschrieben hat. Der einzige Punkt, den Belgrad strikt ablehnt, weil er die Souveränität Serbiens tangiert, ist die Stationierung österreichischer Ermittlungsbeamter auf serbischem Territorium – eine Petitesse, über die man hätte reden können, wenn man den Frieden hätte retten wollen. Aber das will in Wien niemand mehr.

Giesl überfliegt die Note flüchtig, sie interessiert ihn gar nicht mehr. Der Krieg ist beschlossene Sache. Eilends schickt er dem serbischen Ministerpräsidenten, der soeben bei ihm war, die längst vorbereitete österreichische „Antwort“ hinterher. Er erreicht gerade noch den Zug, der ihn in zehn Minuten über die Donau und damit über die Grenze nach Ungarn bringt. Die Note, die er hinterlassen hat, teilt der serbischen Regierung den Abbruch der diplomatischen Beziehungen mit.

Zwei Tage später kehrt Wilhelm II. von der verpatzten Nordlandreise nach Potsdam zurück. Aber erst am nächsten

Morgen legt ihm der Reichskanzler den Text der serbischen Antwortnote auf den Tisch. Sie ist inzwischen drei Tage alt. Der Kaiser liest sie mit wachsendem Staunen. „Eine brillante Leistung für eine Frist von 48 Stunden", vermerkt er anerkennend. „Das ist mehr, als man erwarten konnte! Damit fällt jeder Kriegsgrund fort, und Giesl hätte ruhig in Belgrad bleiben sollen! Darauf hätte ich niemals Mobilmachung befohlen!"

Liebend gern würde er jetzt das Räderwerk, das er mit seinem Blankoscheck in Gang gesetzt hat, anhalten. Aber es ist zu spät. Während Wilhelm noch mit Bethmann Hollweg konferiert, geht die österreichische Kriegserklärung als unchiffrierte Depesche nach Belgrad ab: „Die k. u. k.-Regierung sieht sich in die Notwendigkeit versetzt, selbst für die Wahrung ihrer Rechte und Interessen Sorge zu tragen und zu diesem Ende an die Gewalt der Waffen zu appellieren. Österreich-Ungarn betrachtet sich daher von diesem Augenblicke an als im Kriegszustand mit Serbien befindlich."

Am nächsten Tag eröffnen österreichische Geschütze vom Donau-Ufer aus die Kanonade auf die serbische Hauptstadt – die Antwort des Hauses Habsburg auf die Schüsse von Sarajevo.

Der Krieg ist da, aber noch ist es kein Weltkrieg, sondern ein regionaler Konflikt zwischen zwei Nachbarstaaten. Lässt er sich eindämmen wie eine Seuche?

Die Einzigen, die jetzt noch den großen Krieg verhindern können, sind Wilhelm II. und Zar Nikolaus II. – der Verbündete Österreichs und der Protektor Serbiens. Die Monarchen sind Vettern, stehen in persönlicher Korrespondenz, nennen sich „Nicky" und „Willy". Vor zwei Jahren haben sie sich zuletzt gesehen, als Wilhelm seinen Cousin mit der „Hohenzollern" besuchte. „Der Zar, seine Kinder und seine ganze Umgebung wetteiferten in Beweisen von Liebenswürdigkeit und Gastfreundschaft" – so Wilhelm in seinen Memoiren.

Mehr als 100 Jahre haben Deutsche und Russen keinen Krieg gegeneinander geführt, gemeinsam haben sie gegen Napoleon gekämpft. Jetzt hat eine halsbrecherische Politik sie zu Gegnern gemacht. Und jetzt stehen die beiden Herrscher, die diese Politik zu verantworten haben, erschrocken vor dem Abgrund. Beide wissen, was dieser Krieg bedeutet. Beide müssen fürchten, bei einer Niederlage den Thron, vielleicht sogar das Leben zu verlieren.
In einem persönlichen Appell telegrafiert der Zar an den Kaiser: „In diesem äußerst ernsten Augenblick wende ich mich an Dich um Hilfe. Ein unwürdiger Krieg ist an ein schwaches Land erklärt worden. Die Entrüstung in Russland ist ungeheuer. Ich sehe voraus, dass ich sehr bald dem auf mich ausgeübten Druck erliegen und gezwungen sein werde, äußerste Maßnahmen zu ergreifen, die zum Kriege führen werden." Er fordert Wilhelm „im Namen unserer alten Freundschaft" auf, Österreich „davon abzuhalten, zu weit zu gehen".
Wilhelm antwortet, er könne Österreichs Vorgehen nicht als einen unwürdigen Krieg ansehen. Er rate Russland, „in der Rolle des Zuschauers zu verharren, ohne Europa in den entsetzlichsten Krieg zu verwickeln, den es je gesehen hat".
Der schwarze Peter liegt jetzt bei Wien. Doch Berchtold denkt nicht daran, jetzt, wo man gerade in Fahrt gekommen ist, klein beizugeben. Österreich lehnt alle Vermittlungsvorschläge ab – den britischen Plan einer Viermächte-Konferenz ebenso wie die russische Idee, den Konflikt vor das Haager Schiedsgericht zu bringen.

Von nun an läuft alles wie im Zeitraffer ab. Am 30. Juli, zwei Tage nach der österreichischen Kriegserklärung an Serbien, legt der russische Außenminister Sergei Sasonow dem Zaren den Mobilmachungsbefehl zur Unterschrift vor. Nikolaus steht vor der Schwelle, hinter der es kein Zurück mehr gibt. Er verweigert die Unterschrift. „Denken Sie an die Verantwortung, die Sie mir jetzt raten, auf mich zu

nehmen", sagt er zu Sasonow. „Denken Sie an die Tausende und Abertausende, die in den Tod gehen werden." Sasonow bleibt ungerührt. Er redet eine Stunde lang auf den Herrscher ein, dann gibt der Zar nach und unterschreibt.
Die Nachricht trifft Wilhelm II. wie ein Schock. Er fühlt sich vom „lieben Nicky" hintergangen. Aus Ostpreußen kommen Meldungen über russische Truppenbewegungen an der Grenze. Der Kaiser schickt eine letzte Depesche an seinen Vetter: „Die Verantwortung für die Sicherheit meines Reiches zwingt mich zu vorbeugenden Verteidigungsmaßnahmen. In meinem Bestreben, den Frieden der Welt zu erhalten, bin ich bis an die äußerste Grenze des Möglichen gegangen. Die Verantwortung für das Unheil, das jetzt die ganze zivilisierte Welt bedroht, wird nicht auf mich fallen."

Am 31. Juli wird in Berlin der „Zustand drohender Kriegsgefahr" verkündet. Die Zeit der Diplomatie ist abgelaufen, die Stunde der Massen gekommen. Am Abend dieses letzten Friedenstages ziehen Tausende zur Reichskanzlei in der Wilhelmstraße. Gegen Mitternacht tritt Bethmann Hollweg an das Fenster und erklärt, der Kaiser habe bis in die letzten Stunden für den Frieden gearbeitet. „Sollte uns aber das Schwert in die Hand gezwungen werden, werden wir mit gutem Gewissen und dem Bewusstsein in das Feld ziehen, dass nicht wir den Krieg wollten."
Der Reichskanzler ist in dieser Schicksalsstunde deutlich überfordert. Der Kaiser urteilt später hart über seinen getreuen Paladin. „Er war staatsmännisch der Weltkrise in keiner Weise gewachsen", schreibt Wilhelm in seinen Memoiren. „Er (Bethmann Hollweg) war im Grunde seines Wesens Pazifist und hatte sich in den Gedanken verrannt, mit England zu einer Verständigung zu kommen, koste es, was es wolle." So habe er „in der Tat unser Unglück mitverschuldet".
Zu spät erkennt Bethmann Hollweg, dass der deutsche Blankoscheck für Österreich alle ins Verderben stürzt. Ver-

zweifelt bemüht er sich, den Amtskollegen am Ballhausplatz zum Einlenken zu bringen. Er sei „nicht gewillt, gänzlich ins Schlepptau Wiens zu geraten“, lautet die neue Richtlinie an das Auswärtige Amt.

Als die Nachricht von der russischen Mobilmachung eintrifft, jagt der Reichskanzler drei Depeschen hintereinander an die deutsche Botschaft in Wien, die letzte um drei Uhr morgens. „Wir müssen, um allgemeine Katastrophe aufzuhalten oder Russland ins Unrecht zu setzen, dringend wünschen, dass Wien Konversation mit Russland beginnt. Wir sind zwar bereit, unsere Bündnispflicht zu erfüllen, müssen es aber ablehnen, uns von Wien in einen Weltbrand hineinziehen zu lassen.“

Zwei Wochen früher hätten diese Worte den Krieg vielleicht noch verhindern können. Jetzt prallen sie an der intransigenten Haltung Berchtolds ab.

Während der deutsche Kanzler die österreichische Regierung zum Einlenken auffordert, stärkt ihr der deutsche Generalstabschef Helmuth von Moltke (ein Neffe des gleichnamigen Generalfeldmarschalls), der seit langem den Präventivkrieg gegen Russland fordert, den Rücken. „Ich beurteile die Lage als kritisch, wenn Österreich-Ungarn nicht sofort gegen Russland mobilisiert“, kabelt er nach Wien.

Berchtold traut seinen Augen nicht, als er die Depesche liest. „Ja, wer befiehlt denn nun in Berlin? Moltke oder Bethmann?“ ruft er aus.

In Berlin ist das schon keine Frage mehr. Der Chef des Generalstabs bestimmt den Kurs. Sein Kompass zeigt auf Krieg. In einem Memorandum an den Reichskanzler hat der ranghöchste deutsche Soldat seine Haltung dargelegt: Österreich sei dabei, „mit glühendem Eisen ein Geschwür auszubrennen, das den Körper Europas zu vergiften drohte“.

Der 1. August bricht an. Die letzten Friedenshoffnungen sind zerschlagen. Kaiser Franz Joseph hat seinem Bündnispartner Wilhelm lakonisch mitgeteilt, dass „die im Zuge befindliche Aktion meiner Armee gegen Serbien durch die bedrohliche Haltung Russlands keine Störung erfahren kann. Ich bin mir der Tragweite meiner Entschlüsse bewusst und habe dieselben im Vertrauen auf Gottes Gerechtigkeit gefasst." Zu seinem Generalstabschef sagt der alte Herr: „Wenn die Monarchie zugrunde gehen soll, dann soll sie wenigstens anständig zugrunde gehen."

Eine fiebrige Spannung liegt an diesem Tag über ganz Deutschland. In Berlin haben sich Tausende vor dem Schloss versammelt und warten auf neue Nachrichten. Um 17 Uhr tritt ein Schutzmann aus dem Portal und meldet, dass der Kaiser soeben die allgemeine Mobilmachung befohlen habe. Jubel brandet auf, die Glocken des Doms fallen dröhnend ein, die Menge singt „Nun danket alle Gott!", den Choral von Leuthen.

Gegen Abend erscheint der Kaiser am Mittelfenster des Schlosses und spricht zum Volk: „Wenn es zum Kriege kommen soll, hört jede Partei auf, dann sind wir nur noch deutsche Brüder. Wenn uns unsere Nachbarn den Frieden nicht gönnen, dann hoffen und wünschen wir uns, dass unser gutes deutsches Schwert siegreich aus dem Kampf hervorgeht."

„An diese Worte des Kaisers", berichtet die „Frankfurter Zeitung" am nächsten Morgen, „schloss sich ein Jubel, wie er wohl noch niemals in Berlin erklungen ist." Die letzten Hemmungen gegen den Krieg werden von einer Sturzflut nationaler Emotionen fortgespült.

Zur gleichen Stunde überreicht der deutsche Botschafter in St. Petersburg, Friedrich Graf von Pourtalès, dem russischen Außenminister die Kriegserklärung des Deutschen Reiches. Am Vorabend hatte er ein letztes ergebnisloses Gespräch mit Sasonow. Beide kennen sich seit Jahren, beide schätzen sich, beide wissen: Dies ist das Ende.

Pourtalès hat Tränen in den Augen, als er Sasonow das Dokument überreicht, das den Untergang des alten Europa besiegelt. „Ich hätte nie geglaubt, dass ich Petersburg unter solchen Umständen würde verlassen müssen", sagt er. Dann umarmt er den russischen Kontrahenten.

Die Würfel sind gefallen, die Kriegsmaschine läuft an. Die Aufmarschpläne liegen fertig in den Panzerschränken. Der Schlieffenplan, das heilige Dogma der deutschen Strategen, sieht vor, dass im Fall eines Zweifrontenkrieges zuerst Frankreich und dann Russland niedergeworfen werden soll. Es mangelt allerdings an einem überzeugenden Kriegsgrund. Frankreich ist nicht direkt involviert in den serbisch-österreichischen Konflikt und hat sich in der Krise bemerkenswert zurückgehalten. Paris ist nicht so töricht, den Deutschen einen Vorwand zu liefern. So greift man in Berlin zum ältesten Trick für Kriegserklärungen: Man erfindet Grenzverletzungen, darunter haarsträubende „Berichte" über französische Flieger, die „Bomben auf Bahnen bei Karlsruhe und Nürnberg" geworfen haben sollen.
Am 3. August wird die aus Falschmeldungen zusammengebraute Kriegserklärung in Paris übergeben. Bismarcks Albtraum vom Zweifrontenkrieg ist wahr geworden.

Dies ist der Augenblick, an dem Großbritannien in den Ring steigt. Es hätte diesen Krieg gern vermieden. In London regieren die Liberalen unter Herbert Asquith, das Unterhaus will in seiner Mehrheit Frieden. Das irische Problem brennt den Abgeordneten mehr unter den Nägeln als der konfuse Konflikt auf dem Kontinent.
Doch es gibt eine Grenze für die Zurückhaltung Britanniens. Außenminister Sir Edward Grey hat den deutschen Botschafter in London noch am 29. Juli eindringlich gewarnt: Wenn Frankreich angegriffen werde, könne Großbritannien nicht länger passiv bleiben. „If war breaks out, it will be the greatest catastrophe that the world ever has seen." – Der Botschafter hat den Satz im Wortlaut nach Berlin gekabelt.

Die Hasardeure in Berlin wiegen sich dennoch bis zum letzten Augenblick in der Illusion, dass England neutral bleiben werde. Als am 1. August, unmittelbar nach der Kriegserklärung an Russland, eine Depesche der deutschen Botschaft aus London eingeht, die ein britisches Neutralitätsangebot möglich erscheinen lässt, bricht im Schloss Euphorie aus. Der Kaiser lässt Sekt kommen und verlangt den sofortigen Stopp des Aufmarsches im Westen. Generalstabschef Moltke lehnt entrüstet ab. Sein ganzer schöner Krieg droht plötzlich zu platzen. „Jetzt fehlt nur noch, dass Russland abschnappt", sagt er. Stunden später kann er aufatmen: Die deutsche Botschaft in London dementiert die Friedensdepesche. Umso größer ist jetzt der Schock beim Kaiser.

Wilhelms Verhältnis zu England ist tief neurotisch. Mit dem Zaren verkehrt er auf gleicher Augenhöhe, Frankreich unterschätzt er, zum britischen Empire aber blickt er auf in Bewunderung, Neid und Hass. Er möchte so sein wie die Briten. Er kennt das Land gut, besser als irgendein deutscher Regent oder Staatsmann vor ihm. Er hat die Sprache buchstäblich mit der Muttermilch aufgesogen, war mit anderthalb Jahren zum ersten Mal im Buckingham-Palast, verkehrte als junger Mann auf den Herrensitzen der Hocharistokratie, saß am Sterbebett Queen Victorias, seiner Großmutter.

Und dennoch gehörte er nie dazu, blieb immer der Preuße, war immer etwas zu laut, zu nassforsch, zu plebejisch, trotz seiner langen Ahnenreihe. Er spürte die Herablassung seiner englischen Verwandten wie einen Stachel und entwickelte den Hass des Ungeliebten. Das irrwitzige Flottenbauprogramm, das Wilhelm II. zum Dreh- und Angelpunkt seiner Weltgeltungspolitik machte, war der Fehdehandschuh, den er den hochmütigen Verwandten hinwarf. Sein Onkel Edward, der nach dem Tod Victorias die britische Krone trug, sollte wenigstens vor deutschen Panzerkreuzern Respekt bekommen. Seither ist die Entfremdung Jahr für Jahr gewachsen.

Jetzt fühlt sich der Kaiser verraten und umzingelt. Seine ganze Erbitterung entlädt sich in wütenden Randbemerkungen auf den eingehenden Hiobsbotschaften aus London. Der Mann, der mit einem einzigen Nein diesen Krieg hätte verhindern können, sieht sich als Opfer britischer Machenschaften: „Das gemeine Krämergesindel hat uns mit Dinners und Reden zu täuschen versucht. Das Netz ist uns plötzlich über dem Kopf zugezogen, und hohnlächelnd hat England den glänzendsten Erfolg seiner antideutschen Weltpolitik, gegen die wir uns machtlos erwiesen haben. Unsere Konsuln in Türkei und Indien, Agenten etc. müssten die ganze mohammedanische Welt gegen dieses verhasste, verlogene, gewissenlose Krämervolk zum wilden Aufstand entflammen; denn wenn wir uns verbluten sollen, dann soll England wenigstens Indien verlieren."

Generalstabschef Helmuth von Moltke bleibt gelassen. Großbritannien interessiert ihn vorläufig nicht. Er zieht den Schlieffenplan auf Biegen und Brechen durch. Danach soll der Angriff auf Frankreich über Belgien erfolgen. Von dort wird die deutsche Armee in einer großen Zangenbewegung nach Süden umschwenken, den Feind im Rücken fassen und einkesseln. So jedenfalls hat es sich der alte Generalfeldmarschall Schlieffen gedacht, und so haben es Moltkes Offiziere auf der Kriegsakademie gelernt.

Der Plan hat nur einen Schönheitsfehler: Belgien ist seit 1839 ein neutraler Staat, sein Status durch internationale Abkommen garantiert. Der Einmarsch in das Königreich stellt mithin eine eklatante Völkerrechtsverletzung dar. Doch weder in der politischen noch in der militärischen Führung Deutschlands erhebt sich eine Stimme, die davor warnt, den Krieg mit einem Rechtsbruch zu beginnen.

Mit Formelkram wie Kriegserklärungen hält Berlin sich jetzt nicht mehr auf. Per Ultimatum setzt man Belgien am 2. August die Pistole auf die Brust: Entweder gestatte es den Einmarsch der deutschen Armee, oder Deutschland sei „zu seinem Bedauern gezwungen, das Königreich als Feind zu betrachten". Antwort in zwölf Stunden, spätestens morgen früh sieben Uhr.

Das belgische Kabinett tagt bis nach Mitternacht. Die Antwort wird der deutschen Gesandtschaft pünktlich um sieben Uhr morgens zugestellt: Belgien sagt Nein. Die Verletzung des Völkerrechts sei durch nichts zu rechtfertigen. Belgien werde „jeden Angriff mit allen ihm zu Gebote stehenden Mitteln abwehren".

Der belgische König Albert ergänzt die formelle Note durch eine persönliche Botschaft an den deutschen Kaiser: „Die freundschaftlichen Gefühle, die ich E. M. gegenüber zum Ausdruck gebracht habe und deren Sie mich häufig versichert haben, ließen mich nicht einen Augenblick vermuten, dass E. M. uns zu der grausamen Entscheidung zwingen würden, im Angesicht Europas zwischen Krieg und Ehrlosigkeit, zwischen Vertragstreue und Missachtung unserer internationalen Pflichten zu wählen. Albert."

Der britische Außenminister Grey erhält die Nachricht von dem bevorstehenden deutschen Einmarsch in Belgien während einer Sitzung des Unterhauses. Er spricht, wie der Augenblick es ihm eingibt: „Wenn wir uns in einer Krise wie dieser unseren moralischen Verpflichtungen, wie sie der belgische (Neutralitäts-)Vertrag darstellt, entziehen, bezweifle ich, ob die materiellen Kräfte, die uns dann am Ende zu Gebote stünden, dem Verlust an Ansehen gegenüber, noch sehr viel wert sein könnten. Ich bin ganz sicher, dass wir moralisch jedes Ansehen verloren haben würden."

In der anschließenden Kabinettssitzung fällt der Entschluss zum Krieg, falls Deutschland die Neutralität Belgiens verletzt.

Gegen Abend, als die Dämmerung hereinbricht, empfängt Grey einen Freund in seinem Büro im Foreign Office. „Wir standen am Fenster", erinnert sich Grey später, „und sahen zu, wie die Straßenlaternen angezündet wurden". Ich sagte,

„in Europa gehen jetzt die Lichter aus, wir werden sie in unserem Leben nicht wieder leuchten sehen.“

Im Morgengrauen des nächsten Tages – es ist der 4. August 1914 – überschreiten deutsche Truppen die belgische Grenze. Mit dieser Stunde ändert sich der Charakter des Krieges: Es geht nicht mehr um Serbien oder Österreich, sondern um den Koloss in der Mitte Europas, um seine irrlichternde Politik, seine Präpotenz, seine Macht. Diese Macht muss gebrochen werden – die „self-fulfilling prophecy“ ist in Realität umgeschlagen. Deutschland steht in einem „Kampf um Leben und Tod“, aber es hat ihn selbst heraufbeschworen.

Während in Belgien die ersten Häuser in Flammen aufgehen und die ersten Toten auf der Straße liegen, versammelt sich der Reichstag im Berliner Stadtschloss zur Eröffnung der regulären Sitzungsperiode. Der Kaiser erscheint in feldgrauer Uniform und verliest die Thronrede. Sie klingt wie der Tagesbefehl an eine zum Appell angetretene Truppe: „Mit schwerem Herzen habe Ich Meine Armee gegen einen Nachbarn mobilisieren müssen, mit dem sie auf so vielen Schlachtfeldern gemeinsam gefochten hat. Die kaiserlich-russische Regierung hat sich, dem Drängen eines unersättlichen Nationalismus nachgebend, für einen Staat eingesetzt, der durch Begünstigung verbrecherischer Anschläge das Unheil dieses Krieges veranlasste. In aufgedrungener Notwehr, mit reinem Gewissen und reiner Hand, ergreifen wir das Schwert.“

Dann wiederholt der Kaiser vor den Abgeordneten, was er schon am 1. August dem Volk verkündet hat: „Ich kenne keine Parteien mehr, Ich kenne nur Deutsche.“ In der Pose eines mittelalterlichen Lehnsherrn fordert er die Fraktionsvorsitzenden auf, ihm „in die Hand zu geloben“, dass sie mit ihm „durch dick und dünn, durch Not und Tod“ zu gehen bereit sind. Sie tun es brav. Nur die Sozialdemokraten sind der Veranstaltung ferngeblieben.

Die Arbeiterbewegung steht vor der Zerreißprobe. In zahllosen Resolutionen haben die sozialistischen Parteien Europas geschworen, gegen den Krieg der herrschenden Klasse zusammenzustehen und gemeinsam gegen den unersättlichen Militarismus, gegen den Länder verwüstenden Krieg zu kämpfen.

Noch am 25. Juli, als das österreichische Ultimatum an Serbien bekannt wurde, schrieb der „Vorwärts", das Parteiorgan der SPD: „Schon wieder schickt sich die vom österreichischen Imperialismus entfesselte Kriegsfurie an, Tod und Verderben über ganz Europa zu bringen. Das klassenbewusste Proletariat Deutschlands erhebt flammenden Protest gegen dies verbrecherische Treiben. Kein Tropfen Blut eines deutschen Soldaten darf dem Machtkitzel der österreichischen Gewalthaber geopfert werden."

Noch am Vorabend des Krieges haben Tausende gegen den Krieg demonstriert. Doch mit dem Kriegseintritt Russlands schlägt die Stimmung um. Der Zar ist für die deutschen Genossen die Inkarnation des reaktionären Blutsaugers. Jetzt gilt das Vaterland mehr als die Völkerverbrüderung. In Berlin wie in Paris stehen die Sozialisten vor der Entscheidung über die Kriegskredite. Bewilligen oder ablehnen – das ist die Frage.

Die SPD schickt in letzter Sekunde ihren Abgeordneten Hermann Müller (später Reichskanzler in der Weimarer Republik) nach Paris, um die Haltung der französischen Genossen und deren Führers Jean Jaurès zu erkunden. Als Müller eintrifft, ist Jaurès tot – erschossen von einem jungen Fanatiker, mitten in Paris, beim Abendessen in einem Restaurant.

Mit diesem Mord verliert die Internationale ihren brillantesten Kopf. Aber auch Jaurès ist kurz vor seinem Tod auf die vaterländische Linie eingeschwenkt: „Die Nation ist das Schatzhaus des menschlichen Genies und Fortschritts", schrieb er. „Es stünde dem Proletariat schlecht an, die kostbaren Gefäße menschlicher Kultur zu zertrümmern."

Die französischen Genossen erklären dem Emissär aus Berlin, dass „die Lage der französischen und der deutschen Sozialdemokratie nicht ganz dieselbe" sei. Wenn Frankreich von Deutschland angegriffen werde, würden sie selbstverständlich für das Kriegsbudget stimmen.
Am 3. August, dem Tag der deutschen Kriegserklärung an Frankreich, ist Müller wieder in Berlin. Was er aus Paris berichtet, ist niederschmetternd. Die Fraktion stimmt daraufhin intern über die Kriegskredite ab: Nur 14 von 92 Abgeordneten sagen Nein, darunter der Fraktionsvorsitzende Hugo Haase. Damit beginnt die Spaltung der deutschen Sozialdemokratie.
Als braver Parteisoldat begründet der Nein-Sager Haase am Nachmittag des 4. August das Ja seiner Fraktion vor dem Reichstag: „Die Folgen der imperialistischen Politik sind wie eine Sturmflut über uns hereingebrochen. Jetzt stehen wir vor der ehernen Tatsache des Krieges. Da machen wir wahr, was wir immer betont haben: Wir lassen in der Stunde der Gefahr das eigene Vaterland nicht im Stich."
Der Reichskanzler kann zufrieden sein. Die Volksvertretung steht hinter der Regierung.

Der Krieg ist unterdessen angelaufen. Seit dem Morgen ziehen die deutschen Truppen in endlosen Kolonnen über die belgische Grenze: Infanterie, bespannte Artillerie, Lastkraftwagen, Fuhrwerke. Am Straßenrand stehen keine winkenden Kinder. Widerstand flackert auf – Belgien wehrt sich.
Am Nachmittag gibt Reichskanzler Bethmann Hollweg endlich eine Erklärung im Reichstag ab. Er gesteht ohne Umschweife ein, dass Deutschland in diesem Augenblick Völkerrecht bricht: „Das Unrecht, das wir damit tun, werden wir wieder gutzumachen suchen, sobald unser militärisches Ziel erreicht ist. Wer so bedroht ist wie wir und um sein Höchstes kämpft, der darf nur daran denken, wie er sich durchhaut. Wir sind jetzt in Notwehr, und Not kennt kein Gebot."

Dürftiger und schamloser ist noch nie die Vergewaltigung eines kleinen Volkes begründet worden. Die Quittung erhält Bethmann Hollweg noch am Abend dieses Schicksalstages. Um 19 Uhr überbringt der britische Botschafter in Berlin, Sir Edward Goschen, ein Ultimatum seiner Regierung. England fordert die unverzügliche Einstellung aller Kriegshandlungen gegen Belgien. Falls bis Mitternacht, in fünf Stunden also, keine befriedigende Antwort vorliege, werde der Botschafter für sich und seine Frau „um die Pässe bitten" und die Botschaft unter den Schutz der Vereinigten Staaten stellen – dies ist die britische Art der Kriegserklärung.

Bethmann Hollweg ist völlig fassungslos. Das hat er nicht erwartet. „Ich fand den Kanzler in größter Erregung vor", kabelt Sir Edward Goschen nach der Unterredung nach London. „Er sagte, der Schritt unserer Regierung müsse ihn erschrecken. Wegen des Wortes Neutralität, wegen eines Fetzen Papiers gehe England in den Krieg gegen ein verwandtes Volk, das nichts Besseres wünsche, als mit ihm in Frieden zu leben. Alle seine Bemühungen mache dieser letzte furchtbare Schritt zunichte; seine Politik sei wie ein Kartenhaus zusammengefallen."

Goschen bleibt kühl. Großbritannien habe sich verpflichtet, die Neutralität Belgiens zu verteidigen, und ein feierlicher Vertrag müsse gehalten werden. „Aber um welchen Preis!", ruft Bethmann Hollweg aus.

„Seine Exzellenz war so erregt", drahtet Goschen ans Foreign Office, „so augenscheinlich von den Nachrichten über unsere Haltung überwältigt, dass ich darauf verzichtete, durch weitere Ausführungen noch mehr Öl ins Feuer zu gießen."

Der Botschafter verabschiedet sich, für immer. Bethmann Hollweg bleibt tief verwundet zurück wie ein verschmähter Liebhaber, dem die Angebetete die Rosen an den Kopf geschleudert hat. Er versteht noch immer nicht, warum.

Von der Hassliebe zu England bleibt nur der Hass übrig: Die deutsche Kriegspropaganda stilisiert das „falsche Albion" zum Hauptfeind, zum Drahtzieher der „Einkreisung", zum seelenlosen Ungeheuer, das die Völker Europas aufeinander hetzt. „Gott strafe England" lautet der deutsche Gruß anno 1914.

Deutschland befindet sich seit dem ersten Mobilmachungstag im Delirium. Millionen erleben den Kriegsausbruch als „Erlösung", „Befreiung", „innere Reinigung" und quasireligiöse „Wandlung". Es ist eine kollektive Ekstase, die es in dieser Intensität nie wieder gegeben hat, auch 1939 unter Hitler nicht. Der nationale Rausch ergreift sozialdemokratische Arbeiter ebenso wie esoterische Dichter.

„Die festesten Charaktere, die gescheitesten Köpfe machten mit. In groben Manifesten und feinkörnigen Essays priesen sie den ‚Aufbruch der Nation' ", schreibt Golo Mann. Auch sein Vater Thomas Mann war dabei. Der bewunderte Autor der *Buddenbrooks* wird 1914 zum nationalen Trommler und versteigt sich zu furchtbaren Sätzen. „Deutschlands ganze Tugend und Schönheit entfaltet sich erst im Kriege", schreibt er. „Die deutsche Seele ist kriegerisch aus Moralität, nicht aus Eitelkeit und Gloiresucht oder Imperialismus. Ihr eignet etwas Tiefstes und Irrationales – ein Element des Dämonischen und Heroischen, das sich sträubt, den zivilen Geist als letztes und menschenwürdigstes Ideal anzuerkennen. [...] Ihr wollt uns einzingeln, abschnüren, austilgen, aber Deutschland wird sein tiefes verhasstes Ich wie ein Löwe verteidigen."

Stefan Zweig, der Weltbürger und Pazifist, erlebt die Kriegseuphorie in seiner Heimatstadt Wien. „Um der Wahrheit die Ehre zu geben", schreibt er später im Exil, „muss ich bekennen, dass in diesem ersten Aufbruch der Massen etwas Hinreißendes und sogar Verführerisches lag. Wie nie fühlten Tausende und Hunderttausende, was sie besser im Frieden hätten fühlen sollen: dass sie zusammengehörten. So gewaltig, so plötzlich brach diese Sturzwelle über die Menschheit herein, dass sie die dunklen Urtriebe und

August 1914: Deutsche Truppen auf dem Weg an die Front.
Weihnachten wollen sie spätestens wieder daheim sein.

Instinkte des Menschtiers nach oben riss. Vielleicht hatten diese dunklen Mächte ihren Teil an diesem unheimlichen, in Worten kaum zu schildernden Rausch von Millionen, der für einen Augenblick dem größten Verbrechen unserer Zeit einen wilden und fast hinreißenden Schwung gab."
„Alle hielten sich für die Angegriffenen", wird Golo Mann später schreiben, „und alle fanden es schön, angegriffen zu sein."
Die Euphorie vom „August 14" ist das Tor zur Hölle. Kaum jemand hatte bis dahin eine Vorstellung von der Wirklichkeit des Krieges im 20. Jahrhundert, von der Technisierung des Tötens, von Maschinengewehr, Trommelfeuer, Giftgas, Panzerwagen; von Armeen, die wie Ratten in Erdlöchern hausen, von Schlachten, in denen Hunderttausende für ein paar Kilometer „Geländegewinn" verheizt werden; von der Verrohung und Brutalisierung des Menschen bis auf den Grund seines Daseins.

Der Krieg dauert vier Jahre und drei Monate. Er wird zum grausamsten Gemetzel, das die Welt bis dahin erlebt hat. Deutschland: 2,7 Millionen Tote. Russland: 1,8 Millionen. Frankreich: 1,9 Millionen. Österreich-Ungarn: 1,8 Millionen. Großbritannien: 1 Million.
Am Ende dieses Krieges ist Europa ruiniert, äußerlich und innerlich. Es sehnt sich nach Frieden, doch es wird ihn nicht finden. In den verwüsteten Hirnen lebt der Hass fort. Die Passion Europas ist noch nicht an ihr Ende gekommen.

Im Lazarett der pommerschen Kleinstadt Pasewalk liegt im November 1918 ein Soldat, der bei einem britischen Gasangriff vorübergehend erblindet ist. Er wird später schreiben, dass er am Tag des Waffenstillstands beschloss, „Politiker zu werden", um Rache zu nehmen für den verlorenen Krieg. Sein Name: Adolf Hitler.

Wilhelmstraße Nr. 77: Die Reichskanzlei – ein deutscher Schicksalsort

Hier muss es gewesen sein, hinter den Wohnblocks, die Erich Honecker noch hochgezogen hat in seinen letzten Jahren, reserviert für verdiente Genossen, ein sozialistisches Musterquartier mit freier Aussicht nach Westen, über Mauer und Todesstreifen; heute eine Insel der Beschaulichkeit mitten in der neuen Glitzermetropole: stille Innenhöfe, Tüllgardinen hinter den Fenstern, Spatzengezwitscher in den schütteren Baumkronen, Döner Kebab an der Ecke, *Bild* und *Neues Deutschland* einträchtig am Kiosk.

Hier also war es, schräg hinter dem Restaurant „Peking-Ente", wo jetzt der Parkplatz für die Mieter ist. Hier fand der größte Amoklauf der Geschichte sein Ende – hier, wo er begonnen hatte: Berlin-Mitte, Wilhelmstraße Nr. 77, Alte Reichskanzlei. Hier schleppte der SS-Sturmbannführer Otto Günsche mit seinem Kameraden Erich Kempka am Nachmittag des 30. April 1945 unter dem Feuer der sowjetischen Artillerie den toten Weltvernichter und seine Gefährtin aus dem unterirdischen Bunker ins Freie, übergoss die Leichen mit dem letzten Benzin, das aufzutreiben war, und setzte sie in Brand.

„Mit weit aufgerissenen Augen", so Kempka, „starrten wir auf die beiden Körper. Die dunkle Rauchsäule vor dem Hintergrund der brennenden Reichshauptstadt ergab ein grausiges Bild. Langsam nagte das Feuer an den Toten. Immer wieder mussten die Reste der noch nicht verkohlten Körper mit frischem Benzin übergossen und dieses neu

angezündet werden. Durch das andauernde Einschlagen der russischen Granaten schien eine restlose Einäscherung fast ausgeschlossen."
48 Stunden später standen Soldaten der 301. sowjetischen Schützendivision vor den notdürftig verscharrten Überresten. Der Bunker war verlassen, die Besatzung in der Nacht zuvor ausgebrochen. Es wurde nicht mehr geschossen. Die letzten deutschen Einheiten in Berlin hatten am 2. Mai 1945 kapituliert – das große Morden war aus.

Die Spuren sind getilgt. Radikal. Was nicht in Trümmern lag, wurde gesprengt, die Wilhelmstraße ausgelöscht. Heute trägt sie ein Allerweltsgesicht, funktional, anonym. Nur ein paar Schautafeln vor den uniformen Fassaden erinnern daran, dass dies einmal das politische Zentrum Deutschlands war – unter dem Preußenadler, dem Kaiserreich, der Republik, dem Hakenkreuz: „Die Wilhelmstraße", ein deutscher Mythos.
Man hat ihr nach dem Zwischenspiel der DDR, als sie „Otto-Grotewohl-Straße" hieß, den alten Namen zurückgegeben – gegen massive Proteste der neuen Anwohner: Denn die Wilhelmstraße war die Spitze der Terrorpyramide, hier wurde der Zweite Weltkrieg entfesselt und der größte Massenmord der Geschichte ausgebrütet, hier inszenierte der Wahnsinn die Orgie des Untergangs.
Es gab Vorschläge für einen neuen Namen. Einer lautete „Straße der Toleranz", doch Toleranz ist ein sperriges Wort hierzulande. Es wurde abgelehnt. Die Nostalgie war stärker – aber Nostalgie wonach?
Das Brandenburger Tor stand noch nicht, als Preußens Soldatenkönig, Friedrich Wilhelm I., im Jahre 1730 die Straße am westlichen Stadtrand anlegen ließ. Vermögende Staatsdiener sollten hier ihre Residenzen errichten, um der dürftigen preußischen Hauptstadt ein mondänes Flair einzuhauchen. Der König stellte die Grundstücke zur Verfügung und übernahm den größten Teil der Baukosten. So wurde

die neue Straße in wenigen Jahren zum elegantesten Quartier Berlins.
Auch der Reitergeneral Graf Schulenburg, des Königs Freund und Saufkumpan im berüchtigten „Tabakskollegium", baute in der Wilhelmstraße seine Residenz, ein dreiflügeliges Barockschlösschen mit einem pompösen Festsaal, der über zwei Stockwerke reichte. Der König kam selbst zur festlichen Einweihung im Jahre 1739. Man trank auf eine glückliche Zukunft des Hauses, aber niemand hätte sich träumen lassen, dass es einmal zur zentralen Bühne deutscher Politik avancieren würde.
Für den Erbauer und seinen Gönner wurde es freilich kein Glück bringender Ort: Friedrich Wilhelm starb ein halbes Jahr nach der Einweihung an den Folgen einer Erkältung, die er sich in dem zugigen Neubau geholt hatte, und General Schulenburg fiel im Jahr darauf in der Schlacht bei Mollwitz, als er seine Schwadronen in eine selbstmörderische Attacke gegen die dreifach überlegenen Österreicher jagte.
Das verwaiste Palais ging durch viele Hände, bis es Ende des 18. Jahrhunderts einen adäquaten Herrn fand: den polnischen Fürsten Michael Radziwill, einen der reichsten Männer Europas. Seine Besitzungen umfassten 23 Schlösser und 426 Ortschaften mit 502 685 Feuerstellen. Da der Fürst durch die dritte Teilung Polens (die sein Heimatland auslöschte) preußischer Untertan geworden war, suchte er in Berlin eine angemessene Residenz. Seine Wahl fiel auf das Palais Schulenburg. Er schenkte es seinem Sohn Anton, der aus dem Haus den gesellschaftlichen Mittelpunkt Berlins machte.
Im „Hotel de Radziwill" traf sich damals alles, was in der Hauptstadt Rang und Namen hatte: Humboldt, Mendelssohn, Schinkel, Rauch. Auch Chopin gastierte hier, und Goethe war der bewunderte Heros des Fürsten: Er widmete ihm eine Vertonung des „Faust".
Dann fiel ein Schatten auf das gastfreie Haus. Es wurde zum Schauplatz eines preußischen Romeo-und-Julia-Dramas,

Wilhelmstraße 77: Das Barockpalais war Regierungszentrale des Deutschen Reiches von Bismarck bis Hitler.

das Berlin zehn Jahre lang in Atem hielt: Prinz Wilhelm, zweiter Sohn König Friedrich Wilhelms III., verliebte sich in die Tochter des Hausherrn, Elisa Radziwill, eine aufblühende Schönheit. Sie war 17, er 23, und sie fanden, dass sie füreinander bestimmt seien. Doch die preußische Staatsraison sprach ein hartes Nein: Die Verbindung sei nicht „ebenbürtig“, ein Hohenzoller dürfe nur eine Tochter aus „regierendem Hause“ (und sei es das kleinste Duodezfürstentum) ehelichen. Dies gelte nicht nur für den Thronfolger, sondern für alle Söhne des Monarchen.

Die Radziwills – mindestens so alt und so begütert wie die Hohenzollern – witterten antipolnische Ressentiments (was natürlich zutraf) und sahen ihre Ehre verletzt. Beide Seiten holten Gutachten und Gegengutachten ein, die Sache wuchs sich zur Staatsaffäre aus, das Volk war auf Seiten der Liebenden, aber der König blieb unerbittlich: Prinz Wilhelm musste nachgeben und schriftlich Verzicht leisten. Er gehorchte, aber er trauerte seiner unerfüllt gebliebenen Liebe ein Leben lang nach. Elisa starb unverheiratet mit 31

Jahren an Tuberkulose. Wilhelm aber wurde als alter Herr von 74 Jahren noch Kaiser des neuen Deutschen Reiches.

Die Wilhelmstraße ändert ihr Gesicht. Der Adel zieht fort, und in die alten Residenzen rückt nach und nach die preußische Staatsverwaltung ein: Das aristokratische Quartier wird zum Regierungsviertel. Nobelste Adresse ist Nr. 76, das Nachbarhaus der Radziwills, ein eher unauffälliger Bau. Hier residiert das „Amt für Auswärtige Angelegenheiten", Nervenzentrum der preußischen Diplomatie, die eigentliche Staatsspitze. Im Oktober 1862 zieht ein neuer Chef in das Amt ein – jener Mann, der den Mythos Wilhelmstraße wie kein anderer prägte: Otto von Bismarck, preußischer Ministerpräsident und Außenminister.

Der Ruf des skrupellosen Machtmenschen und finsteren Reaktionärs geht ihm voraus. Selbst dem König ist bei der Ernennung des säbelrasselnden Junkers nicht ganz wohl. „Ich ahne, wie das alles enden wird", bemerkt er ironisch zu Bismarck: „Vor der Oper, unter meinen Fenstern, wird man Ihnen den Kopf abschlagen und etwas später mir."

Es kam dann anders, wie man weiß: Der Machtmensch gewann drei Kriege, schmiedete das Deutsche Reich „mit Eisen und Blut" zusammen und setzte seinem alten König, der einst in der Wilhelmstraße der Liebe seines Lebens begegnete, die Kaiserkrone auf.

Bismarck war nun Reichskanzler (neben seinen Ämtern als preußischer Ministerpräsident und Außenminister) und brauchte einen neuen Dienstsitz, obwohl er am liebsten an seinem alten Schreibtisch im AA geblieben wäre (und dort auch jahrelang blieb). An einen Neubau für das neu geschaffene Staatsamt des Reichskanzlers dachte niemand, man war noch bescheiden in Berlin. Der Reichskanzler erledigte seine Arbeit vorerst mit dem Personal des Auswärtigen Amts. Schließlich half der Zufall: Das benachbarte Palais Radziwill stand zum Verkauf. Die Erben Fürst Antons verlangten den horrenden Preis von sechs Millionen Goldmark.

Bismarck feilschte nicht lange. Er zahlte die Summe locker aus der französischen Kriegskontribution. Kaiser Wilhelm, den die sentimentalsten Erinnerungen seines Lebens mit diesem Haus verbanden, gab sein Placet. So wurde das Schlösschen, das der Reitergeneral Schulenburg erbaut hatte, zur „Reichskanzlei" – und sollte es bis zu jenem 30. April 1945 bleiben, als sich der letzte seiner Bewohner in seinem unterirdischen Betonverließ die Kugel gab.

Bismarck regierte Deutschland nach Gutsherrenart, und so leitete er auch seine Behörde, die Reichskanzlei. Er kam mit weniger als zehn Mitarbeitern (einschließlich der Büroboten) aus, die er allerdings bis zur Erschöpfung beanspruchte. Seinem Kabinettschef, dem Geheimrat Tiedemann, diktierte er einmal fünf Stunden lang ohne Unterbrechung. Stirnrunzelnd nahm er es hin, dass Tiedemann sich nach zwei Stunden des Rockes entledigte und in Hemdsärmeln weiter stenografierte.

Als sein Finanzminister ihm einst den Krempel vor die Füße schmiss, weil er sich beleidigt fühlte, donnerte der Kanzler seinen Amtschef an: „Bis heute Abend verlange ich von Ihnen einen neuen Finanzminister – tot oder lebendig." Für Tiedemann war dies ein Befehl. Spät in der Nacht, auf einem Bankett, trieb er tatsächlich einen Kandidaten auf, den stark bezechten Berliner Oberbürgermeister Hobrecht. Er eilte in die Reichskanzlei zurück, um Meldung zu erstatten. Bismarck erwartete ihn im Bett: „Nun, wie steht's, haben wir einen neuen Minister?" Als Tiedemann bejahte, war der Kanzler „höchlichst ergötzt". Hobrecht erschien am nächsten Morgen bei Bismarck und erklärte, dass er am Vorabend nicht mehr ganz nüchtern gewesen sei und im Übrigen von Finanzen überhaupt nichts verstehe. Darauf der Kanzler ungerührt: „Umso unbefangener werden Sie an die Geschäfte herantreten."

Die Jahre vergehen, die Welt ändert sich, Bismarck bleibt Bismarck – ein Fels in der Brandung der Zeit. Hartnäckig widersetzt er sich allen technischen Neuerungen. Er braucht sie nicht, sie komplizieren nur das Leben. Im Jahre 1881 eröffnet die Reichspost den Fernsprechverkehr, aber bis zu Bismarcks Ausscheiden gibt es in der politischen Zentrale des Deutschen Reiches kein Telefon. Der Dienstverkehr wird wie eh und je per Boten abgewickelt: Das Auswärtige Amt ist nebenan, der Reichstag zehn, das Schloss zwanzig Gehminuten entfernt. Man muss eben Zettel schreiben, aber das zwingt zur Disziplin beim Denken.

Mit den Jahren wird Bismarck zur Legende seiner selbst, ein Stück Berliner Folklore wie die Wachablösung Unter den Linden. Man pilgert in die Wilhelmstraße, um einen Blick auf den „Eisernen Kanzler" zu erhaschen – vielleicht beim Ausritt im Tiergarten oder auf dem Weg zum Reichstag (damals noch in der Leipziger Straße), umdüsterten Gesichts, als gelte es, dem Leibhaftigen entgegenzutreten, die ehrerbietige Menge keines Blickes würdigend.

Als Wilhelm II. den Kanzler nach insgesamt 28 Dienstjahren an der Spitze des Staates aus dem Amt wirft, breitet sich ein Gefühl der Leere in der Stadt aus. Die Wilhelmstraße ohne Bismarck – das ist unvorstellbar. Nie wieder wird ein deutscher Regierungschef auch nur annähernd so lange hier residieren, und nie wieder wird es einen geben, der sich als Staatsmann mit dem Alten messen kann.

Mit Bismarcks Abgang degeneriert die Reichskanzlei zu einer Art Außenfort des Berliner Schlosses. Der forsche junge Kaiser, der sein Weltbild in den Offizierscasinos der preußischen Garderegimenter entwickelt hat, will selbst Politik machen, und die Verfassung gibt ihm unglücklicherweise das Recht dazu.

Wilhelm II. hat eine frühgermanische Vorstellung vom Regieren und sucht seine Kanzler – sieben in 30 Jahren – nach persönlicher Zuneigung aus, wie der Lehnsherr seine Vasallen. Etwas anderes waren sie dann auch nicht.

Nur unter Bernhard Graf Bülow, der es mit neun Jahren auf die längste Amtszeit nach Bismarck brachte, gewann die

Otto von Bismarck an seinem Schreibtisch in der Reichskanzlei. 28 Jahre amtierte er in der Wilhelmstraße.

Reichskanzlei etwas von ihrer Aura zurück. Bülow, ein intimer Freund des Kaisers – von Wilhelm in den Fürstenstand erhoben –, war vermögend, geistreich, unabhängig, mit einer italienischen Prinzessin verheiratet, in Rom ebenso zu Hause wie in Berlin. Da er beträchtlichen Einfluss auf den Kaiser hatte, bestand seine Politik vor allem darin, jeweils das Schlimmste zu verhüten – was ihm allerdings nur begrenzt gelang.

Wie alle Männerfreundschaften des Kaisers war auch diese ein romantisch-erotisch durchwehter Bund. Wilhelm brauchte die Nähe des welterfahrenen, zehn Jahre älteren Fürsten. Fast täglich fuhr das Automobil des Kaisers mit lautem Tütata in der Reichskanzlei vor. S. M. spazierte mit dem Hausherrn durch den Park, ließ sich Bericht erstatten und nahm anschließend an der Mittagstafel teil, zu der Bülow regelmäßig Gäste aus Wirtschaft, Kunst und Wissenschaft lud.

Bülows Ergebenheit hatte indessen dort ihre Grenzen, wo er die Staatsinteressen gefährdet sah. 1905, nach einer neuen diplomatischen Torheit des Kaisers (Bülow konnte gerade noch die Absendung eines instinktlosen Telegramms an den US-Präsidenten Theodor Roosevelt verhindern), erklärte der Kanzler zum ersten Mal seine Demission. Wilhelm reagierte hysterisch wie eine verstoßene Geliebte: „Vom besten und intimsten Freund so behandelt zu werden, das hat mir einen solchen Stoß gegeben, dass ich vollkommen zusammengebrochen bin ... Bülow, das habe ich nicht um Sie verdient! Telegrafieren Sie mir nach diesem Brief ‚All-right', dann weiß ich, dass Sie bleiben. Denn der Morgen nach dem Eintreffen Ihres Abschiedsgesuchs würde den Kaiser nicht mehr am Leben treffen! Denken Sie an meine arme Frau und die Kinder!"

Bülow ließ sich erweichen und blieb noch einmal. Doch bei der nächsten Krise, der fatalen „Daily-Telegraph-Affäre" von 1908 (in einem anmaßenden Interview mit dem Londoner Blatt hatte Wilhelm sowohl die britische als auch die

deutsche Öffentlichkeit gegen sich aufgebracht), kam es endgültig zum Bruch: Der Kanzler presste dem kaiserlichen Freund die schriftliche Verpflichtung ab, sich künftig politischer Alleingänge zu enthalten. Wilhelm unterschrieb, aber das Tischtuch war zerschnitten. Im Juli 1909 nahm Bülow seinen Abschied. In eisiger Atmosphäre überreichte ihm Wilhelm im Berliner Schloss die Entlassungsurkunde. Aber dann erschien der Kaiser doch noch in der Reichskanzlei, mit einem riesigen Bukett roter Rosen für die italienische Gemahlin: „Die habe ich heute früh in der Tiergartenstraße bei Rothe gekauft, um sie Ihnen zu Füßen zu legen“, erklärte er strahlend wie ein Kind, das wieder lieb sein will. Bülow: „Gleichzeitig übergab er ihr ein schönes goldenes Armband mit seinem Porträt auf Emaille mit hübschen Brillanten umgeben.“
Er war ein großer Charmeur, der Kaiser. Fatalerweise wollte er Weltpolitiker sein.

November 1918: Götterdämmerung. Zusammenbruch, außen und innen. Der einsamste Mann in Deutschland ist Prinz Max von Baden, der letzte Kanzler des Kaiserreichs – ein Liberaler, ein Demokrat, eine tragische Gestalt. Er ist erst seit einem Monat im Amt. Jetzt, nach vier Jahren Krieg, wo alles zu spät ist, soll er Deutschland retten, soll die Verfassung demokratisieren – unter dem Druck der Alliierten, die anders nicht bereit zum Frieden sind. Er, der diesen Krieg nie wollte, soll für die Generäle die weiße Fahne hissen. Ihm ist „zumute wie einem zum Tode Verurteilten“. Aber er nimmt das Kreuz auf sich.
Er holt die Sozialdemokraten in die Regierung – ein revolutionärer Schritt, ein halbes Jahr zuvor noch unvorstellbar. In fliegender Hast wird Deutschland in eine parlamentarische Monarchie verwandelt, der Kaiser entmachtet – doch das interessiert niemanden mehr. „Ich glaubte, fünf Minuten vor zwölf (nach Berlin) zu kommen“, schreibt der Liquidator an den Großherzog von Baden, seinen Vetter,

„aber ich bin fünf Minuten nach zwölf gerufen worden ... Auch Ihr seid betrogen worden, wie das ganze deutsche Volk."
Max kann nichts mehr retten. Die Flotte meutert, die roten Matrosen marschieren auf Berlin, der Kaiser hat die Hauptstadt schon am 26. Oktober verlassen und sich zur Obersten Heeresleitung nach Spa in Belgien abgesetzt. Max zieht die Notbremse: Nur die Sozialdemokraten, einst als „vaterlandslose Gesellen" beschimpft, können Chaos und Bürgerkrieg verhindern. Noch hat die Parteiführung die Mehrheit hinter sich, aber die radikale Linke gewinnt von Tag zu Tag an Boden.
Am 7. November bittet Max von Baden den Parteivorsitzenden Friedrich Ebert in die Reichskanzlei. Die historische Unterredung findet im Garten statt, ohne Zeugen, unter den alten Bäumen der Radziwills. „Habe ich Sie an meiner Seite im Kampf gegen die soziale Revolution?", fragt der Kanzler laut eigener Darstellung. Ebert erwidert: „Wenn der Kaiser nicht abdankt, ist die Revolution unvermeidlich. Ich will sie nicht, ja, ich hasse sie wie die Sünde." Das Wort – ob wahr oder nicht – wird dem Führer der Mehrheitssozialdemokraten nie vergeben werden.

Ebert stellt dem Kanzler ein Ultimatum: Abdankung des Kaisers innerhalb 24 Stunden, andernfalls „müssen die Dinge ihren Lauf nehmen". Max ruft den Kaiser im fernen Hauptquartier an. Es dauert Stunden, bis er ihn am Apparat hat. Sie sind verwandt, duzen sich. Max beschwört ihn, die Krone niederzulegen: „Wir steuern unfehlbar dem Bürgerkrieg zu. Deine Abdankung würde überall als befreiende Tat begrüßt werden ... Mein Rat ergeht heute als Verwandter und deutscher Fürst. Das freiwillige Opfer ist erforderlich, um deinen Namen in der Geschichte zu erhalten."
Wilhelm lehnt empört ab und faselt davon, „an der Spitze des Heeres die Ordnung in der Heimat wiederherzustellen". Dann bitte er auf der Stelle um seine Entlassung, entgegnet

„Es lebe die Revolution“: Eine jubelnde Menschenmenge umlagert die Reichskanzlei am 9. November 1918 nach Ausrufung der Republik. Am Fenster: Philipp Scheidemann vom „Rat der Volksbeauftragten“

der Kanzler. Wilhelm eisig: „Du hast das Waffenstillstandsangebot hinausgegeben, du musst nun auch die Bedingungen entgegennehmen.“

Als am Morgen des 9. November noch immer keine Antwort aus Spa da ist, wird der Prinz zum Putschisten: Er übergibt dem Wolffschen Telegraphenbureau (WTB) eine Erklärung, die mit dem (unwahren) Satz beginnt: „Der Kaiser und König hat sich entschlossen, dem Throne zu entsagen ...“

Eine Stunde später sind die Extrablätter mit der Nachricht auf der Straße, doch die Revolution ist nicht mehr aufzuhalten. Die SPD-Führung öffnet die Schleusen, um einen Dammbruch zu verhindern, und ruft zu Massendemonstrationen auf. Hunderttausende marschieren in die Innenstadt. Auf dem Schloss wird die rote Fahne gehisst.

Gegen 12 Uhr erscheint Ebert an der Spitze der Parteiführung in der Reichskanzlei und fordert die Übergabe der Regierungsgewalt. Max will die „Kontinuität wahren“ und

wenigstens einen „Reichsverweser“ durchsetzen. Doch Ebert winkt ab: „Zu spät.“ Am Reichstag, tausend Schritte entfernt, ruft Philipp Scheidemann die Republik aus.
Der letzte kaiserliche Reichskanzler räumt seinen Platz. Klaglos. Es war nicht mehr seine Welt, die jetzt untergeht. Er ist in Gedanken schon bei der Zukunft. Er will junge Menschen zu Freiheit und Selbstverantwortung erziehen: Ein Jahr später wird er die Internatsschule Salem am Bodensee gründen.
Bevor er an diesem 9. November die Reichskanzlei verlässt, verabschiedet er sich von dem Mann, der jetzt den Trümmerhaufen übernimmt: „Herr Ebert, ich lege Ihnen das Deutsche Reich ans Herz!“
„Ich habe zwei Söhne für dieses Reich verloren“, lautet die Antwort.

Weimar – ein Trauerspiel in Fortsetzungen: Zwölf Reichskanzler in 14 Jahren, acht Neuwahlen und nie eine stabile Mehrheit für die Demokraten. Putsche, Attentate, Inflation, Reparationen – die Republik siecht dahin, noch ehe sie wirklich zu leben begonnen hat.
Die Reichskanzlei ist ein Ort der Ohnmacht, der konstitutionelle Schwachpunkt des Systems. Der Regierungschef kann jederzeit vom Parlament gekippt werden, und er wird wegen geringfügigster Sachfragen gekippt, manchmal von der eigenen Partei. Dass die Demokratie dabei vor die Hunde geht, scheint niemanden zu kümmern.
Der ruhende Pol des labilen Systems ist der Reichspräsident, ein republikanischer Ersatzkaiser, ausgestattet mit diktatorischen Notstandsvollmachten. Sein Dienstsitz ist ironischerweise das ehemalige Hausministerium der Hohenzollern, Wilhelmstraße 73, ein opulentes Palais. Seit 1919 amtiert Friedrich Ebert hier. Er wird zur tragischen Symbolfigur der Weimarer Republik – verhöhnt, geschmäht, verunglimpft: „Novemberverbrecher“ für die Rechte, „Arbeiterverräter“ für die Linke, „Sattlergeselle“ für die

bürgerliche Mitte. Kein Gericht schützt ihn, man hetzt ihn lustvoll zu Tode: Er stirbt am 28. Februar 1925, 54 Jahre alt. Todesursache: Blutvergiftung infolge Blinddarmdurchbruchs.
Die Nachricht löst einen Schock aus. Die Republik spürt plötzlich, wen sie verloren hat. Der tote Präsident wird vor dem Reichstag unter freiem Himmel aufgebahrt. Zehntausende geben ihm das Geleit. Paul Löbe, der Reichstagspräsident, hält die Trauerrede: „Wenn über Deutschland und Europa einst die Fahne des wahren Friedens weht, wird sich an deinem Hügel neigen die deutsche Nation."
Deutschland sollte erst bis auf den Grund zerstört werden, bis sich das Wort erfüllte.
Als Nachfolger Eberts wird Hindenburg zum Staatschef gewählt: der Kriegsherr des Kaisers als Oberhaupt der Republik – ein schlechter Witz der Geschichte. Die Demokratie ist am Ende, noch ehe Hitler die Macht erobert. Der Führer der SA-Horden hat sein Hauptquartier seit Sommer 1932 in Sichtweite der Reichskanzlei aufgeschlagen: im feudalen Hotel „Kaiserhof". Von dort aus hat er die Beute ständig im Visier. Am 30. Januar 1933 ist er am Ziel: Hindenburg ernennt den erklärten Todfeind der Republik zum Reichskanzler. Hitler braucht nur über die Straße zu gehen, um Deutschland in Besitz zu nehmen.
„Es ist fast wie ein Traum", notiert Joseph Goebbels in dieser Nacht in seinem Tagebuch: „Der ‚Führer' arbeitet bereits in der Reichskanzlei. Ein unendlicher Menschenstrom ergießt sich in die Wilhelmstraße. Das ist der Aufbruch der Nation! Das neue Reich ist erstanden. Es wurde mit Blut geweiht. Die deutsche Revolution beginnt!"
Auch der 86-jährige Max Liebermann sieht an diesem 30. Januar 1933 die Fackelzüge der SA-Kolonnen unter seinem Fenster am Pariser Platz vorbeiziehen. Er ahnt, was kommen wird. „Man kann gar nicht so viel fressen, wie man kotzen möchte", knurrt der große Sohn Berlins.

1935 ließ Hitler den berühmten Balkon in die Fassade der Reichskanzlei setzen, damit er mit seinen Paladinen (hier Hermann Göring) die Huldigung der Massen entgegennehmen konnte.

Das letzte Kapitel in der Geschichte der Reichskanzlei trägt die Überschrift „Verführung“. Es ist die Geschichte Albert Speers: die Unterwerfung des Talents unter das Verbrechen – für das Linsengericht des Ruhms und der Macht.

Speer war besessen von Hitler, und Hitler war fasziniert von Speer. Kein anderer seiner Paladine stand ihm menschlich so nahe: In Speer sah Hitler sich selbst – jenen Hitler, der er gern geworden wäre, wenn er nicht Deutschland hätte erlösen müssen. Er bietet dem jungen dynamischen Architekten den Mephisto-Pakt an: Er wird ihn zum größten Baumeister der Welt machen, wenn er den „Gestaltungswillen“ des „Führers“ in die Tat umsetzt.

Speer braucht sich nicht zu verbiegen: Hitlers Ideen sind seine eigenen Ideen. 1937 wird er „Generalbauinspektor für die Neugestaltung der Reichshauptstadt“ – ein gigantisches Unternehmen, das Berlin zur „Weltmetropole“ hochstilisieren soll. Speer ist Hitler unmittelbar unterstellt und bekommt alles, was er braucht, und noch mehr dazu: unbegrenzte Geldmittel, eine Armee von Bauarbeitern, den Rang eines Staatssekretärs – und einen Dienstsitz vom Allerfeinsten. Die Akademie der Künste muss dem jungen Herrn ihr Haus neben dem „Adlon“ am Brandenburger Tor überlassen. So kann Hitler über einen Privatweg durch die Ministergärten der Wilhelmstraße jederzeit von der Reichskanzlei herüberkommen.

Mit 32 Jahren hat Albert Speer das Gipfelplateau der Macht erreicht. Sein erster Großauftrag ist der Neubau der Reichskanzlei. Das historische Bismarck-Palais, Sitz aller Reichskanzler seit 1871, genügt dem Mann aus Braunau nicht. Zwar war das alte Gebäude noch unter der Republik um einen Anbau erweitert worden, doch auch dieser ist dem „Führer“ zu dürftig: „Mein Arbeitszimmer als Reichskanzler“, schreibt er 1939, „entsprach in Größe und Gestaltung etwa dem geschmacklosen Zimmer eines Generalvertreters für Zigaretten und Tabakwaren" – was in seinen Augen offenbar das Letzte ist.

Die Neue Reichskanzlei in der Voßstraße – mit der alten über Eck verbunden – wird nach dem Anschluss Österreichs der „erste Monumentalbau des Großdeutschen Reiches". Mit 400 Meter Frontlänge ist sie, nach dem Kreml, der größte Regierungssitz Europas: eine Aneinanderreihung pompöser Säle, Hallen und Salons, im Zentrum die 146 Meter lange „Marmorgalerie" – doppelt so lang wie der Spiegelsaal von Versailles. Hitlers Arbeitszimmer (400 Quadratmeter Grundfläche) ähnelt mit zehn Meter Höhe einer Bahnhofshalle: Sie hat nun nichts mehr von einem „Zigarettenvertreter"-Ambiente.

Speer zieht den monströsen Bau mit 4500 Arbeitern in Tag- und Nachtschichten hoch: Ein Jahr nach Auftragserteilung kann Hitler einziehen. Mit einer Massenkundgebung im Sportpalast feiert er das Werk als „ein Baudenkmal, das viele Jahrhunderte überdauern wird".

Neun Monate später heulen in Berlin die Luftschutzsirenen. Deutschland steht abermals im Krieg, 21 Jahre nach der ersten Katastrophe.

Der Krieg beflügelt Hitlers Baupläne. Nach dem siegreichen Frankreichfeldzug und einem Blitzbesuch in Paris, zu dem er Speer mitnimmt, bekommt der Ausbau Berlins absoluten Vorrang: Die künftige Weltmetropole soll Paris in den Schatten stellen.

Das Projekt trägt neronische Züge: Im neuen Zentrum der Hauptstadt, am Spreebogen, der größte Kuppelbau der Welt, „Große Halle" genannt: 290 Meter hoch, Versammlungsort für 180 000 Menschen (der Petersdom passt 17-mal hinein). Daneben der künftige „Führerpalast" (zwei Millionen Quadratmeter Fläche), der die Neue Reichskanzlei zu einer Petitesse herabstuft: Besucher des „Führers" sollen das Gefühl haben, „vor den Herrn der Welt zu treten" (so Hitler zu Speer). Schließlich ein „Triumphbogen", 170 Meter breit, 117 Meter hoch, selbstverständlich „der größte der Welt".

All dies sind keine Fantasien, sondern reale Projekte. In seinem Atelier am Pariser Platz lässt Speer eine 30 Meter lange Modellstraße bauen – des „Führers“ liebstes Spielzeug. Schon 1939 war mit dem Abriss der Altbauten im Spreebogen begonnen worden. Speer, der seinen Meister an Hybris noch überbot, wollte den Reichstag gleich mit abreißen, doch Hitler hing seltsamerweise an dem Bau und legte sein Veto ein.
Nach dem ersten Winterdebakel in Russland werden die Bauprojekte zurückgestellt, aber auf Speer wartet eine größere Aufgabe: 1942 ernennt ihn Hitler zum Rüstungsminister und damit zum mächtigsten Mann der „Heimatfront“ – Herr über die gesamte deutsche Industrie und über ein Millionenheer von Zwangsarbeitern. Speer vollbringt organisatorische Wunder: Die alliierten Bombengeschwader zerhämmern Deutschland, aber die Rüstungsproduktion steigt. Im fünften Kriegsjahr ist sie so hoch wie nie. Doch alles, was Speer damit erreicht, ist die Verlängerung des Krieges. Als das Ende längst absehbar ist, baut er noch die ersten Fernraketen und Turbinenflugzeuge der Welt. Er hätte auch die Atombombe gebaut, wenn die deutschen Physiker so gut wie die amerikanischen gewesen wären. Er fragte nicht, für wen und zu welchem Zweck. Erst kurz vor Schluss kommen ihm Zweifel: Er sabotiert Hitlers „Verbrannte-Erde-Befehl“, der die totale Verwüstung des eigenen Landes bedeutet hätte.

Berlin liegt bereits unter dem Feuer der sowjetischen Artillerie, als Speer seinem Mephisto zum letzten Mal gegenübersteht – ein alter, zitternder Mann in einem unterirdischen Betonverlies, aus dem es kein Entrinnen mehr gibt. „Speer, ich werde nicht kämpfen“, sagt Hitler: „Ich habe angeordnet, dass ich verbrannt werde. Es fällt mir leicht, mein Leben zu beenden.“
Speer ist bewegt, aber er will leben. Er verlässt den Bunker und geht in der Dunkelheit noch einmal durch den verwüs-

Voßstraße 1949: Die Ruine der Neuen Reichskanzlei wird abgetragen, der Marmor für das sowjetische Ehrenmal in Treptow verwendet. Auch die Alte Reichskanzlei in der Wilhelmstraße wurde dem Erdboden gleichgemacht, der Führerbunker gesprengt. Er befand sich im Garten (hinter dem Block der Neuen Reichskanzlei).

teten Garten hinüber zur Neuen Reichskanzlei. Vor sechs Jahren hat er sie abgeliefert, jetzt ist sie eine Ruine, zerbombt und zerschossen. Hitler hat den Neubau nie bewohnt, er behielt seine Privaträume in der Alten Reichskanzlei, bis er im März 1945 endgültig in den Bunker zog. Speer steht stumm im Bombenschutt. Es ist eine ungewöhnlich ruhige Nacht. „Nur hin und wieder hörte ich die Detonationen russischer Granaten. Dann verließ ich die Trümmerstätte der wertvollsten Jahre meines Lebens."

Das Nürnberger Tribunal verurteilte Hitlers Rüstungsminister später wegen Kriegsverbrechen und Verbrechen gegen die Menschlichkeit (im Zusammenhang mit dem Zwangsarbeiterkomplex) zu 20 Jahren Haft. Als Einziger der „Spandauer" bekannte sich Speer nach seiner Entlassung zu seiner Schuld: „Jede Strafe wog gering gegenüber dem Unglück, das wir über die Welt gebracht hatten ... Ich war

mit diesen Verbrechen (der Judenvernichtung) unentrinnbar verhaftet, weil ich aus Angst, etwas zu entdecken, was mich zu Konsequenzen hätte veranlassen können, die Augen schloss. Gerade weil ich damals versagte, fühle ich mich für Auschwitz persönlich verantwortlich."
Er hatte sein Leben einem Wahn geopfert: „Auf der Spitze des Kuppelbaus für das neue Berlin hatte ich jene Weltkugel angebracht, deren Besitz Hitler nicht nur im Symbol anstrebte."

Die Todesstarre, die jahrzehntelang über der Sperrzone zwischen Mauer und Wilhelmstraße lag, hat sich gelöst. Das Leben kehrt allmählich auch hierher zurück. Wo einst die Gärten der Ministerpalais waren und später die Grenzsicherungsanlagen der DDR, stehen nun die Residenzen der Bundesländer, moderne Zweckbauten, Stahl und Glas. Lange Zeit an einem Bauzaun ein Schild „Kampfmittelvernichtung Ministergärten". Noch Jahrzehnte nach dem Krieg wurden hier Granaten gefunden. Kein Stück Erde wurde in Deutschland so zersiebt wie diese Quadratmeile um die Wilhelmstraße.
Bald wird alles zugebaut sein. Nur am anderen Ende, beim Brandenburger Tor, an der Rückfront vom „Adlon", war lange noch ein Stück nackter Erde frei, provozierend leer zwischen den Neubauten ringsum. 60 Jahre mussten vergehen, bis in Deutschland ein Mahnmal für die ermordeten Juden errichtet wurde. Hätte man abgestimmt, wäre die Mehrheit dagegen gewesen. Wir haben nie begriffen, dass es nicht die Opfer sind, die das Denkmal brauchen, sondern wir selbst: dass es unsere Selbstachtung nicht beschädigt, sondern stärkt. Dass wir es benötigen zur Wiederherstellung unserer Integrität, als einen Ort der Wahrheit.
Die Wunden, die Krieg und Teilung der Stadt geschlagen haben, sind noch immer sichtbar. Das „Neue Berlin", das nach dem Fall der Mauer entstand, ist dem geschundenen alten Berlin übergestülpt worden wie eine fadenscheinige Tarnkappe: Konzernhochhäuser, Bankpaläste, Luxuspassa-

gen, Shoppingmeilen; die Regierungsbauten der Nazizeit und des Kaiserreichs, soweit sie den Krieg überlebten, wurden sorgsam renoviert für die Übersiedlung der Bonner Ministerien: Goebbels' Propagandaministerium, Görings Luftfahrtministerium, der Bendlerblock, das einstige Oberkommando des Heeres, wo Stauffenberg erschossen wurde. Nur die Reichskanzlei gibt es nicht mehr. Kein Stein blieb übrig. Die Ruinen des alten Bismarckpalais und des Speerschen Prachtbaus wurden nach Kriegsende auf Befehl der sowjetischen Besatzungsmacht abgeräumt. Vielleicht war es gut so. Man wollte keine Erinnerungsstätte. Nur die Reste des Führerbunkers modern noch zehn Meter unter dem einstigen Garten, der heute ein Parkplatz ist. Von dort hat man freien Blick auf das Holocaust-Denkmal. Opfer und Täter – von beiden blieb keine Spur. Doch in der Erinnerung sind sie verkettet in alle Ewigkeit.

Die Berliner Republik hat sich ein neues Kanzleramt gebaut. Es steht exakt an der Stelle, wo Albert Speer seine „Große Halle" hinsetzen wollte: am Spreebogen, gegenüber dem Reichstag. Abreißen musste man diesmal nichts mehr – das hatte schon der Krieg besorgt. Etwas einsam thront das Kanzleramt nun auf der kahlen Flur, separiert von der Stadt und vom gewöhnlichen Leben. Herrschaftlich also. Nicht so gewöhnlich-demokratisch wie das Bonner Kanzleramt, das mit seiner Zweckarchitektur immer wie eine Provinzsparkasse aussah. Fremd, herausfordernd und exotisch steht das neue Amt auf dem märkischen Sandboden, eine Art Caudillo-Headquarter. Könnte gut in Managua, Nicaragua, stehen. „Wie Palmen auf Sylt", sagt der Architekt, und man weiß nicht: Heißt das nun gut oder schlecht? Und falls schlecht: Hat ihm niemand gesagt, dass dies keine Gegend für Palmen ist?

Es ist ein windiger Ort hier. Kein Haus weit und breit. Die Mitte der Stadt eine große Leere. Früher wohnten hier Menschen.

Der Bunker: Hitlers letzte Tage

Wir wissen nicht, wie es in ihm aussah an diesem 20. April 1945, seinem Geburtstag, dem sechsundfünfzigsten. Vermutlich war ihm klar, dass es sein letzter sein würde. Seit einem Monat hauste er unter der Erde, in einem lichtlosen Betonlabyrinth, abgeschottet von dem Inferno, das über ihm tobte, und seit Tagen war er nicht mehr heraufgekommen. Jetzt stand er in der Ruine seines Palastes und nahm die Glückwünsche seiner Satrapen entgegen. Die Stadt brannte. Am Morgen hatte die US-Luftwaffe bei klarem Himmel noch einmal einen schweren Angriff auf Berlin geflogen. Den Rest würden die sowjetischen Verbündeten besorgen. Die Front war auf zwanzig Kilometer herangerückt. Das dumpfe Grollen der Artillerie lag über der Stadt wie die Ankündigung des Jüngsten Gerichts.

Er war am Ende – am Ende seiner körperlichen Kräfte und am Ende seines Weges. Er konnte sich nur noch mühsam bewegen. Seine Füße schleiften über den Boden, seine Hände zitterten unaufhörlich, während sein Gesicht eine maskenhafte Starre angenommen hatte. Seine Stimme war tonlos geworden und zuweilen kaum noch vernehmbar, seine Handschrift unleserlich – Symptome jener damals noch tödlichen Krankheit, die auf deutsch Schüttellähmung heißt. Um ihn herum war die Hölle. Sie war sein Werk: Wenigstens an diesen Untergang würde sich die Menschheit erinnern. Er hatte immer „einmalig“ sein wollen: Der „Führer“, der Schöpfer des „Tausendjährigen Reiches“, der Weltherrscher. Sein Name sollte weiterleben durch die Jahrhunderte, das war sein Lebensziel, und er hatte es erreicht. Sein Name würde weiterleben für alle Zeit: als Synonym für Unmenschlichkeit. Und Deutschland würde diesen Namen als sein grausiges Vermächtnis tragen müssen, ein Brandmal, das sich nicht abschütteln lässt.

Er bedauerte nichts. Ein Gefühl der Befriedigung sprach aus seinen letzten Äußerungen. Er war von der Idee der Vernichtung besessen. Krass und unverhüllt trat das einzige Gefühl zutage, dessen er fähig war: ein satanischer Welthass. Zehn Tage bleiben ihm noch nach diesem Geburtstag – zehn Tage, in denen sich dieser Hass in einem apokalyptischen Totentanz austobt: Der geschlagene Welteroberer inszeniert seine eigene Götterdämmerung.

Der Schauplatz ist gut gewählt: die Reichskanzlei, geschichtsträchtiger Boden, Ort seiner größten Triumphe und seiner kühnsten Träume. Hier, wo einst Bismarck residierte, übernahm er am 30. Januar 1933 „die Macht", hier empfing er die Großen der Welt, hier enthüllte er der versammelten Generalität seine Kriegspläne. Und hier entwarf er mit seinem Stararchitekten Albert Speer die Umgestaltung Berlins zur Welthauptstadt „Germania".

Speer baut ihm die Neue Reichskanzlei, einen pompösen Palast von 400 Meter Frontlänge, der mit der alten Reichskanzlei durch den Park verbunden ist. Kurz vor Kriegsausbruch ist der „erste Monumentalbau des Großdeutschen Reiches" fertig. Doch mit der glanzvollen Rolle der Neuen Reichskanzlei ist es vorbei, kaum dass sie begonnen hat. Mit Beginn des Krieges siedelt Hitler als Oberbefehlshaber der Wehrmacht in das jeweilige Führerhauptquartier über oder residiert auf seinem Berghof bei Berchtesgaden. Nur sporadisch hält er sich noch in der Reichskanzlei auf. Nun wird sie seine letzte Zuflucht.

Im Januar, nach dem Scheitern der Ardennen-Offensive, ist er aus dem „Adlerhorst", dem Führerhauptquartier im Taunus, nach Berlin zurückgekehrt und hat seine alten Amtsräume wieder bezogen. Doch an ein normales Arbeiten ist nicht mehr zu denken. Berlin liegt unter dem Bombenhagel der Alliierten. Nachts kommen die Briten, tags die Amerikaner. Die Stadt verwandelt sich in ein Ruinenfeld.

Auf dem Gelände der Reichskanzlei ist inzwischen ein gigantisches Bunkersystem entstanden. Die gesamte Infrastruktur der Reichskanzlei und des Führerhauptquartiers ist in die Erde versenkt: Nachrichtenzentrale, Wachmannschaften, Ordonnanzen, Kartenschreiber, Fuhrpark, Mechaniker, Küche, Wäscherei, Apotheke, Ärzte, Sekretärinnen und der Sicherheitsdienst der SS. Dieselgeneratoren versorgen die unterirdische Stadt mit Strom und Frischluft, doch der modrige Geruch feuchten Betons, der das ganze Labyrinth erfüllt, lässt sich nicht vertreiben.

Kernstück des Systems ist der Führerbunker, der tiefstgelegene und am stärksten gesicherte Komplex des Verlieses. Traudl Junge, die damals 25-jährige Sekretärin Hitlers und authentischste Augenzeugin des Untergangs, hat die Katakombe beschrieben: „Vom früheren Luftschutzkeller ging es einige Treppenabsätze tiefer in den eigentlichen Führerbunker. Schwere Eisentüren führten zu einem breiten Gang. Links eine Tür zu den Toiletten, rechts der Maschinenraum, dann kam die Tür zur Telefonzentrale und zum Dienerzimmer ... Dieser Teil des Bunkers war wieder durch schwere Eisentüren zu schließen, die aber meistens offen standen. Danach kam der Teil des Korridors, der zu Hitlers Räumen führte. Sein Wohn- und Arbeitszimmer war ein winziger Raum, etwa drei mal vier Meter groß mit einer niederen Decke, die aufs Gemüt drückte. Rechts neben der Tür stand ein Schreibtisch an der Wand, gegenüber ein kleines Sofa, davor ein kleiner Tisch und drei Sessel. Rechts führte eine Tür zu Hitlers Schlafzimmer, das ich nie betreten habe. Links gelangte man in Hitlers Bad, von da aus in einen kleinen Ankleideraum, der sich an Eva Brauns Bunkerwohnung anschloss. Neben Hitlers Schlafzimmer war noch ein kleiner Raum, der als Lagezimmer benutzt wurde. Es stand nichts weiter drin als eine ringsum laufende Bank, ein großer Tisch und einige Stühle und Hocker. Hier in diesem kleinen Komplex, der so verworren angelegt war, dass man ihn kaum verständlich beschreiben kann, fand der letzte Akt des Dramas statt."

Mitte März zieht Hitler aus seinen oberirdischen Amtsräumen endgültig in den Bunker um. Er ist der einzige Bewohner Berlins, der die Hölle des Bombenkrieges nicht mit eigenen Augen wahrnimmt. Er ist seit Ewigkeiten nicht mehr durch eine deutsche Stadt gegangen. Wenn er mit seinem Sonderzug von der „Wolfsschanze" in Ostpreußen nach Berchtesgaden reiste, fuhr er nachts, und wenn er bei Tage fahren musste, ließ er die Gardinen zuziehen. „Niemals hat er das Ausmaß der Verwüstung mit eigenen Augen gesehen", so Traudl Junge.

Jetzt gelten die Bomben ihm selbst.

Das Regierungsviertel ist paradoxerweise von den Angriffen lange verschont geblieben. Nun liegt das Zentrum im Fadenkreuz der „Fliegenden Festungen". In Bismarcks altes Palais und in Speers Prachtbau krachen die Bomben. Der Bunker bebt unter den Einschlägen, doch er hält.

Das Betonverlies gleicht einem U-Boot auf Tauchstation: Die Besatzung auf engstem Raum zusammengedrängt, ohne Sichtkontakt zur Außenwelt, ohne genaue Kenntnis der Feindlage, ausgerichtet auf einen einzigen Mann, der über Leben und Tod entscheidet. Alle wissen, dass der Tod die realistischere Option ist. Eine Privatsphäre gibt es nicht mehr. Der Hofstaat der Reichskanzlei ist zu einer kleinen Schar geschrumpft, die dem „Chef" persönlich ergeben ist: Adjutant Otto Günsche, Kammerdiener Heinz Linge (beide SS-Sturmbannführer), Fahrer Erich Kempka, Chefpilot Hans Baur; schließlich die Sekretärinnen Traudl Junge, Gerda Christian und Else Krüger sowie der Leibarzt Theo Morell, der seinen Nimbus als Wunderheiler mit dem sich rapide verschlechternden Zustand des Patienten verspielt hat. Ebenfalls im Bunker, jedoch abgetrennt vom Führerbereich, haust Martin Bormann, allmächtiger Chef der Parteikanzlei, intrigant und machthungrig bis zur letzten Stunde.

Anfang April trifft Eva Braun im Bunker ein. Sie ist aus dem „Berghof“ angereist. „Jeder wusste, warum sie gekommen war“, schreibt Albert Speer. „Mit ihrer Anwesenheit zog bildlich und real ein Todesbote in den Bunker ein.“
Sie ist seit 1931 die Geliebte Adolf Hitlers. Er lernte sie im Atelier seines Leibfotografen Heinrich Hofmann in München kennen. Damals war sie 19, 23 Jahre jünger als er, ein unkomplizierter, heiterer Charakter, politisch völlig unbedarft. Sie liebte schicke Kleider, hatte nichts gegen Champagner, rauchte ziemlich viel und tanzte leidenschaftlich gern, vor allem Swing und Foxtrott – doch dies nur, wenn der „Führer“ nicht dabei war. Das einzig Rätselhafte an ihr war ihre Zuneigung zu diesem Mann, der in einer kalten, dämonischen Welt lebte. Vielleicht war es die Macht, die sie anzog. Sie war das bestgehütete Geheimnis des Dritten Reiches. Nur wenige Vertraute wussten von ihrer Existenz, und noch weniger kannten sie persönlich. Hitler hatte ihr eine Zweizimmer-Wohnung in seinem „Berghof“ eingerichtet und eine andere in der Reichskanzlei, zu der Speer die Möbel entwarf. Dort lebte sie wie eine Gefangene. Bei Abendgesellschaften durfte sie nicht in Erscheinung treten. Selbst im engsten Kreis vermied es Hitler, mit ihr Vertraulichkeiten auszutauschen. Er nannte sie „Fräulein Braun“, wenn er über sie sprach. Sie lehnte sich nie gegen ihre Rolle auf, forderte nie, was ihr offensichtlich nicht zustand. Doch sie war die einzige, die ihm widersprechen durfte – in Dingen, die ihm unwichtig waren.
Und nun ist sie hier, im Bunker, im brennenden Berlin, im klaren Bewusstsein, dass dies das Ende ist.
Am 16. April tritt die Rote Armee zum Sturm auf die Reichshauptstadt an. Vor Sonnenaufgang eröffnen 40 000 Ge-

schütze und Granatwerfer das Feuer auf die deutschen Stellungen an der Oder. In fünf Tagen, so hat Stalin gesagt, soll Berlin erobert sein. Den Hauptstoß führt Marschall Schukow mit der 1. Weißrussischen Front (Heeresgruppe). Sein bester Mann ist General Wassilij Tschuikow, Befehlshaber der 8. Gardearmee, der Sieger von Stalingrad. 1942 stoppte er den deutschen Vormarsch an der Wolga und hielt den letzten russischen Brückenkopf, bis die Deutschen ihrerseits eingekesselt waren. Seitdem hat er den Feind Schritt um Schritt, Schlacht um Schlacht zurückgeworfen, dreitausend Kilometer von der Wolga bis an die Oder. Jetzt fehlen noch 75 Kilometer bis Berlin, und er, Wassilij Tschuikow, will als erster dort sein und das ruhmreiche Banner der Sowjetunion über der Hauptstadt des Faschismus hissen.
Aber die letzte Schlacht des Krieges wird kein militärischer Spaziergang. Die Russen kommen langsamer voran, als sie dachten. Tschuikow: „Trotz Einsatz aller verfügbaren Kräfte gelang uns (am ersten Tag) kein entscheidender Durchbruch. Meine Armee hatte die vom Frontstab gestellte Aufgabe nicht erfüllt. Mein linker Nachbar, die 69. Armee, kam am 16. April keinen einzigen Schritt voran." Erst nach drei Tagen grauenhafter Kämpfe sind die Seelower Höhen am westlichen Oderufer in russischer Hand.

Hitler steht mit dem Rücken zur Wand. Alles, was jetzt noch geschieht, ist Untergangsstrategie, Götterdämmerungs-Inszenierung. Wenn Deutschland besetzt wird, soll es zur Wüste werden. In seinem „Verbrannte-Erde-Erlass" hat er die Zerstörung „aller Verkehrs-, Nachrichten-, Industrie- und Versorgungsanlagen, die sich der Feind nutzbar machen kann", befohlen. Albert Speer, „Reichsminister für Rüstung und Kriegsproduktion", wagt immerhin schriftlichen Widerspruch: „Wir haben kein Recht dazu, von uns aus Zerstörungen vorzunehmen, die das Leben des Volkes treffen können ... Das ist ein so großes Unrecht unserem Volk gegenüber, dass das Schicksal es mit uns dann nicht mehr gut meinen kann."

Doch das „Volk“ ist keine Kategorie mehr für Hitler. Seine Antwort an Speer ist entlarvend: „Wenn der Krieg verloren geht, wird auch das Volk verloren sein. Es ist nicht notwendig, auf die Grundlagen, die das deutsche Volk zu seinem primitivsten Weiterleben braucht, Rücksicht zu nehmen. Denn das Volk hat sich als das schwächere erwiesen, und dem stärkeren Ostvolk gehört die Zukunft. Was nach diesem Kampf übrig bleibt, sind ohnehin nur die Minderwertigen, denn die Guten sind gefallen!“ Noch der eigene Untergang dient ihm zur Rechtfertigung seines paranoiden Weltbildes.

Der „Führergeburtstag“ am 20. April wird zum letzten öffentlichen Auftritt des moribunden Diktators. Noch einmal sind sie alle versammelt, die Mächtigen des Dritten Reiches, die bald in Nürnberg vor Gericht stehen werden: Göring, Goebbels, Himmler, Bormann, Ley, Ribbentrop, die Gauleiter und die Kriegsherren mit Generalfeldmarschall Keitel und Großadmiral Dönitz an der Spitze. Es ist eine gespenstische Veranstaltung, die Stimmung ist beklemmend. Sekt wird nicht mehr gereicht.

Arthur Axmann, der „Führer“ der Staatsjugend, hat eine Gruppe Hitlerjungen mitgebracht, die sich in den Kämpfen vor Berlin ausgezeichnet haben, der jüngste zwölf Jahre alt. Sie sind im verwüsteten Garten der Reichskanzlei angetreten. „Hitler reichte jedem die Hand“, berichtet Axmann. „Er ging gebeugt. Seine Hände zitterten. Wir waren von seinem Anblick erschüttert. Er beendete seine kurze Ansprache mit dem Ruf ‚Heil euch!‘ Doch niemand antwortete. Es war still im Garten. Nur in der Ferne hörte man das Grollen der Front.“

Die reale Lage sieht an diesem Tag so aus: Deutschland ist zu vier Fünfteln vom Feind besetzt. Eine Westfront gibt es nicht mehr. Die im Ruhrkessel eingeschlossene Heeresgruppe B hat den Kampf eingestellt, ihr Oberbefehlshaber, Feldmarschall Model, hat sich erschossen. Die Briten stoßen auf Hamburg vor, die Amerikaner haben Leipzig besetzt und

Sein letzter Auftritt: Am 20. April 1945, seinem 56. Geburtstag, kommt Hitler noch einmal aus dem Tiefbunker der Reichskanzlei an die Oberfläche und zeichnet Hitlerjungen, die im „Volkssturm" eingesetzt und nun im Garten angetreten sind, mit dem Eisernen Kreuz aus. Berlin ist zu diesem Zeitpunkt bereits eingekesselt und liegt unter Dauerbeschuss der sowjetischen Artillerie. Hitler hat noch zehn Tage zu leben.

stehen kurz vor der Vereinigung mit den Russen bei Torgau an der Elbe. Das verbliebene Gebiet ist in einen Nordraum und einen Südraum zerrissen. Die 9. Armee, die an der Oderfront stand, ist eingekesselt. Berlin liegt schutzlos vor der Roten Armee.

Die Geburtstagsgratulanten beschwören Hitler, Berlin zu verlassen und den Kampf von der „Alpenfestung" aus fortzusetzen. Sie selbst haben es eilig, ihre vorbereiteten Ausweichquartiere im Norden oder Süden zu erreichen. Die letzten Fluchtkorridore aus Berlin können stündlich abgeschnitten werden. Göring hat seine Residenz Carinhall bereits geräumt. Vor der Abfahrt kontrollierte er die Sprengladungen, die das pompöse Jagdhaus beim Annähern der Russen in die Luft jagen werden. Zur Lagebesprechung im Bunker erscheint der „Reichsmarschall" in einer neuen khakifarbenen Uniform, die ganz offensichtlich der amerikanischen nachempfunden ist. Vor den versammelten Generälen bietet er Hitler an, mit ihm nach Berchtesgaden zu fliegen. Hitler lehnt schroff ab. Er habe seine Entschlüsse gefasst und werde in Berlin bleiben. Es stehe jedem frei zu gehen.

Der große Exodus beginnt. Von den Spitzen der Partei bleiben nur Goebbels und Bormann in Berlin. Auch Speer verabschiedet sich. Er hat zwei Bauwagen der Reichsbahn als Fluchtburg am Eutiner See abstellen lassen – für den Rüstungsminister gibt es keine Aufgabe mehr.

In der Nacht verlassen lange Wagenkolonnen mit abgeblendeten Lichtern die Hauptstadt. Auf dem Flugplatz Gatow, dem letzten noch tauglichen, starten Kuriermaschinen mit Familienangehörigen der braunen Prominenz. Es kommt zu Zwischenfällen. „Die Arbeiter, die im Fackelschein unser Gepäck transportierten“, berichtet die Frau des Cheftechnikers der Reichskanzlei, „begannen, über die ‚Bonzen‘ zu schimpfen, dann pöbelten sie uns an und plünderten die Koffer. Bis wir starten konnten, verging fast eine Stunde.“

Die alte Reichskanzlei erlebt zur gleichen Zeit ein makabres Fest: Eva Braun improvisiert eine Abschiedsparty in ihrer Wohnung im ersten Stock. „Sie wollte noch ein einziges Mal feiern, tanzen, trinken, vergessen“, schreibt Traudl Junge. „Irgendwoher brachte jemand ein altes Grammophon mit einer einzigen Schallplatte, ‚Blutrote Rosen erzählen dir vom Glück‘. Eva Braun wollte tanzen, ganz gleich mit wem, und sie riss alle mit in einen verzweifelten Taumel. Es wurde Champagner getrunken und schrill gelacht. Keiner sprach vom Krieg, keiner vom Sieg und keiner vom Tod. Gespenster gaben hier ein Fest.“

Unterdessen ist der Alarmfall „Clausewitz“ ausgegeben worden, das Codewort für den Belagerungszustand. Es bedeutet: Berlin wird nicht aufgegeben, sondern in Verteidigungszustand versetzt. Überall werden Panzersperren,

MG-Stellungen, Minengürtel, Sprengladungen, Gefechtsstände eingerichtet.
Die Zone um die Reichskanzlei wird zur „Zitadelle“ erklärt. Zum Kampfkommandanten der Zitadelle ernennt Hitler den Kommandeur der „Leibstandarte SS Adolf Hitler“, Brigadeführer (Generalmajor) Wilhelm Mohnke: Ritterkeuzträger, drahtig, schmallippig, Prototyp des Prätorianers. Schon 1933 stand er als junger SS-Mann Wache vor der Reichskanzlei. Jetzt ist er zum Verteidiger des Regierungssitzes bestellt, unter dem direkten Befehl des „Führers“. Er bringt tausend Mann seiner Garde als Festungsbesatzung mit und richtet seinen Befehlsstand im Keller der Neuen Reichskanzlei ein.
Einen Tag nach Hitlers Geburtstag schlagen die ersten Artilleriegranaten im Stadtzentrum ein. Panik breitet sich aus – die Russen sind da. Hitler, der sich (wie Stalin) erst gegen Morgen zum Schlafen niederzulegen pflegt, wird um halb zehn geweckt. „Woher kommt diese Schießerei?“ fragt er. Niemand weiß es. Hitler ruft den Generalstabschef der Luftwaffe, General Koller, an: „Wissen Sie, dass Berlin unter Artilleriefeuer liegt?“
„Nein.“
„Hören Sie das nicht?“
„Nein! Ich bin in Wildpark-Werder.“ *(Westlich von Berlin)*
Hitler vermutet ein russisches Eisenbahngeschütz. „Die Luftwaffe hat diese Batterie sofort auszumachen und zu bekämpfen.“
Der General ruft den Flakbunker am Zoo an, den besten Beobachtungspunkt in Berlin. Antwort vom Zoobunker: Es sind russische Feldhaubitzen, die bei Marzahn in Stellung gegangen sind. Entfernung zwölf Kilometer.
Hitler will das nicht glauben, brüllt ins Telefon: „Man müsste die ganze Luftwaffenführung sofort aufhängen!“
Er befiehlt, sämtliche verfügbaren Kräfte im Nordraum nach Berlin zu schicken. „Jeder Kommandeur, welcher Kräfte zurückhält, hat binnen fünf Stunden sein Leben verwirkt.

Sie selbst haften mir mit Ihrem Kopf, dass der letzte Mann eingesetzt wird", sagt er zu Koller. Doch es gibt gar keine Reserven mehr. Die Divisionen sind zu Bataillonen, die Bataillone zu Kompanien zusammengeschrumpft. Hitler operiert mit Geisterarmeen, die nur noch auf den Karten der Lagebesprechungen existieren. Er sieht sich umstellt von Versagern und Verrätern, die seine Befehle sabotieren. Er verbietet jedes Ausweichen nach Westen: „Offiziere, die sich dieser Anordnung nicht bedingungslos fügen, sind festzunehmen und augenblicklich zu erschießen!"
Die russischen Panzerspitzen haben unterdessen das Weichbild Berlins erreicht. Im östlichen Vorort Kaulsdorf erlebt Propst Heinrich Grüber (später Bevollmächtigter der Evangelischen Kirche bei der DDR-Regierung) den Einmarsch der Roten Armee: „Gegen 16 Uhr kamen die ersten russischen Truppen, Infanteristen mit Sturmkanonen, später Artillerie. Aus den umliegenden Häusern hörten wir Schreie von Verwundeten. Einen, den ich für den Kommandanten hielt, bat ich, die Verwundeten verbinden zu dürfen. Etwas später drangen Russen in unseren Keller ein. Sie verlangten Uhren und Frauen. Die Uhren lieferten wir ab. Vergewaltigungen konnten wir in unserem Hause verhindern. Ich hatte den Eindruck, dass auch mein schwarzes Gewand die Soldaten etwas zurückhielt. Aber während der ganzen Nacht schrieen die Frauen im Ort, ohne dass wir etwas für sie tun konnten."

Im Führerbunker bricht an diesem Tag, dem 22. April, die krampfhaft aufrechterhaltene Endsieg-Fassade zusammen. Als Hitler bei der Lagekonferenz erfährt, dass Angriffe, die er befohlen hat, gar nicht stattgefunden haben (weil die Truppen dazu nicht mehr in der Lage sind), explodiert er. Er schleudert die Farbstifte, mit denen er die Stellungen markiert (als Karte genügt jetzt der Stadtplan von Berlin), an die Wand, springt vom Stuhl auf und schreit, dass es durch die geschlossene Tür im ganzen

Korridor zu hören ist. Seine Stimme überschlägt sich, während ihm die Tränen über das Gesicht laufen. Nur einzelne Worte sind zu verstehen – Feigheit, Niedertracht, Verrat, Treulosigkeit. So könne er nicht länger führen. „Der Krieg ist verloren – aber wenn Sie, meine Herren glauben, dass ich Berlin verlasse, irren Sie sich. Eher jage ich mir eine Kugel in den Kopf!"

Die Anwesenden erstarren – das magische Wort ist gefallen. Alle haben es gehört. In Windeseile verbreitet es sich im Bunker. Generaloberst Jodl, Chef des Wehrmachtführungsstabes, hält in einer Aktennotiz fest: „Hitler hat den Entschluss gefasst, in Berlin zu bleiben, dort die Verteidigung zu leiten und sich im letzten Augenblick zu erschießen. Kämpfen könne er aus körperlichen Gründen nicht mehr, er wolle auch nicht Gefahr laufen, verwundet in Feindeshand zu fallen."

Nach dem Ausbruch legt sich lähmende Stille über den Bunker. Die Sekretärin Traudl Junge steht dienstbereit im Vorzimmer, als Hitler heraustritt. „Sein Gesicht hat jeden Ausdruck verloren, die Augen sind erloschen. Sein Blick erfasst nichts. Unpersönlich und befehlend stößt er hervor: ‚Ziehen Sie sich sofort um. In einer Stunde geht ein Flugzeug, das Sie nach Süden bringt. Es ist alles verloren.' Ich bin ganz steif. Das Bild an der Wand *[ein Porträt Friedrichs des Großen]* hängt schief, auf Hitlers Rockaufschlag ist ein Fleck. Alles ist wie in Watte gepackt."

Eva Braun, die dabei steht, ergreift Hitlers Hände und sagt: „Ich bleibe bei Dir." Dann geschieht etwas Ungewöhnliches: Hitler küsst sie vor den Augen der Umstehenden auf den Mund. Traudl Junge sagt: „Ich bleibe auch."

Hitler macht kein Hehl daraus, dass das Ende bevorsteht. Er lässt seine Papiere und persönlichen Habseligkeiten zusammenpacken. Die Privatpapiere werden oben im Garten verbrannt, die Akten in Kisten verpackt. Sie sollen nach München ausgeflogen werden. Aber sie kommen nie an. Die

Maschine stürzt kurz nach dem Start südlich von Berlin ab. Hitlers Akten bleiben für immer verschollen.
Spät in der Nacht dieses Tages kommt Goebbels aus seinem zerbombten Propagandaministerium in den Bunker. Der kleine klumpfüßige Mann mit der melodischen Stimme war immer der fanatischste in der Führungsclique des Regimes, und sein Fanatismus hat sich noch gesteigert, je klarer die Niederlage sich abzeichnete. „Wenn wir abtreten, soll der Erdkreis erzittern!", erklärt er in seiner letzten Pressekonferenz. Verbal stets besser als sein „Führer" überbietet er Hitler noch an Menschenverachtung. Und wie Hitler gibt der große Volksverführer den Deutschen selbst die Schuld an ihrem Unglück. „Was fange ich mit einem Volk an, dessen Männer nicht einmal mehr kämpfen, wenn ihre Frauen vergewaltigt werden!?", sagt er. Er habe kein Mitgefühl mit diesem Volk, denn es habe sich sein Schicksal freiwillig gewählt. „Wir haben ja das deutsche Volk nicht gezwungen. Es hat uns selbst beauftragt." Von seinem Chefpropagandisten Hans Fritzsche verabschiedet er sich mit den Worten: „Und nun wird Ihnen das Hälschen durchgeschnitten!" (Fritzsche wird später beim Nürnberger Prozess freigesprochen).
Goebbels hat seine Entscheidung schon lange getroffen. Er wird mit Hitler aus dem Leben gehen – er und seine ganze Familie. Magda Goebbels bringt die sechs Kinder – fünf Mädchen und einen Junge – in den Bunker. Traudl Junge macht eine Kammer für sie frei. „Es waren reizende, gut erzogene, natürliche Kinder. Sie wussten nichts von dem Schicksal, dem sie entgegengingen."

Draußen tobt die Schlacht um Berlin. Drei Millionen Menschen sitzen in der Todesfalle. Die Stadtmitte liegt unter dem Dauerfeuer der sowjetischen Artillerie. Es gibt keinen Strom und kein Wasser mehr. Die Lebensmittel gehen zur Neige. Die Krankenhäuser können die Verwundeten nicht mehr aufnehmen.

An Ersatz von außen ist nicht zu denken. Hitlers letzte Hoffnung ist die 12. Armee unter General Wenck, die westlich des Belagerungsringes steht, eine zusammengewürfelte Truppe aus den Trümmern anderer Einheiten. Sie besitzt keinen einzigen Panzer, nur noch einige Sturmgeschütze.
Feldmarschall Keitel begibt sich persönlich zum Befehlsstand von Wenck in Belzig, 40 Kilometer südwestlich von Potsdam. „Befreien Sie Berlin", sagt er zu Wenck. „Machen Sie mit allen verfügbaren Kräften kehrt, hauen Sie den ‚Führer' heraus. Sein Schicksal ist Deutschlands Schicksal. Sie haben es in der Hand, Deutschland zu retten!" „In diesen Stunden", so Wenck, „wurde mir klar: Dieser Mann und damit auch das Staatsoberhaupt, das er beriet, wussten längst nicht mehr, wie es um den Krieg stand. Nach Beratung mit meinem Stab beschloss ich, von nun an meinen eigenen Weg zu gehen."

Während Hitler, abgekapselt von jeder Realität, imaginäre Schlachten mit imaginären Divisionen schlägt, gehen die Schreckensbilder aus den befreiten Konzentrationslagern um die Welt. Am 11. April haben amerikanische Truppen Buchenwald erreicht, vier Tage später stehen Montgomerys Soldaten vor den Leichenbergen in Belsen in der Lüneburger Heide. Für tausende kommt die Rettung zu spät. Unter den Opfern sind auch die Männer des 20. Juli, die der Hinrichtung bisher entgangen sind. Hitler selbst hat die Liquidierung der Gefangenen in einer Konferenz mit dem SS-Standartenführer Walter Huppenkothen vom Reichssicherheitshauptamt angeordnet.
Als die amerikanischen Panzer nur noch wenige Kilometer von Buchenwald entfernt sind, werden die 20.-Juli-Häftlinge abtransportiert und in das KZ Flossenbürg (Oberpfalz) gebracht, unter ihnen Admiral Canaris (ehemals Chef der Abwehr), General Hans Oster (Mitarbeiter von Canaris) und Dietrich Bonhoeffer, Mitbegründer der Bekennenden Kirche – führende Köpfe des deutschen Widerstandes. Sie sollen den

untergehenden SS-Staat nicht überleben. Huppenkothen kommt eigens von Berlin durch den letzten offenen Korridor nach Flossenbürg, um ein summarisches Standgericht zu veranstalten. Das „Gericht" besteht aus ihm selbst als Anklagevertreter, dem KZ-Kommandanten als Beisitzer und dem SS-Richter Otto Thorbeck als Vorsitzenden. Er kommt mangels Dienstwagen die 20 Kilometer von Weiden mit dem Fahrrad herauf. Das Urteil lautet auf Tod durch den Strang und wird am nächsten Tag vollstreckt. Die Leichen werden verbrannt. Die an der Hinrichtung beteiligten Wachmannschaften erhalten eine Sonderration Schnaps und Blutwurst.
Am gleichen Tag wird Hans von Dohnanyi, Mitverschwörer des 20. Juli und Schwager von Bonhoeffer, im KZ Sachsenhausen bei Berlin hingerichtet. Dohnanyi (Vater des späteren Hamburger Bürgermeisters Klaus von Dohnanyi) ist im Gestapo-Hauptquartier Prinz-Albrecht-Straße so schwer gefoltert worden, dass er nicht mehr gehen kann. Er wird auf einer Bahre zum Galgen getragen.
Eine weitere Gruppe von 20.-Juli-Häftlingen und Mitgliedern des „Kreisauer Kreises"– insgesamt zwanzig Männer – wird in Berlin in der Nacht vom 23. zum 24. April aus dem Moabiter Zellengefängnis geholt und von den SS-Wachen in einem Ruinengrundstück beim Lehrter Bahnhof ermordet – in Reichweite der russischen Panzer. Unter ihnen Klaus Bonhoeffer, ein Bruder von Dietrich. Die Leichen werden Tage später von russischen Soldaten entdeckt. Einer der Toten umklammert ein Bündel Papiere in der erstarrten Faust, zwölf blutbefleckte Blätter mit hingekritzelten Gedichten. Sein Name ist Albrecht Haushofer. Er wandelte sich vom Mitläufer zum entschiedenen Regimegegner. Seine „Moabiter Sonette" werden zu einem Zeugnis des Anderen Deutschland: „Der Wahn allein war Herr in diesem Land / In Leichenfeldern schließt sein stolzer Lauf / und Elend, unermessbar steigt herauf."
1000 Meter Luftlinie entfernt vom Ort des Massakers am Lehrter Bahnhof sitzt der Urheber der Gräuel in seinem

Bunker und verheizt die Reste der deutschen Wehrmacht. Doch seine Macht über die alten Kumpane zerbröckelt.
Am Morgen des 23. April geht ein Funkspruch aus Berchtesgaden im Bunker ein: Hermann Göring, der designierte Nachfolger Hitlers, verlangt Auskunft, ob der „Führer" noch handlungsfähig sei. Andernfalls werde er die Führung des Reiches übernehmen (im Klartext: Verhandlungen mit den Alliierten aufnehmen) – Antwort bis 22 Uhr. Ein zweiter Funkspruch geht an Außenminister Ribbentrop: Falls der Reichmarschall bis 24 Uhr keine Antwort von Hitler habe, bitte er Ribbentrop, „unverzüglich auf dem Luftwege" zu ihm zu kommen.
Die Nachricht trifft Hitler ins Mark. Seit langem ist er enttäuscht vom zweiten Mann des Regimes. Er tobt. „Ich weiß es schon lange! Er ist faul, er hat die Luftwaffe verludern lassen, er war korrupt, er ist seit Jahren Morphinist ..." Er müsste Göring an die Wand stellen, aber er will darauf verzichten, wenn Göring alle Ämter niederlegt. Die Antwort aus Berchtesgaden kommt postwendend: Göring tritt wegen schweren Herzleidens zurück. Die Führung des Dritten Reiches ist zerfallen.

Doch es gibt noch ein paar Getreue: Albert Speer kehrt noch einmal zurück in die Todesgruft – Hamlet in der Götterdämmerung. Das Gewissen hat ihn geplagt in seinen Bauwagen am Eutiner See. Nicht wegen der Millionen Zwangsarbeiter, die unter seiner Regie in den Rüstungsbetrieben schufteten (dies reflektierte er dann in Spandau), sondern wegen des wortlosen Abschieds von dem Mann, dem er alles verdankt. Speer ist der einzige Mensch, für den Hitler eine fast erotische Freundschaft empfindet. Der urbane Bürgersohn gehört nicht zu den SA-Proleten und Parteilakaien. Er ist das, was Hitler gern geworden wäre: Ein Architekt von hohen Graden, ein Städtebauer, dem es gar nicht groß und hoch genug sein konnte. Der „Führer" hat ihn auf schwindelnde Höhen gehoben, und Speer hat ihn nie enttäuscht. Wenn auf einen Verlass war, dann war es Speer. Trotz Bomben und Niederlagen an allen Fronten hat er die Rüstungsproduktion auf Rekordhöhe getrieben und die ersten Fernraketen und Düsenjäger der Welt zum Einsatz gebracht. Einst wollten sie gemeinsam die Stadt der Zukunft bauen, und noch im Bunker hockten sie zusammen über den Entwürfen für das neue Linz, Hitlers Jugendstadt – und jetzt einfach abhauen, ohne ein Wort des Abschieds und des Dankes?

Er ist noch immer Reichsminister für Rüstung und Produktion und hat Zugriff auf Flugzeug und Wagen. In der Nacht landet er mit einem „Fieseler Storch" vor dem Brandenburger Tor auf der Ost-West-Achse (heute Straße des 17. Juni), stoppt einen Wehrmachtswagen und lässt sich zur Reichskanzlei bringen. „Ich stieg über ein Gewirr verbrannter Balken, ging unter eingestürzten Decken hindurch und kam zu dem Wohnzimmer (in der Alten Reichskanzlei), wo Bismarck getagt hatte, und wo nun Hitlers Adjutant Schaub mit mir unbekannten Männern Weinbrand trank."

Hitler empfängt ihn im Bunker. Er spricht gleichmütig über das Ende: „Ich werde nicht kämpfen. Die Gefahr ist zu groß, dass ich lebend in die Hände der Russen falle. Ich möchte nicht, dass meine Feinde mit meinem Körper Schindluder treiben. Ich habe angeordnet, dass ich verbrannt werde. Fräulein Braun will mit mir aus dem Leben gehen."

„Ich hatte das Gefühl, mit einem bereits Leblosen zu sprechen", schreibt Speer. „Ohne Händedruck gingen wir auseinander, gewohnheitsmäßig, als würden wir uns morgen wieder sehen."

Bevor er die Betongruft verlässt, verabschiedet er sich von Eva Braun. Er kennt sie von Anfang an, sie mögen sich. „Wie wäre es mit einer Flasche Sekt zum Abschied?", sagt sie. Der SS-Diener serviert Moët et Chandon, dazu Kuchen und Konfekt – der Führerbunker ist gut ausgestattet. Sie war von einer „fast heiteren Gelassenheit", so Speer, „die einzige Todgeweihte in diesem Bunker, die eine bewundernswerte Ruhe zeigte".

Speer tritt hinaus in die Nacht, steht noch einmal im verwüsteten „Ehrenhof" der Neuen Reichskanzlei, die er vor sieben Jahren gebaut hat. „In größeren Abständen hörte ich die Detonationen russischer Granaten," schreibt er, „dann verließ ich die Trümmerstätte nicht nur meines Baus, sondern auch der wertvollsten Jahre meines Lebens."
Am Brandenburger Tor wartet der „Fieseler Storch". Im Niedrigflug überquert er den Belagerungsring. „Dorthin, wo der Ring aufblitzender Geschützfeuer eine Lücke ließ, nahmen wir unseren Kurs." Er war raus aus dem Kessel.

Im Bunker breitet sich Endzeitstimmung aus. Um Hitler ist es leer geworden. Ruhelos schlürft er durch die Korridore. Niemand steht mehr auf, wenn er vorbeikommt, überall wird geraucht und getrunken. Er selbst verfällt zusehends. Er kann das Essen kaum noch zum Mund führen, seine Uniform wird nicht mehr gereinigt.
„Wie Schatten irren wir durch die Räume," schreibt Traudl Junge. „Manchmal schleichen wir hinauf ins Treppenhaus, warten auf eine Feuerpause der Artillerie und sehen mit Entsetzen, wie sich die Verwüstung immer mehr ausbreitet. Wir sind nur noch von Ruinen und Häuserresten umgeben. Auf dem Wilhelmplatz (vor der Reichskanzlei) liegt ein totes Pferd ... Aber ‚Kopf hoch, solange er noch dran ist!' heißt die Parole, und wir leben danach, starr und stumpf wie Marionetten. Wir wissen kein Datum mehr."
Am Morgen des 25. April eröffnet die Rote Armee den Angriff auf die Zitadelle. General Tschuikow hat seinen Gefechtsstand in einem Haus beim Flugplatz Johannistal aufgeschlagen. Vom fünften Stock aus blickt er auf Berlin: „Vor mir lagen die Verteidigungsgürtel der Stadt, die entlang des Teltowkanals ausgebaut worden waren. Der Landwehrkanal und der Spreebogen mit ihren hohen betonierten Ufern lagen schützend vor der Reichskanzlei und dem Reichstag. Plötzlich begann der Boden unter meinen Füßen zu zittern. Tausende von Geschützen verkündeten

den Beginn des Angriffs. Ich dachte, Hitler begeht hier das letzte Verbrechen gegen sein Volk. Weshalb schickt er sinnlos Tausende und aber Tauende in den Tod? Für wen opfert er die Einwohner der Stadt – Kinder, Frauen und Greise?“

Niemand wagt es, diese Frage im Führerbunker zu stellen. Noch immer ist hier unten das Wort Kapitulation tabu. Hitler leitet den letzten Kampf seines Lebens persönlich. Er ernennt General Helmuth Weidling, Kommandeur des 56. Panzerkorps, zum Kampfkommandanten des „Verteidigungsbereichs Berlin“. Zwei Tage zuvor wollte er ihn noch erschießen lassen, weil Weidling seinen Gefechtsstand angeblich nach Westen verlegt hatte. Unerschrocken begibt sich der Panzergeneral ins Führerquartier und klärt den Sachverhalt. Hitler ist beeindruckt und übergibt ihm das Festungskommando. „Hätten Sie mich doch erschießen lassen“, sagt Weidling zum Generalstabschef Krebs.

Seine Streitmacht ist das letzte Aufgebot der deutschen Wehrmacht: Den Kern stellt sein Panzerkorps mit rund 15 000 Mann. Es verfügt noch über 40 einsatzfähige „Tiger-Panzer“. Die Waffen-SS unter Mohnke stellt weitere 6000 Mann. Der Rest sind Volkssturmmänner, Hitlerjungen und zusammen gewürfelte Truppeneinheiten, darunter die Trümmer ausländischer Freiwilligenverbände, wie die SS-Divisionen „Nordland“ und „Charlemagne“, die um ihr Leben kämpfen – insgesamt 60 000 Mann.

Dem verlorenen Haufen stehen auf russischer Seite 1,5 Millionen Mann, 3965 Panzer, 4520 Panzerabwehrgeschüze und 15 654 Feldhaubitzen gegenüber.

Weidling ist Soldat, und nur Soldat. Er hat einen Befehl, und den führt er aus. Der Befehl lautet, Berlin zu halten. Am Abend meldet er sich zur Lagebesprechung im Bunker: „Der ‚Führer‘ saß wieder hinter seinem Tisch mit den Karten. Die Lage der eigenen Truppen trug ich anhand des Stadtplans von Berlin vor ... Ich, ein einfacher Soldat, stand hier an dem Ort, von dem aus früher das Schicksal des deut-

schen Volkes bestimmt worden war. Sollte ich in diesem Kreis ausrufen: ‚Mein Führer, das ist doch Wahnsinn! Eine so große Stadt wie Berlin kann man nicht mit unseren Kräften verteidigen. Bedenken Sie das Leid der Bevölkerung!' Ich war so erregt, dass ich mich nur mit Mühe beherrschte, diese Worte nicht herauszuschreien."
Nein, er schreit sie nicht heraus. Er weiß, dass es Irrsinn ist, aber er gehorcht.

Goebbels hat unterdessen einen letzten blutrünstigen Aufruf erlassen: „Berlin wird bis zum letzten verteidigt! Kämpft mit fanatischer Verbissenheit um Eure Frauen, Kinder und Mütter! Provokateure und aufsässige Ausländer sind sofort festzunehmen und unschädlich zu machen. Häuser, die weiße Fahnen hissen, haben kein Recht mehr auf Schutz und werden entsprechend behandelt. Die Hauptstadt darf nicht in die Hände der Bolschewisten fallen!"
Die Stunde des Mordgesindels ist gekommen. „Fliegende Standgerichte" durchkämmen die Ruinen auf der Jagd nach „Drückebergern" und Deserteuren. Verdächtige, gleich welchen Alters, werden auf der Stelle erschossen oder erhängt, mit einem Pappschild um den Hals: „Ich war feige," oder „Ich bin ein Schwein," oder „So geht es Verrätern."
Ein Hitlerjunge aus Oranienburg, dem nördlichen Vorort Berlins, berichtet: „Wir wurden durch Polizei aus den Häusern geholt. Dann wurden wir der SS und dem Volkssturm zugeteilt. Die meisten von uns wurden von Infanteriefeuer getötet. Oranienburg wechselte viermal den Besitzer. Und dabei gingen fast alle von uns drauf. Mein Jungzugführer, der sich weigerte, wurde von ein paar SS-Männern und einem SA-Mann am nächsten Baum aufgehängt. Er war ja auch schon 15. Da ging dann der Rest von unserem Fähnlein, acht Mann, mit – früher waren wir 120."
Die Fünf-Tage-Frist, die Stalin seinen Marschällen gesetzt hatte, ist mittlerweile vorbei, und noch immer weht das ruhmreiche Banner der Sowjetunion nicht über Hitlers

Zitadelle. „Je tiefer unsere Truppen in Berlin eindrangen, desto heftiger wurde der Kampf", schreibt Marschall Konjew, der mit der 1. Ukrainischen Front von Süden her angreift. „Der Feind verfügte über große Mengen von Panzerfäusten, die zu einer gefürchteten Waffe wurden. Ich muss bekennen: Diese Panzerfaustschützen kämpften bis zum Ende sehr gut. Sie streckten die Waffen nur dann, wenn es wirklich keinen anderen Ausweg mehr gab. Das gleiche gilt auch für die Offiziere, wenn auch der alte Kampfgeist verschwunden war. Sie hatten jede Hoffnung aufgegeben. Nur eine erbitterte Ausdauer bestimmte ihren Kampf, den sie solange fortsetzen wollten, bis sie den Befehl zur Kapitulation erhielten."

Eine Art Todesrausch ergreift ganze Einheiten, nicht nur die Waffen-SS. Die Hoffnung auf ein Wunder, an das viele sich noch immer klammerten, war endgültig verflogen. „Jetzt brach das System der Täuschungen zusammen", schreibt Hitler-Biograf Joachim Fest, „und wie immer, wenn die Schleier zerreißen und die Realität die Macht zurückerobert, breitete sich eine Stimmung selbstmörderischer Lebensverachtung aus."

Die Russen kommen nur noch schrittweise voran. Sie verlieren hunderte von Panzern. Die gefürchtetste Waffe der Verteidiger, außer der Panzerfaust, sind die 12,5-Zentimeter-Geschütze auf den Flaktürmen, 36 Meter hohen Betonkolossen, in denen tausende von Verwundeten liegen.

Die Zivilbevölkerung ist höchstens ein störender Faktor, für die eine wie für die andere Seite. Ein Panzeroffizier der Division Müncheberg notiert am 26. April in sein Tagebuch: „Brandrote Nacht, schweres Artilleriefeuer. Angriffe mit Panzern und Flammenwerfern. Rückzug zum Anhalter Bahnhof *(gemeint ist die U-Bahn-Station Anhalter Bahnhof.)*. In Nischen und Winkeln drängen sich Frauen und Kinder. Sie horchen auf den Lärm der Kämpfe. Die Einschläge erschüttern die Tunneldecke. Betonstücke brechen herab. Pulvergeruch und Rauchschwaden in den Schächten. Plötzlich spritzt Wasser in unseren Gefechtsstand. Schreie, Weinen, Flüche. Gurgelndes Wasser flutet durch die U-Bahn-Schächte. Die Massen stürzen über die Schwellen, lassen Kinder und Verwundete zurück. Menschen werden zertreten. Das Wasser steigt einen und mehr Meter hoch, bis es sich langsam verläuft. Noch stundenlang entsetzliche Panik. Viele Ertrunkene. Ursache: Pioniere haben die Schottenkammern des Landwehrkanals gesprengt, um die Schächte zu überfluten ... Während der ganzen Zeit schwere Kämpfe über der Erde."

Eine zusammenhängende Front gibt es nicht mehr, nur noch Kampfgruppen, die keine Verbindung zueinander haben. Manche Kommandeure rufen über das normale Telefonnetz, das erstaunlicherweise immer noch funktioniert, bei Privatadressen an und fragen, „ob die Russen schon bei Ihnen sind." „Ja, an der Ecke stehen drei Panzer", heißt es dann vielleicht. „Na dann viel Glück!" kommt der Gruß zurück.

Der Ring um die Reichskanzlei wird enger. Der Potsdamer Platz, keine tausend Schritt vom Führerbunker entfernt, ist Hauptkampflinie, der Luftschutzbunker der Neuen Reichskanzlei wird zum Feldlazarett. Der kleine OP-Raum im Keller des Führerpalasts war nicht für den Krieg gedacht. Jetzt werden pausenlos Verwundete eingeliefert, direkt von draußen, mit offenen Wunden, blutverschmiert. Es gibt nur einen OP-Tisch, zwei Krankenschwestern und zwei Ärzte, den Chirurgen Werner Haase und den Internisten Ernst Günther Schenck. Beide hat die Apokalypse hierher verschlagen.

Haase, Oberarzt an der Charité, schwer lungenkrank, war früher Begleitarzt Hitlers. Er kam am 20. April herüber, um den „Führer" noch einmal zu sehen. Hitler, der seinen Wunderdoktor Theo Morell weggeschickt hat, bat den Professor, da zu bleiben. Seitdem kampiert Haase neben dem OP-Raum auf einem Feldbett. Schenck, Ernährungswissen-

Der Kampf um Berlin wird zu einer der härtesten Schlachten des Krieges. Die Reste der Wehrmacht leisten hartnäckigen Widerstand, die Russen verlieren hunderte von Panzern, tausende von Soldaten sterben oder werden verwundet. Für die Zivilbevölkerung werden die letzten Tage des Krieges zur Hölle. Berlin ist nach dem Ende des Krieges eine Trümmerwüste.

schaftler und Oberst-Arzt der Waffen-SS, ist „Inspekteur für Truppenverpflegung“ der Wehrmacht. Kampfkommandant Mohnke hat ihn angefordert, um die Verpflegung der Zitadelle sicherzustellen. Schenck hat 200 000 Essenrationen und Tonnen von Konserven und Lebensmitteln in die Reichskanzlei bringen lassen. Im marmornen Arbeitszimmer des „Führers“ stapeln sich jetzt Kartoffelsäcke.
Da Schenck danach nichts mehr zu tun hat, meldet er sich im Notlazarett und fragt, ob er helfen könne. Haase reicht ihm Kittel und Mundschutz und drückt ihm eine Knochensäge in die Hand.
Sie operieren abwechselnd, ohne Unterbrechung. Die amputierten Gliedmaßen werden im Garten aufgeschichtet, die Leichen ebenfalls. Medikamente und Verbandsmaterial werden knapp. Die Schwestern reißen den Toten die Verbände wieder ab, um die noch Lebenden zu versorgen. „Unsere Operationsmäntel konnten nicht mehr gewechselt werden“, schreibt Schenck, „ sie waren steif durch geronnenes Blut. Die Mundtücher waren nass von Atem und Schweiß. Der Ventilator lief nicht mehr. Vor den Augen flirrte es , denn die Operationslampe heizte noch, die Pulse klopften in den Schläfen. Dunst, Blutgeruch und Gestank verdichteten sich zum Miasma eines Bresthauses.“
Irgendwann werden Verwundete in blauer Marineuniform eingeliefert – Seekadetten, die der Großadmiral Dönitz in den Kessel einfliegen ließ, blutjunge Burschen, frisch aus der Marineschule Flensburg, mit goldenen Knöpfen an der Uniform, weißen Mützen auf dem Kopf und schwarzen Halbschuhen an den Füßen, ausgerüstet mit Infanteriekarabinern. Schenck: „Die Toten wurden zusammengelegt, ehe man sie begraben konnte – Teil der Strecke eines mächtigen Jagdherrn.“

Mit den Verwundeten strömen traumatisierte Zivilisten aus den umkämpften Straßenzügen der Umgebung in die Reichskanzlei, alte Männer, Frauen mit Kindern. Das Haus des „Führers“ erscheint ihnen sicher. Die Posten lassen sie ein, bald sind die Schutzräume der Neuen Reichskanzlei restlos überfüllt. Die Menschen schlafen apathisch auf dem Boden, während über ihnen die Granaten einschlagen. Die sanitären Zustände sind unbeschreiblich.

All dies dringt nicht zu dem Mann durch, um dessentwillen hier gestorben und gelitten wird. Der Führerbunker ist von der Neuen Reichskanzlei durch lange Gänge und Kontrollschleusen hermetisch abgeriegelt. Hier, noch einmal zehn Meter tiefer unter der Erde, ist es still. Hier gibt es kein Blut. Hier werden wie immer die vegetarischen Mahlzeiten für den „Führer“ gekocht, die er wie immer mit den beiden Sekretärinnen einnimmt, und hier werden noch immer die Lagekonferenzen zelebriert, bloß dass jetzt außer den subalternen Verbindungsoffizieren niemand mehr dabei ist. Keitel und Jodl sind mit dem Oberkommando der Wehrmacht (OKW) nach Rheinsberg nördlich von Berlin ausgewichen, und auch dort werden sie nicht lange bleiben können. Die Russen sind ihnen hart auf den Fersen. Hitler ist nur noch ein Überbleibsel, Strandgut des Untergangs – ein Schattenherrscher in einem Schattenreich.

Seine letzte Illusion, die „Armee Wenck“, ist geplatzt: Der General kämpft sich mit den Resten der 12. Armee nach Westen durch, um seine Leute in amerikanische Gefangenschaft, statt in russische, zu führen. Es gibt keine deutschen Truppen mehr, die den Führer „raushauen“ könnten.

General Weidling schlägt vor, mit allen in Berlin befindlichen Truppen nach Westen auszubrechen. Krebs stimmt zu: es wäre möglich. Hitler, nunmehr ganz realistisch, sagt nein: Man käme dann nur von einem Kessel in den anderen. Er müsste dann „unter freiem Himmel oder in irgendeinem Bauernhaus hausen und das Ende abwarten. Es sei das beste, wenn er in der Reichskanzlei bleibe.“

Inzwischen wird vor der Haustür der Reichskanzlei gekämpft. Am 27. April stoßen russische Panzer zum Wilhelmplatz vor, doch Mohnkes Verteidigungsring leistet har-

ten Widerstand. Die Panzer bleiben brennend liegen, die Russen wagen keinen zweiten Angriff. Am Pariser Platz hat Mohnke Feldhaubitzen in Stellung gebracht. „Jedes Rohr hat zwölf Schuss“, meldet er in der Lagebesprechung. „Sobald diese verschossen sind, kämpfen die Mannschaften infanteristisch.“ Hitler: „Ich möchte nur geweckt werden, wenn ein russischer Panzer vor meiner Schlafkabine steht, damit ich Zeit habe, meine Vorbereitungen zu treffen.“
Er redet nun offen über den Tod. Beim Essen erklärt er den beiden Sekretärinnen, wie man sich am besten umbringt, nämlich durch einen Schuss in den Mund. Er überreicht den Frauen je eine Zyankalikapsel. Himmler hat ihm einen ganzen Vorrat da gelassen. „Es tut mir leid“, sagt er, „dass ich Ihnen zum Abschied kein schöneres Geschenk machen kann.“

In die Untergangsatmosphäre platzt noch eine böse Nachricht: Die britische Nachrichtenagentur Reuter meldet, dass Himmler in Lübeck mit dem Vizepräsidenten des schwedischen Roten Kreuzes, Graf Folke Bernadotte, Gespräche über die Gesamtkapitulation aufgenommen hat. Tatsächlich glaubt der Reichsführer SS, die Alliierten würden ausgerechnet ihm – dem Herrn der Todeslager – die Hand reichen, um mit ihm den Kampf gegen den „Bolschewismus“ fortzusetzen.
Die Nachricht trifft Hitler noch tiefer als der vermeintliche Verrat Görings. Er stößt Himmler aus der Partei und aus allen Ämtern aus – ein irrelevanter Akt , der außerhalb des Bunkers niemanden mehr interessiert.
Den Absprung Himmlers büßt ein anderer: der SS-Gruppenführer (Generalleutnant) Hermann Fegelein, Verbindungsmann Himmlers im Führerhauptquartier und Schwager von Eva Braun. Fegelein, hochgradig unbeliebt wegen seiner nassforschen Art, ist plötzlich aus dem Bunker verschwunden. Ein SS-Kommando stöbert den General in seiner Privatwohnung in der Nähe des bereits umkämpften Kurfürstendamms auf, volltrunken, mit einer unbekannten

Frau im Bett. Sie entkommt durch das Küchenfenster, während die SS-Leute einen Koffer mit Geld, Schmuck und falschem Pass entdecken. Fegelein wird in die Reichskanzlei gebracht und – noch immer betrunken – von Gestapochef Heinrich Müller persönlich verhört. Als die Nachricht vom Verrat Himmlers bekannt wird, ist der Fall für Hitler klar: Fegelein steckt mit dem Reichsführer unter einer Decke und war im Begriff zu fliehen. Hitler verlangt die sofortige Exekution. Mohnke nimmt die Degradierung des SS-Kameraden vor und reißt ihm das Ritterkreuz vom Hals. Ein Exekutionskommando erschießt Fegelein im benachbarten Garten des Auswärtigen Amts. Eva Braun, deren Schwester Gretl ein Kind von Fegelein erwartet, bittet Hitler nicht um Begnadigung.

Die Russen sind inzwischen zum Sturm auf den Reichstag angetreten. Das monumentale Gebäude mit seinen meterdicken Steinmauern wird zum Schauplatz des letzten Gemetzels dieses Krieges. Für die Sowjets hat das alte deutsche Parlament höchsten Symbolwert: Der Reichstagsbrand von 1933 war das Signal zur Errichtung der Nazidiktatur und zur Zerschlagung der Kommunistischen Partei. Jetzt, zwölf Jahre später, kämpfen sich Stalins Soldaten von Stockwerk zu Stockwerk hoch, um die rote Fahne auf dem Dach des wilhelminischen Prachtbaus zu hissen.

Hitler schließt mit seinem Leben ab. Am Abend des 28. April ruft er Traudl Junge in den Lageraum und diktiert ihr sein politisches und sein privates Testament in den Stenoblock. Er ernennt Dönitz zum „Reichspräsidenten“ und Goebbels zum „Reichskanzler“ und stellt eine komplette Kabinettsliste für die neue Regierung zusammen.

Traudl Junge tippt die Texte mit dreifachem Durchschlag in die Maschine mit den extragroßen Lettern – „das letzte Blatt der Geschichte des Dritten Reiches“ , wie sie sagt. „Meine Finger arbeiten fast mechanisch, und ich bin erstaunt, dass sie fast keine Tippfehler machen.“ Hitler hat es eilig. Er reißt

Er hat es überlebt: Ein deutscher Soldat am Tag der Kapitulation auf den Stufen des zerstörten Reichstags. Vor ihm liegt der Weg in die Gefangenschaft – einer von tausenden, die von Berlin aus den Marsch nach Sibirien antreten. Viele sehen die Heimat nicht wieder.

ihr das letzte Blatt fast aus der Maschine: Die Testamente sollen noch in dieser Nacht auf den Weg zu Dönitz gebracht werden. „Verwundert erfasse ich“, so Junge, „dass das letzte Schriftstück Hitlers ohne Korrektur, ohne gründliche Überarbeitung in die Welt hinaus gehen soll.“

Wer die Papiere heute liest, ist verblüfft: Keine pathetische Geste, kein Wort, das sich in Marmor hauen ließe als letztes Vermächtnis eines gescheiterten Welteroberers. Stattdessen ein zynisches Rechtfertigungspamphlet mit plumpen Lügen: „Es ist unwahr, dass ich oder irgend jemand anderer in Deutschland den Krieg im Jahre 1939 gewollt haben.“ Sein letztes Wort ist von dem Wahn diktiert, der ihn zum größten Massenmörder der Geschichte werden ließ: „Vor allem verpflichte ich die Führung der Nation zur peinlichen Einhaltung der Rassengesetze und zum unbarmherzigen Widerstand gegen den Weltvergifter der Völker, das internationale Judentum.“ Es ist die Sprache eines kranken Hirns.

Der Mann, der die bürgerliche Welt so verachtete, will am Ende bürgerliche Ordnung in sein Leben bringen. In der Nacht zum 29. April feiert er Hochzeit mit der Schattenfrau an seiner Seite. „Sie geht auf ihren Wunsch als meine Gattin mit mir in den Tod. Er wird uns das ersetzen, was meine Arbeit im Dienst meines Volkes uns beiden raubte“, erklärt er in seinem privaten Testament.

Beim Volkssturm treibt man einen Standesbeamten auf, der die Trauung vollzieht. Pflichtgemäß fragt er die Brautleute, ob sie arischer Abstammung seien. Pflichtgemäß antworten sie mit „Ja“. Kurz nach Mitternacht setzen sie ihre Unterschrift unter die Heiratsurkunde.

Im Lageraum ist der Tisch für eine kleine Feier mit den Trauzeugen Goebbels und Bormann gedeckt. Auch die beiden Sekretärinnen und die Diätköchin Constanze Manziarly sind geladen. Man stößt mit Sekt an. Zum letzten Mal.

Im Bunker greifen die Auflösungserscheinungen um sich. „Jeder versuchte, seinen Jammer mit Alkohol zu betäuben“, schreibt Traudl Junge. „Die besten Weine, Liköre und Delikatessen wurden aus den großen Vorräten entnommen, während die Verwundeten in den Kellern und U-Bahn-Schächten nicht einmal den brennendsten Hunger und Durst stillen konnten."

Die Russen sind inzwischen bis auf 200 Meter an die Reichskanzlei herangekommen. In der Ruine des Hotels „Kaiserhof" liegen Scharfschützen, die den Zugang zum Führerbunker über die alte Reichskanzlei unmöglich machen. Arthur Axmann, der seinen HJ-Gefechtsstand in der Wilhelmstraße hat, gelangt nur noch „durch die Trümmer des Auswärtigen Amts *(das neben der alten Reichskanzlei liegt)* und durch ein Labyrinth von Kellereingängen" in den Führerbunker.

Aus dem Radio erhält die Funkzentrale des Bunkers die Nachricht vom Tod Mussolinis. Partisanen haben den „Duce" in seinem Versteck am Comer See aufgegriffen und erschossen, seine Leiche wurde in Mailand öffentlich zur Schau gestellt und grauenhaft zugerichtet – für Hitler der endgültige Anstoß, Schluss zu machen.

Die letzte Nacht bricht an. Hitler lässt die beiden Ärzte aus dem Lazarett rufen, die Professoren Haase und Schenck. Sie nehmen zwei Schwestern mit. Hitler erwartet sie am Fuß der Treppe, die zum Führerbunker hinunterführt. Schenck hat den „Führer" noch nie aus der Nähe gesehen. Er erschrickt: „Dieser Mann war nicht einmal ein Hauch dessen, den Millionen Bilder gezeigt hatten. Ich sah hinab auf einen gekrümmten Rücken, aus dem er den Kopf fast gequält hob. Das Auge, das er auf mich richtete, starrte schmerzhaft. Der Mund blieb geschlossen. Die Bewegung, mit der er meine Hand forderte und sie drückte, war Reflex. Der Mann lebte noch, aber als Wesen auf der untersten Sohle des Daseins. Fast tonlos sagte er, er wolle uns danken. Er stieg auf die Stufe hinauf, auf der auch ich stand. Zentimeternahe vor mir die Mondlandschaft seines zerstörten Gesichts in fahlem Gelbgrau."

Eine der Schwestern bricht unter hysterischem Schluchzen zusammen, Haase packt sie am Arm. Hitler sagt: „Man soll sich seinem Schicksal nicht feige entziehen wollen." Er geht und winkt Haase, ihm zu folgen. Schenck bleibt mit den Schwestern in einem Vorraum, wo die Generäle Krebs und Burgdorf beim Wein sitzen. Auch Eva Braun stößt dazu. „Sie unterhielt sich fast fröhlich mit den Männern über Alltägliches und hatte nicht teil an der Verwahrlosung, welche drüben *(in der Neuen Reichskanzlei)* bereits alle befallen hatte und auch hier schon nach den Uniformen griff."

Schenck kehrt an seinen OP-Tisch zurück. Während er einen Oberschenkel amputiert, kommt Haase aus dem Führerbunker zurück und flüstert ihm zu, dass Hitler gegen 15 Uhr aus dem Leben scheiden werde. Er habe das Zyankali an seiner Hündin ausprobiert.

Der Morgen dämmert herauf. Hitler trifft die notwendigen Anordnungen. Er beauftragt Otto Günsche, ausreichend Benzin bereitzustellen. Eva Braun schenkt ihrer bayerischen Landsmännin Traudl Junge zum Abschied einen Silberfuchsmantel. „Versuchen Sie, heraus zu kommen", sagt sie. Dann wird noch einmal Mittag gegessen – „Gastmahl des Todes unter der Maske heiterer Gefasstheit", so Junge. Danach verabschiedet sich Hitler vom engsten Kreis. „Er kommt langsam aus seinem Zimmer, gebeugter denn je, und reicht jedem die Hand. Ich fühle seine Rechte warm in der meinen, er schaut mich an, aber er sieht mich nicht. Er sagt etwas, aber ich höre es nicht. Ich bin erstarrt."

Eva Braun trägt ein schwarzes Kleid mit Rosen im Ausschnitt. Ihr Haar ist frisch gewaschen und frisiert. Dann folgt sie Hitler in sein Zimmer. Die schwere Eisentür fällt hinter ihr ins Schloss. Otto Günsche baut sich breitbeinig davor auf.

Der Bunker wartet. Die Minuten vergehen in quälender Langsamkeit. Jeder ist mit sich allein. Um 15.25 Uhr fällt der Schuss. „Der Schall pflanzte sich fort durch alle Räume", schreibt Traudl Junge.

Später wucherten die Legenden über Hitlers Tod. Doch das Ende war banal, sofern der Tod überhaupt banal sein kann. Ein Dutzend Menschen etwa haben die Szene gesehen, nachdem Otto Günsche die Tür zu Hitlers Zimmer wieder geöffnet hat. Arthur Axmann ist einer der Augenzeugen: „Hinter der Tür blieben wir stehen und grüßten mit erhobener Hand. Uns gegenüber saß Hitler in der rechten Ecke eines kleinen Sofas. Sein Oberkörper war nach rechts geneigt, sein Kopf nach hinten gelehnt. Über beide Schläfen führte ein schmales Blutrinnsal nach unten. Auf dem Polster waren Blutspritzer. Die Pistole lag auf dem Teppich. Hitler hatte sich in den Mund geschossen. Neben ihm saß Eva Braun. Sie lehnte an Hitlers Seite, ihr Kopf ruhte auf seiner Schulter. Ihre Augen waren geschlossen, ihre Lippen leicht geöffnet. Der Körper wies kein Zeichen gewaltsamer Einwirkung auf. Sie machte den Eindruck einer Schlafenden. Sie hatte sich vergiftet."

Traudl Junge betritt den Raum unmittelbar nach dem Abtransport der Leichen: „Auf dem Tisch liegt Evas kleiner Revolver, daneben ein rotes Chiffontuch. Auf dem Boden sehe ich die Messinghülse der Giftampulle glänzen. Sie sieht aus wie ein leerer Lippenstift. Mir wird plötzlich übel. Der schwere Mandelgeruch (des Zyankalis) widert mich an. Jetzt müsste man frische Luft atmen können, Wind spüren und Bäume rauschen hören."

Die Toten werden, in Decken gewickelt, vor dem Bunkerausgang auf die Erde gelegt. Goebbels und Bormann sind mit heraufgekommen. Hitlers Fahrer Kempka tränkt die Decken mit dem bereitgestellten Benzin, Günsche entzündet es. Die kleine Gruppe hebt den rechten Arm, als die Flammen hoch schlagen.

Die Verbrennung gelingt wegen des anhaltenden Artilleriefeuers nur unvollkommen. Die Überreste der Leichname werden schließlich in einen Granattrichter gelegt und mit Erde bedeckt. Das Leben des österreichischen Zöllnersohnes aus Braunau am Inn, der sich zum Herrn der Welt aufschwingen

wollte, endet „zwischen Schuttbergen, Mauerresten, Betonmischmaschinen und verstreutem Unrat“ (Joachim Fest).
An diesem Abend hissen zwei Soldaten des 69. sowjetischen Gardeschützenkorps die rote Fahne auf dem Dach des Reichstagsgebäudes. Rechtzeitig zum 1. Mai kann Marschall Schukow dem Genossen Stalin melden, dass die Schlacht um Berlin praktisch zu Ende ist.

Doch die Reichskanzlei ist noch unbesetzt – surrealistische Kommandostelle eines nicht mehr existierenden Staates. Für 24 Stunden ist der zum „Reichskanzler“ avancierte Goebbels Herr des Bunkers. In absurder Verkennung der Lage beschließt er, mit den Russen Verhandlungen aufzunehmen – in der Stunde des Untergangs entdeckt er seine Seelenverwandtschaft mit Stalins Staat: Krebs soll einen Waffenstillstand unter Anerkennung der „Regierung Goebbels“ aushandeln. Der Generalstabschef war vor dem Krieg stellvertretender Militärattaché in Moskau und spricht fließend russisch. „Es wurde auch kurz erwogen, ob Martin Bormann den Generalstabschef begleiten solle“, berichtet Arthur Axmann. „Doch Bormann selber riet davon ab. Er hielt es nicht für richtig, einen Mann der Partei ins sowjetische Oberkommando zu schicken.“
„Obwohl die Russen nur wenige 100 Meter von uns entfernt lagen“, so Axmann, „war es für uns sehr schwierig, mit ihnen in Verbindung zu kommen. Es war nicht möglich, unser Telefonkabel an das ihrige anzuschließen. So versuchten wir es auf dem Funkwege. Erst kurz vor Mitternacht, zwischen dem 30. April und 1. Mai, gelang es, mit den Russen Kontakt zu bekommen.“
Um 3.50 Uhr trifft Krebs im Befehlsstand Tschuikows in der Nähe des Flughafens Tempelhof ein. Krebs – „mittelgroß, stämmig, kahler Schädel, Schmisse im Gesicht, Ritterkreuz“ (so Tschuikow) – teilt dem Russen mit, dass Hitler tot ist, und übergibt ihm ein Schreiben von Goebbels: Der neue „Reichskanzler“ sei „bevollmächtigt, Verbindung mit dem

‚Führer' des Sowjetvolkes aufzunehmen ... zwecks Friedensverhandlungen zwischen den beiden Staaten, die die größten Kriegsverluste zu verzeichnen haben." Ferner überreicht er Tschuikow die Kopie von Hitlers Testament sowie die „Kabinettsliste" der neuen Regierung.

Tschuikow ist perplex. Er ruft seinen Oberbefehlshaber Marschall Schukow an. Dieser lässt sich mit Stalin verbinden. Stalin wird aus dem Schlaf geholt. Schließlich ist er am Apparat. „Der Schurke hat also ausgespielt", sagt er zu Schukow. „Ich bedauere, dass wir ihn nicht lebend fangen konnten. Wo ist seine Leiche?"

Schukow sagt ihm, was er von Krebs weiß. Abschließend erklärt Stalin, dass es keinerlei Verhandlungen geben werde. Die Sowjetunion bestehe, wie mit den Alliierten vereinbart, auf bedingungsloser Kapitulation. Im übrigen möchte er jetzt nicht mehr gestört werden, denn in wenigen Stunden beginnt die 1. Mai-Parade auf dem Roten Platz.

Doch bei der politischen Führung der Roten Armee ist man hellwach. Schukow schickt seinen Stellvertreter, General Sokolowski (den späteren Militärgouverneur der Sowjetzone), zu Tschuikow. Er nimmt Krebs ins Kreuzverhör: Wie Hitler gestorben sei, wo Himmler, Dönitz und Göring stecken, was Goebbels wolle. Krebs beantwortet alle Fragen in fließendem Russisch. Er schmeichelt den Siegern: „Ich glaube, dass es nur einen ‚Führer' gibt, der die Vernichtung Deutschlands nicht wünscht, das ist Stalin."

Jede Antwort wird nach Moskau durchgegeben, von dort kommt die Rückantwort. Stunden vergehen. Tschuikow lässt Tee und belegte Brötchen servieren, auch für den deutschen General. „Ich bemerkte, dass seine Hände zitterten", schreibt Tschuikow, „ich bot ihm Kognak an, er lehnte nicht ab." Während man auf den Rückruf aus Moskau wartet, tauschen sie Erinnerungen aus. Tschuikow fragt nach Guderian, dem Vorgänger von Krebs als Generalstabschef. Tschuikow hat den Panzergeneral 1939 kennen gelernt, als sich Deutsche und Russen bei der Teilung Polens am Bug

die Hand reichten. Vor zwei Monaten wurde Guderian von Hitler gefeuert, weil er nicht mehr an den Endsieg glaubte – aber das sagt Krebs nicht. Krebs erzählt, dass er 1941 bei der Mai-Parade auf der Balustrade des Lenin-Mausoleums stand, sieben Wochen vor dem Überfall auf die Sowjetunion. Dann reden sie über Stalingrad. „Sie waren damals Befehlshaber eines Armeekorps?“ fragt Krebs.
„Nein, einer Armee.“
„Wer sind Sie?“
„Tschuikow“.
„Tschuikow“, wiederholt Krebs. Jetzt weiß er, wen er vor sich hat.
Die Nacht neigt sich dem Ende zu. Auf Bitten von Krebs lässt Tschuikow durch einen russischen Fernmeldetrupp eine direkte Telefonverbindung zur Reichskanzlei herstellen. Krebs übermittelt Goebbels die Forderung der Russen: bedingungslose Kapitulation oder Kampf bis zum Ende. Goebbels lehnt die Kapitulation ab.

Nach zwölf Stunden kehrt Krebs in den Bunker zurück. Für Goebbels bedeutet die Antwort der Russen das endgültige Aus. Ihm bleibt nur noch die Pistole. Doch zuvor werden Joseph und Magda Goebbels das grausigste aller Verbrechen begehen: Sie werden ihre Kinder ermorden.
Seit neun Tagen leben die sechs Geschwister in der Betongruft, ohne das Tageslicht noch einmal gesehen zu haben. Sie sind die einzigen Kinder im Bunker, die Jüngste vier, die Älteste zwölf Jahre alt. Sie ahnen nur dunkel, was um sie herum vorgeht. Doch alle anderen wissen, was ihnen bevorsteht. Die Frauen im Bunker kümmern sich um sie, bauen eine Lügenwelt um die Mordwelt, bringen ihnen Schokolade, lesen ihnen Geschichten vor, singen Lieder mit ihnen – „Die blauen Dragoner, sie reiten...“
Wenn es eine wahrhaft Furcht erregende Gestalt in diesem Inferno gibt, dann ist es die Henkerin dieser Kinder, ihre eigene Mutter: Frau Magda Goebbels, geschiedene Quandt,

44 Jahre alt, eine fanatische Nationalsozialistin, die in ihrer Unerbittlichkeit den sadistischen Urgrund des Hakenkreuz-Regimes verkörpert: Sie tötet ihre Kinder, weil „die Welt, die nach dem ‚Führer' und dem Nationalsozialismus kommt, nicht mehr wert ist, darin zu leben ... Die Kinder sind zu schade für das nach uns kommende Leben, und ein gnädiger Gott wird mich verstehen, wenn ich selbst ihnen die Erlösung geben werde." Dies schreibt sie am Vorabend des Mordes an ihren Sohn aus erster Ehe, der sich in britischer Kriegsgefangenschaft befindet.

Selbst den SS-Brigadeführer Mohnke dauern die Kinder. Er bietet Goebbels an, sie mit einem der letzten Panzer aus dem Kampfgebiet herauszubringen. Goebbels lehnt dankend ab: „Stalin wird sie in eine Parteischule stecken und zu hervorragenden Kommunisten drillen lassen. Und dann werden sie eines Tages womöglich gegen das eigene Vaterland agitieren und ihre Eltern verdammen. Es ist besser, wir nehmen sie mit."

„Wir nehmen sie mit" – Worte eines Geiselnehmers, der nach der Opferung von Millionen den eigenen Kindern das Leben raubt.

Der Mord ist gut vorbereitet. Hitlers Begleitarzt Stumpfegger hat einen Betäubungstrank gemixt, den ihnen die Mutter einflößt. Als sie eingeschlafen sind, träufelt sie ihnen Blausäure in die Mundhöhle. Sie wachen nicht mehr auf. Die russischen Soldaten, die 48 Stunden später in den Bunker eindringen, finden sie tot in ihren Betten. Offenbar hat niemand mehr nach ihnen geschaut.

Arthur Axmann berichtet, dass Magda Goebbels nach vollbrachter Tat Kaffee kochte, sich dann zu ihm an den Tisch setzte und ihn aufforderte, Anekdoten aus der „Kampfzeit" zu erzählen, nach dem Motto „Weißt du noch?"

Gegen 20.30 Uhr verlässt das Ehepaar Goebbels den Bunker. Der genaue Hergang ihres Todes ist nie eindeutig geklärt worden. Nach sowjetischen Angaben lagen neben den

Leichen je eine Pistole, Marke Walther. Die Toten waren mit Benzin übergossen worden, aber nur oberflächlich verbrannt. Niemand hatte sich mehr die Mühe gemacht, sie zu beerdigen.

Sie sind nicht die letzten Toten in dieser Totengruft. Als Goebbels gegangen ist, richtet auch General Krebs die Waffe gegen sich. Ihm folgen General Burgdorf, der Militäradjutant Hitlers, und mehrere andere Offiziere in den Tod.

Der Kommandant der Zitadelle, SS-Brigadeführer Wilhelm Mohnke, gibt sich indessen noch nicht geschlagen. Er beschließt den Ausbruch mit dem Rest seiner Prätorianergarde. „Nehmt ihr uns mit?“ fragen Traudl Junge und Gerda Christian. Mohnke nickt. Die SS-Männer geben den Frauen Uniform, Stahlhelm und Pistole. Schießen haben sie in den letzten Wochen im Garten des Auswärtigen Amts geübt. „Unsere Papiere haben wir alle vernichtet. Ich nehme kein Geld mit, keinen Proviant, keine Kleidung, nur viele Zigaretten.“

Mohnke teilt seine Leute in sechs Gruppen. Die erste, mit den Frauen, führt er selbst. Die Kämpfe haben nachgelassen, die Russen feiern den 1. Mai. Als die Nacht hereinbricht, überquert die Gruppe den Wilhelmplatz und verschwindet im U-Bahnschacht. Über die Leiber von Toten und Halbtoten tasten sie sich vor bis zur Station Friedrichstraße. Dort müssen sie an die Oberfläche und über die S-Bahnbrücke ans andere Spreeufer. Sie kommen heil herüber. Die Russen, müde vom Feiern, sind überrumpelt, aber hinter Mohnkes Gruppe bricht die Hölle los. Die anderen versuchen es über die Weidendammer Brücke – nur wenige schaffen es. Auch Bormanns Leben endet an der Weidendammer Brücke.

Eine verlassene Bierbrauerei wird zur Endstation für die Gruppe Mohnke. Versprengte SS-Einheiten haben sich dort zum letzten Gefecht gesammelt. Im Morgengrauen umstellen russische Truppen das Areal und fordern die Übergabe. Traudl Junge: „Im Hof steht eine Kompanie SS steinern und regungslos bei ihren Fahrzeugen und wartet auf den Befehl zum letzten Angriff. Am anderen Ende des Hofes verteilen russische Soldaten schon Schnaps und Zigaretten an deutsche Soldaten, die ihre Waffen weggeworfen haben." Auch sie legt Stahlhelm und Pistole ab, zieht die Uniformjacke aus, und geht mit Gerda Christian durch das Spalier der russischen Soldaten, „ als wären wir unsichtbar. Dann sind wir außerhalb des Ringes, und endlich kann ich weinen."

Doch es wird immer noch geschossen in Berlin. Und immer noch immer gibt es den Kampfkommandanten des „Verteidigungsbereichs Berlin", General Weidling. Sein Befehlsstand ist der Bendler-Block, Sitz des Oberkommandos des Heeres, wo Stauffenberg und seine Mitverschwörer am 20. Juli 1944 erschossen wurden.

Weidling hat keinen Oberbefehlshaber und keine Verbindung zur Außenwelt mehr. „Die Funkstellen der einzelnen Abschnitte (des ‚Verteidigungsbereichs') meldeten sich nicht mehr. Es bestand nur noch Funkverbindung mit dem Flakbunker am Zoo, vor dem bereits zehn bis fünfzehn russische Panzer standen. Nach der Gesamtlage zu urteilen, war ein Ausbruch hoffnungslos."

Weidling ist immer noch Kommandeur des 56. Panzerkorps (das keine Panzer mehr hat), doch er trifft ungern Entscheidungen auf eigene Verantwortung, dazu ist er nicht erzogen. Und so ruft er alle Soldaten des Bendler-Blocks zusammen, rund hundert Leute vom General bis zum Gefreiten, und erklärt ihnen, dass er keinen anderen Ausweg als die Kapitulation sehe. Wer anderer Meinung sei, solle es sagen. Niemand hebt die Hand.

Weidling lässt einen offenen Funkspruch an den Gegner senden und fünfmal wiederholen: „Hier 56. deutsches Panzerkorps! Hier 56. deutsches Panzerkorps! Wir bitten das Feuer einzustellen. Um 12.50 Uhr entsenden wir Parlamentäre auf die Potsdamer Brücke. Erkennungszeichen weiße Flagge vor rotem Licht. Wir bitten um Antwort. Wir warten!"

Die Nachrichtenabteilung der 79. russischen Gardeschützendivision fängt den Funkspruch auf: „Verstanden! Übermitteln Ihre Bitte dem Chef des Stabes."
Am Morgen des 2. Mai 1945, gegen sieben Uhr, steht Weidling vor Wassilij Tschuikow, der zweite deutsche General in 24 Stunden, ein anderer Typus als Krebs: „mittelgroß, hager und beherrscht. Er trug eine Brille und hatte die Haare sorgfältig zurückgekämmt."
„Der Krieg ist also aus?" fragt Tschuikow.
„Meiner Meinung nach ist jedes weitere Opfer ein Verbrechen und ein Wahnsinn."
„Richtig. Sind Sie schon lange bei der Armee?"
„Seit 1911. Ich begann als einfacher Soldat."
Weidling bekommt einen Weinkrampf. Als er sich wieder gefangen hat, ersucht ihn Tschuikow, einen Kapitulationsbefehl an seine Truppen zu verfassen. Weidling schreibt:
„Am 30. April 1945 hat der Führer Selbstmord begangen und damit alle, die ihm Treue geschworen hatten, im Stich gelassen . Getreu dem Befehl des Führers wart ihr, deutsche Soldaten, bereit, den Kampf um Berlin fortzusetzen, obwohl die Gesamtlage den weiteren Widerstand sinnlos machte. Ich ordne die sofortige Einstellung jeglichen Widerstandes an. Jede Stunde, die ihr weiterkämpft, verlängert die entsetzlichen Leiden der Zivilbevölkerung und unserer Verwundeten. Im Einvernehmen mit dem Oberkommando der sowjetischen Truppen fordere ich euch auf, sofort den Kampf einzustellen. Weidling, General der Artillerie, ehemaliger Befehlshaber des Verteidigungsbereichs Berlin."
Der Text ist nicht gerade das, was Tschuikow sich gewünscht hätte – das Wort „Befehl" hat Weidling nicht über sich gebracht, und die „Treue zum Führer" klang jetzt ziemlich deplaziert. Aber darauf kommt es nun auch nicht mehr an. Tschuikow lässt das Papier abtippen. Weidling unterschreibt. Damit ist er Kriegsgefangener der Sowjetunion.

Der Kapitulationsaufruf wird durch russische Lautsprecherwagen verbreitet. Aus den Ruinen und Kellern kommen die Überlebenden hervor, zu Tode erschöpfte Gestalten, mit grauen Gesichtern, in zerschlissenen Uniformen. Tausende. In langen Kolonnen marschieren sie durch die zerstörte Stadt und treten, wie ihr Kommandeur, den Weg in die Gefangenschaft an. Die letzte Schlacht des Krieges ist zu Ende.

Der Sturm auf die Reichskanzlei fand nie statt. Die Götterdämmerung endet mit einer Groteske: Nach dem Ausbruch der Besatzung ist der Bunker leer – bis auf den Telefonisten, Oberscharführer (Feldwebel) Rochus Misch. Er ist vor dem verstummten Vermittlungskasten eingeschlafen. Als er aufwacht, ist er allein. Er klettert durch ein Kellerfenster ins Freie, läuft aber bald den Russen in die Arme.
Ein einziger Mensch bleibt freiwillig in der Katakombe zurück, ein Zivilist: der Maschinenmeister Johannes Hentschel. Er betreut den Dieselgenerator, der den Bunker mit Strom und Frischluft versorgt. Die Maschine hat in der ganzen Zeit nie versagt. Hentschel will sie jetzt nicht im Stich lassen, das Leben der Verwundeten im Kellerlazarett hängt von dem Generator ab.
Am Morgen des 2. Mai hört der Maschinenmeister plötzlich Stimmen. Russische Stimmen. Weibliche Stimmen. Durch den Tunnel, der zur Neuen Reichskanzlei führt, kommen ihm zwölf Soldatinnen entgegen. Sie tragen das Sanitätssymbol, den Äskulapstab, auf der Uniform.
Hentschel hebt die Hände hoch, aber die Frauen wollen nichts von ihm. Sie sind auf der Suche nach Beute. Hentschel, der jeden Winkel des Bunkers kennt, führt sie in das Zimmer von Eva Braun. Die Besucherinnen machen sich über die Schränke her. Hentschel ist froh, dass sie beschäftigt sind und kehrt an seinen Arbeitsplatz zurück. Später sieht er die Frauen lachend und schwatzend zurückkehren, „beladen mit Helmen, SS-Dolchen, Silberbesteck, einem Akkordeon und sogar einem Tischtelefon.“ Zwei Stunden

später wird es ungemütlich für den Maschinenmeister. Grölend kommt eine Gruppe junger Offiziere aus der Bunkerkantine, bis oben hin voll. Sie tanzen um den Deutschen herum und übergießen ihn mit Champagner. Schließlich setzt ihm einer die Pistole auf die Brust. Der Maschinenmeister wird abgeführt.

Johannes Hentschel verlässt die Reichskanzlei durch das Hauptportal – als Gefangener. Draußen steht ein Lastwagen für den Abtransport. Hentschel blinzelt in die Sonne, die er lange nicht gesehen hat. Sein Blick erfasst ein grauenvolles Bild: „Sechs oder sieben deutsche Soldaten baumelten an mehreren Laternenpfählen. An all diesen schlaffen Leichen steckten oder hingen Schilder: Verräter, Deserteur, Feigling. Sie waren so jung. Der älteste war vielleicht zwanzig, der jüngste sechzehn. Ich schauderte und sah weg. Ich schämte mich vor den russischen Soldaten."

PS: Die meisten Mitglieder der Bunkerbesatzung überlebten das Ende und kehrten nach langer Gefangenschaft in die Heimat zurück, darunter Mohnke, Günsche, Linge, Kempka, der Chefpilot Hans Baur und der Arzt Ernst Günther Schenck. Nach ihrer Heimkehr führten sie ein unauffälliges Leben in unauffälligen Berufen. Traudl Junge schrieb ihre Erinnerungen kurz nach Kriegsende nieder, doch sie interessierten niemanden. Erst 58 Jahre später, kurz vor ihrem Tode, erschien ihr Bericht als Buch. Das Resumee ihrer Erfahrung in der Hölle: „Der Mensch soll auf die Stimme seines Gewissens hören. Es braucht nicht annähernd so viel Mut, wie es scheint, um Fehler zuzugeben und aus ihnen zu lernen. Der Mensch ist auf der Welt, um sich lernend zu wandeln."

Die Stunde Null: Schicksalspause

Es war ein strahlender Maientag. Der Himmel wölbte sich in makellosem Blau über dem Land, das erste helle Grün zeigte sich an den Bäumen, und auf den Wiesen stand leuchtend gelb der Löwenzahn. Ich lag am Rand eines Kiefernwaldes und sah den Lerchen zu, während ich mit klopfendem Herzen auf das Unbekannte wartete.

Ich war 17, bis gestern Angehöriger einer Arbeitsdiensteinheit, die eine Flakstellung auf einem der letzten Feldflugplätze in Schleswig-Holstein übernommen hatte. Alles, was wir hatten, waren zwei amerikanische Vierlings-Schnellfeuer-Kanonen, Beutegut aus abgeschossenen Feindbombern. Sie waren nutzlos, denn es gab keine Munition mehr für sie. Dafür drückte man uns Karabiner in die Hand.

Noch immer gab es ein paar Fanatiker, aber die meisten von uns hatten keine Lust mehr, sich im letzten noch unbesetzten Zipfel des Deutschen Reiches vom Großadmiral Dönitz verheizen zu lassen, der nach Hitlers Tod nun Reichspräsident war. Beim Morgenappell fehlten fast täglich ein oder zwei Mann. Der Kommandeur drohte, jeden Fahnenflüchtigen auf der Stelle erschießen zu lassen, aber diese Sprache hatte die Macht über uns verloren. In der Nacht sprang ich aus dem Barackenfenster. Es war nicht sonderlich dramatisch. Wir bewachten uns selber, und der Posten stand zur verabredeten Zeit am anderen Ende der Stellung.

Jetzt lag ich unter den Kiefern und blickte auf die Straße, die sich schnurgerade durch das flache Land zog. Die Vorhut der Briten konnte nicht mehr weit sein. Stunden zuvor waren die letzten deutschen Einheiten abgezogen, in aufgelösten Trupps, erschöpft und demoralisiert – ein erbarmungswürdiger Anblick. Dann breitete sich Stille aus. Außer dem Trällern der Lerchen war kein Laut zu hören. Es war ein leeres Gefühl, wie zwischen zwei Akten im Theater.

Ein fernes Summen, das langsam anschwoll, zerriss die Stille. Dann sah ich den Jeep die Straße heraufkommen, eine Art Spielzeugauto, ohne Verdeck und Türen, die Windschutzscheibe nach vorn heruntergeklappt; vier Soldaten mit dem flachen englischen Stahlhelm, MP in der Armbeuge, einen Fuß sprungbereit auf dem Trittbrett. An der wippenden Antenne flatterte der Union Jack. Sie fuhren sehr langsam und bedächtig. Ich sah sie lachen, als hätte einer von ihnen einen Witz erzählt. Dann waren sie vorbei.

Das Herz schlug mir im Hals. Das war's also – die Front, der Feind, die Tommys, die Zeitenwende. Wie einfach. Ich blieb wie betäubt liegen und achtete nicht mehr auf die endlosen Fahrzeugkolonnen, die dem Jeep folgten. Etwas wie Erlösung stieg in mir auf und trieb mir die Tränen in die Augen – ich war auf der anderen Seite, ich hatte es hinter mir: Der Krieg war aus. Alles fiel von mir ab – die Bedrückung, der Anpassungszwang, die Selbstverleugnung quälender Jugendjahre, die keine anderen Wörter kannten als „Kampf", „Volk", „Opfer", „Führer", „Sieg" und „Tod". Der kleine Jeep hatte den Bann gebrochen. Alles war anders von dieser Minute an. Ich fühlte mich befreit, in einem ganz elementaren, unpolitischen Sinn.

Seltsamerweise teilten nur wenige dieses Gefühl. Die Mehrheit der Deutschen war tief bedrückt in diesem Mai der Kapitulation. Von „Befreiung" zu sprechen, kam niemandem in den Sinn. Die gängige Chiffre für das Kriegsende hieß „Zusammenbruch" – ein vieldeutiges Wort, der kleins-

1945: Der Krieg ist verloren und Deutschland am Ende. Zerbombt sind Städte, Straßen und Brücken, Millionen auf der Flucht oder vertrieben, das Reich ist aufgeteilt unter den Siegern. Wegzuräumen sind 400 Millionen Kubikmeter Schutt und die Relikte des Nazi-Regimes in den Köpfen. Aber: Der Krieg ist aus, die Angst vorbei, die Zukunft ist offen.

te gemeinsame Nenner für die Niederlage. Es spiegelte wider, was die meisten empfanden: Die Stunde Null war der Absturz ins Nichts, materiell und psychisch.
Deutschland war eine Wüste. Die Städte in Trümmern, Millionen in Notunterkünften oder im Land umherirrend: Ausgebombte, Evakuierte, Vertriebene, zerrissene Familien, versprengte Kinder. „Alles verloren" war der immer wiederkehrende Refrain eines Massenschicksals. Es gab nichts mehr, an dem man Halt finden und sich aufrichten konnte. Alles war diskreditiert. Der Mensch war auf sich selbst zurückgeworfen und konnte nicht auf Hilfe von außen hoffen.
Der Staat namens Deutsches Reich war ausgelöscht. Die Besatzungsmächte hatten die uneingeschränkte Befehlsgewalt über das Territorium des Gegners übernommen. Die Deutschen, eben noch Herrenvolk, waren entmündigt und auf den Status eines gemeingefährlichen Irren in einer geschlossenen Anstalt herabgestuft.
Für einen kurzen historischen Augenblick lebten die Besiegten in einer anarchischen klassenlosen Gesellschaft. Alle waren gleichermaßen entmündigt, (fast) alle waren gleich arm, (fast) alle hatten die gleichen Existenzsorgen, (fast) alle den gleichen leeren Magen. Das Geld hatte jede reale Funktion verloren. Alles war „bewirtschaftet": Kleidung, Schuhe, Wohnraum, Kohle, Fahrradschläuche, Zigaretten, Kochtöpfe – und meist gab es auch „auf Karte" nichts.
Die Wirtschaft war zurückgesunken auf das Niveau der Steinzeit, den einfachen Tauschhandel. Die Zigarette wurde zur Ersatzwährung. Reich war, wer eine Stange „Chesterfield" bieten konnte. So mancher Silberleuchter ging für ein paar Sack Kartoffeln weg, so manches Erbstück aus dem Familienschmuck für ein Schlachtschwein. Und manche Wirtschaftswunder-Karriere begann im Hinterhof einer Ruine auf dem Schwarzen Markt.
Nicht alles war Not und Elend. Was in die Zukunft wirkte, war die andere Seite der Stunde Null. Die Befreiung war

keine Chimäre. Es ging auch ein Aufatmen durch das Land, eine stille Freude, dass „es“ zu Ende war, dass man endlich sagen konnte, was man all die Jahre heruntergeschluckt hatte, dass es jetzt Hoffnung auf eine neue Zeit gab, auf eine neue Welt ohne Krieg. Die lichte Seite der Stunde Null – das war Aufbruch, Neubeginn, Optimismus, Enthusiasmus. „Wir sind noch einmal davongekommen“: Der Titel des Thornton-Wilder-Stückes wurde zum geflügelten Wort, zum Motto für die ganze Epoche. Jetzt konnte es nur noch besser werden.

Und es wurde besser. Die Mauern, die Deutschland von der Welt getrennt hatten, waren gefallen. Frische Luft strömte herein. Wir sogen uns mit ihr die Lungen voll. Es durfte wieder geträumt, gedacht, kritisiert, experimentiert werden. Alle Wege standen offen, alle Traditionen waren überholt. Die Vergangenheit war tot, sie hatte sich selbst gerichtet. Wir waren hungrig auf das Neue, auf die Welt da draußen, und wir entdeckten jeden Tag neue Götter: Glenn Miller, Louis Armstrong, Jean-Paul Sartre, Ernest Hemingway, Arthur Koestler.

Es war eine Lust zu leben, auch wenn der Magen knurrte und vorerst nicht daran zu denken war, die Insel zu besuchen, wo „die rote Sonne im Meer versinkt“, wie Rudi Schuricke über Capri sang. Die Schuttberge türmten sich noch in den Städten, aber die Zukunft hatte schon begonnen.

Die geistige Erneuerung Deutschlands war der politischen weit voraus. Das zarte Pflänzchen Demokratie hatte es schwer, Wurzeln zu schlagen. Eine tiefe politische Apathie lag über dem Land. Nach zwölf Jahren Totalitarismus und sechs Jahren Krieg hatte man „die Schnauze voll“. Politik ging einen nichts mehr an, jedermann war sich selbst der Nächste. Das eigene Leben wieder in Ordnung zu bringen, war jetzt das Wichtigste.

Die Zeit war janusköpfig. Es gab zu allem auch das Gegenteil: krassen Egoismus und selbstlose Hilfsbereitschaft, tiefe Apathie und leidenschaftliches Engagement. Letzteres vor allem von Männern und Frauen, die sich der Lethargie entgegenstemmten und die Drecksarbeit des großen Aufräumens übernahmen. Von Menschen wie Wilhelm Kaisen, dem legendären Bürgermeister von Bremen, den die Amerikaner im Mai 1945 von seinem Acker vor den Toren der Stadt holten und ins Rathaus setzten; der die Ärmel aufkrempelte, eine Hand voll Leute zusammentrommelte und sagte: Wo fangen wir denn nun an, und der es dann 20 Jahre lang machte und die Stadt wieder zu alter Blüte führte, und als er mit 78 aufhörte, zu seinem Acker zurückkehrte und die Holzpantinen wieder anzog, ebenso bescheiden wie zuvor.

Die Enttrümmerung der Städte war eine gigantische Aufgabe, aber die Schuttbeseitigung in den Köpfen war schwerer. Sie gelang nur unvollkommen. Die geistige Hypothek Hitlers lag wie eine Schlammschicht über dem Land. Eine innerdeutsche politische Abrechnung fand nie statt. Keinem Gauleiter wurde ein Haar gekrümmt, kein Denunziant verprügelt. Die „Entnazifizierung“ war eine oberflächliche Säuberung der Verwaltung und der öffentlichen Dienste. „Mitläufer“ gewesen zu sein, war keine Schande. Allzu viele hatten das Hakenkreuz am Rockaufschlag getragen, allzu viele waren verstrickt. Wer nicht gerade ein Kriegsverbrecher im strafrechtlichen Sinn war, blieb unbehelligt. Hitlers Generäle, die Hunderttausende wider besseres Wissen in sinnlose Schlachten gejagt hatten, kamen weitgehend ungeschoren davon.

„Die Mörder sind unter uns“ hieß der Film von Wolfgang Staudte mit Hildegard Knef in der Hauptrolle. Er brach die Mauer des Schweigens auf und wurde von der Kritik gefeiert, aber gegen die kollektive Verdrängung richtete er wenig aus. Die Masse wollte nichts mehr wissen vom Krieg und allem, was damit zusammenhing. Man wollte seine Ruhe haben und sich nicht mit unangenehmen Fragen auseinander setzen, weder vor dem eigenen Gewissen noch vor dem Tribunal der Öffentlichkeit.

Die Verdrängung – Reflex auf Scham und Schuldbewusstsein – begann mit der ersten Sekunde der Stunde Null: Im April 1945 befreiten amerikanische Truppen unter dem Befehl des Panzergenerals Patton das Konzentrationslager Buchenwald bei Weimar. Fassungslos standen die Soldaten vor dem Panorama des Grauens. Die Bürger von Weimar, von den Amerikanern zur Rede gestellt, erklärten unisono, von dem KZ auf dem Ettersberg (das seit 1937 existierte und mit der Stadt auf vielfältige Weise verknüpft war) nie etwas gehört zu haben.

Daraufhin ließ General Patton tausend Männer und Frauen aus dem gehobenen Weimarer Bürgertum zusammentreiben, unter bewaffneter Eskorte auf den Ettersberg marschieren und vor die offenen Massengräber führen.

Einige Herren brachen in Tränen aus, einige Damen – manche hatten einen eleganten Hut aus Friedenszeiten aufgesetzt – fielen in Ohnmacht. Noch Jahrzehnte später entrüsteten sich die Weimarer: nicht über das KZ, sondern über die Rohheit der Amerikaner.

Wie in Weimar, so war es in Dachau, in Sachsenhausen, in all den Golgathas im deutschen Land – niemand hatte etwas gewusst, niemand etwas gesehen. Die Verdrängung wurde zum Erbübel der Bundesrepublik, zur „Zweiten Schuld", wie Ralph Giordano schrieb, nicht mehr reversibel nach einer Generation.

Die Stunde Null war der große Schlussstrich, den die Mehrheit der Deutschen unter das Kapitel Hitler zog – eine Amputation des Bewusstseins, die die „Vergangenheit" (wie die Umschreibung für das „Dritte Reich" lautete) aus dem Gedächtnis löschte. Man sprach einfach nicht mehr von ihr und glaubte, sie damit los zu sein wie ein krankes Glied, das der Chirurg entsorgt. „Die Unfähigkeit zu trauern", nannten die Psychoanalytiker Alexander und Margarete Mitscherlich den mentalen Defekt dieser Generation.

Die Bonner Republik wurde dennoch der anständigste deutsche Staat, den es je gab. Aber er hatte es schwer, vom Staatsvolk angenommen zu werden. Er war ein Retortenbaby des Kalten Krieges, und seine Väter hatten (mit Ausnahme Adenauers) ein schlechtes Gewissen dabei, weil die westliche Staatsgründung die Teilung Deutschlands bedeutete. Sie taten alles, um diesem „Gebilde“ den Charakter des Vorläufigen, jederzeit Widerrufbaren zu geben. Selbst die Verfassung sollte nicht Verfassung heißen, weil das zu bombastisch klang. So wurde die Konstitution „Grundgesetz“ genannt. „Das neue jungfräuliche Wort vermochte so schön trügerisch von der Realität dieser Tage wegzuführen“, schrieb Reinhold Maier, Ministerpräsident des damaligen Landes Württemberg-Baden.

Da die neue Republik sich ausdrücklich als „Provisorium“ bezeichnete, ging 1949 auch der Taufakt, die Verkündung des Grundgesetzes, sang- und klanglos über die Bühne. Das Volk war an der Geburt der Bundesrepublik nicht beteiligt. Eine Volksabstimmung hatte man nicht riskieren wollen. Der „Souverän“ blieb bei der Konstituierung des neuen Staates draußen vor der Tür. Das historische Datum wurde nie zum Feiertag erklärt und drang infolgedessen nie in das Bewusstsein des Staatsvolks. Seit mehr als 50 Jahren wundern sich die Bundesbürger jedes Mal aufs Neue, weshalb am 23. Mai die öffentlichen Gebäude geflaggt haben.

Das wirklich einschneidende Ereignis der Nachkriegszeit, das sich tief in die kollektive Erinnerung eingrub, war die Währungsreform am 20. Juni 1948, ein Jahr vor der Staatsgründung. Sie gilt als Startschuss für das Wirtschaftswunder und prägte die Mentalität der Bonner Republik entscheidend. Nach Jahren des Niedergangs und der Entbehrungen zeigte sich endlich Licht am Ende des Tunnels. Über Nacht gab es „richtiges“ Geld, Deutsche Mark genannt. Sie wurde in egalitären Minirationen ausgegeben, 40 DM pro Kopf. Zum letzten Mal waren alle Deutschen gleich, wenn auch nur für ein paar Tage, bis die Banken wieder öffneten.

Ungläubig standen die Menschen vor den Schaufenstern, die sich mit Dingen füllten, die man nur noch vom Hörensagen kannte. Die Bewirtschaftung wurde weithin aufgehoben und durch etwas ersetzt, was Ludwig Erhard, für viele der Vater des Wunders, „Marktwirtschaft" nannte. Man brauchte nicht mehr für alles Bezugsscheine. Man konnte in ein Geschäft gehen und sagen: „Ich hätte gern einen neuen Fahrradschlauch", und der Mann griff in das Regal und legte den Schlauch auf den Tresen und sagte „bitte sehr" – es war unglaublich.

Von nun an ging es steil bergauf. Eine neue Ära begann: ohne Fanfarenstöße und Heilsverkündungen, aber umso dauerhafter. Nach einem halben Jahrhundert des Irrsinns, nach Millionen von Toten und unendlichem Leid kehrten die Deutschen, wenigstens im Westen, zur Normalität des Daseins zurück. Das eigene Wohlergehen war von nun an die oberste Richtschnur des Lebens.

Die Stunde Null war zu Ende. Bald würde sie nur noch eine ferne Sage sein: eine Zwischenzeit, doppelbödig und janusköpfig, Ende und Anfang, Absturz und Aufstieg, Zusammenbruch und Befreiung. Eine Schicksalspause – unwiederholbar.

„Hitlers willige Vollstrecker“: Die Goldhagen-Kontroverse

„Es ist das der größte und satanischste Massenmord der Weltgeschichte ... Es ist ein Verbrechen, das jeden Deutschen mit Scham erfüllt.“
Reichsjugendführer Baldur von Schirach
vor dem Nürnberger Gerichtshof 1946

Und wir dachten, wir hätten es hinter uns, es wäre alles gesagt, und wir hätten es begriffen – Zeit, die Sache zu den Akten zu legen, einen Schlussstrich zu ziehen, die Vergangenheit zu begraben. Und nun kommt dieses Buch aus Amerika und reißt alles wieder auf. Trifft haarfein den Nerv, den wir schon nicht mehr spürten und für stillgelegt hielten, und ruft einen Aufschrei hervor, weil es weh tut und dieser Schmerz ungerecht erscheint nach so langer Zeit des Wohlverhaltens. Worum geht es? Ein junger Mann namens Daniel Goldhagen, Hochschullehrer in Harvard und der Öffentlichkeit bis dato völlig unbekannt, setzt sich hin und macht in einem 700-Seiten-Buch („Hitlers willige Vollstrecker“) seinem Zorn und seiner Empörung Luft. Sein Thema: die Deutschen und der Holocaust.
Der deutsche Leser zuckt zusammen wie bei einem Pawlowschen Reflex. Gibt es nicht schon Tausende von Untersuchungen und Veröffentlichungen dazu? Wissen wir nicht alles über Auschwitz, Treblinka, Majdanek, die Einsatzgruppen, die Todesmärsche? Ist noch irgend etwas unklar? Ja, sagt der junge Amerikaner: Die wichtigste Frage bleibt

unbeantwortet, die Frage nach dem Warum. Diese Frage sei begraben unter der Lawine der Holocaust-Forschung, unter Tonnen von bedrucktem Papier, Studien, Analysen, Dissertationen. Wir wissen genauestens, wie es geschah, aber wir wissen nicht, warum. Er aber, Daniel Goldhagen, 36 Jahre alt, habe es unternommen, diese Frage zu beantworten: „Alles, was bisher geschrieben wurde, muss radikal revidiert werden." Und: „Dieses Buch ist die Revision." Selten ist ein Buch, das wissenschaftlichen Anspruch erhebt, mit solcher Vermessenheit präsentiert worden. Doch der Autor ist nicht nur Wissenschaftler, er ist auch Betroffener, Jude, Sohn eines Überlebenden des Holocaust, und aus jeder Zeile seines Buches spricht die mühsam gezügelte Wut des Nachgeborenen über den größten Massenmord der Geschichte, über das, was gemeinhin das Unbegreifliche genannt wird. Dieser Amerikaner will es begreifen, und er findet die Antwort, die er sucht, in den Tätern, genauer: im Volk der Täter.

Wer waren die Exekutoren der „Endlösung"? SS-Leute, Einsatzgruppen, Polizeibataillone, einfach „Nazis"? Alle diese Begriffe und Abkürzungen, so Goldhagen, seien „unangemessene und vernebelnde Etikettierungen". Sie verschleierten nur die wahre Identität der Täter: Gemeinsam sei ihnen allen, dass sie Deutsche waren, und zwar keine besonders bösartigen Deutschen, sondern ganz gewöhnliche, normale Deutsche, „ordinary Germans". Woraus folgt: „Der einzig angemessene allgemeine Name für die Deutschen, die den Holocaust vollstreckten, ist Deutsche." So verschwinden die realen Mörder, beispielsweise des Polizeibataillons 101, das der Autor beklemmend eindringlich schildert, hinter einer neuen nebelhaften Chiffre: dem „ordinary German". Ihn macht Goldhagen für alles verantwortlich. Er sei der wirkliche Täter. Denn kein Hitler hätte ihn dazu bringen können, die Juden ins Gas zu schicken oder massenweise zu erschießen, wenn er nicht aus Überzeugung dazu bereit gewesen wäre. Und so lautet denn Goldhagens Antwort auf

Unmittelbar nach der Besetzung Polens im Herbst 1939 beginnt die Jagd auf die Juden. Von den drei Millionen polnischer Juden überleben nur einige tausend.

die Frage nach dem Warum des Genozids: Weil ihn „die“ Deutschen wollten, „the ordinary Germans“.
Der Holocaust, so Goldhagen, war in den Köpfen „der“ Deutschen längst da, ehe Adolf Hitler auftauchte: Es war ein radikaler, „eliminatorischer“ (auf Beseitigung gerichteter) Antisemitismus, wie es ihn in keiner anderen zivilisierten Nation gab. „Dieser rassistische Antisemitismus, der in den Juden eine tödliche Bedrohung Deutschlands sah, war geschwängert mit Mord.“ Und so bringt Goldhagen seine These auf die griffige Kurzformel: „No Germans no Holocaust“, ohne Deutsche kein Holocaust - ein Verdikt, dem sich schwerlich widersprechen lässt.
Die Zunft der Historiker, zumal der deutschen, hat dieses Buch ungnädig aufgenommen. Es bringe im Grunde nichts Neues, sei unwissenschaftlich und polemisch. Dennoch landete es innerhalb kurzer Zeit oben auf der amerikanischen Bestsellerliste und warf seinen langen Schatten nach Deutschland, noch ehe es hier zu kaufen war. Nun wird es

auch im Land der Täter erscheinen und die Emotionen aufladen. Denn so provozierend und schief Goldhagens Antworten auch sein mögen, seine Fragen zielen genau ins dunkle Zentrum des deutschen Bewusstseins.

Wir haben es uns ein bisschen zu leicht gemacht im Lauf der Zeit. Wir haben das Dritte Reich abgehakt und Hitler einen Platz im Panoptikum der deutschen Geschichte zugewiesen, einen dunklen Winkel natürlich, zwischen allerhand sonstigem Gerümpel. Die Sache ist Historie, und Historie in Deutschland heißt: Es geht uns nichts mehr an, wir haben damit nichts mehr zu tun, sowenig wie mit Barbarossa oder Wilhelm Zwo. Was zählt, ist das Hier und Jetzt. Vergangenheit kennen wir nicht. Wir reden von „Nazis“, als handele es sich um einen „besonderen Volksstamm“ (so der israelische Historiker Dan Diner), und wir legen mit allzu routinierter Gebärde Kränze an den Gedenkstätten von Bergen-Belsen bis Buchenwald nieder, so wie beim Volkstrauertag an den eigenen Gräbern. Selbst das horrende Wort Holocaust kommt uns inzwischen im Plauderton der Talkshows locker von den Lippen: Ein Spinnennetz des Vergessens hat sich über die Realität der „NS-Zeit“ gelegt und verwischt die Konturen.
Wir werden indessen unsere wirkliche Selbstachtung und auch die wirkliche Achtung der anderen nicht wiedergewinnen, ohne zur Wahrheit zu kommen, und von dieser Wahrheit sind wir noch immer weit entfernt. Wahr ist, dass die zwölf Hitler-Jahre nicht plötzlich wie ein Schnupfen über uns gekommen sind, sondern gleichsam wie ein Geschwür aufbrachen, das seit langem in diesem Volkskörper eiterte. Alles, was Hitler sagte und wollte, wurde längst vor ihm gesagt und gewollt, vom Rassenwahn über den Antisemitismus bis zur deutschen Weltmission. Wer will, findet die ganze völkische Hybris schon bei Johann Gottlieb Fichte und den dazugehörigen Antisemitismus beim „Turnvater“ Jahn. Selbst das Hakenkreuz war vor Hitler da.

Die Freikorps, die Rosa Luxemburg und Karl Liebknecht ermordeten, trugen es am Stahlhelm.

Hitler als politischer Revolutionär war ohne originäre Substanz. Er vergrößerte und potenzierte nur, was er vorfand, ein Psychopath, der von mörderischem Hass, von Affekten, Ressentiments und Wahnideen getrieben wurde. Er räumte die Hemmschwellen der Zivilisation weg, indem er den Hass und die Wahnideen zur „Weltanschauung“ stilisierte. Alles andere war „undeutsch“ und somit zur Ausmerzung bestimmt.

Ein Mann wie dieser konnte nur zum „Führer“ aufsteigen, weil es unter den Deutschen ein ausreichendes Potential gab, das seiner psychischen Struktur entsprach und bereit war, ihn und seine „Ideen“ zu tragen, das heißt, sich ihm auszuliefern. Hätte es dieses Potential nicht gegeben, wäre Hitler menschlich und politisch gestrandet, ein anonymer Fall im sozialen Bodensatz der damaligen Nachkriegsgesellschaft. Was also ist falsch an der These vom „ordinary German“ als Hauptschuldigem des Holocaust?

Falsch ist die Prämisse nämlich, dass alle Deutschen, oder doch die meisten, Krankheitsträger waren, mit anderen Worten: dass Deutschland seit jeher ein durch und durch antisemitisches Land war, aus dem sich der Judenmord zwangsläufig ergeben musste. Dass Hitler sozusagen der Vollstrecker des deutschen Volkswillens war – eine These, die zum Standardrepertoire der Nazi-Propaganda gehörte. Zwar räumt Goldhagen selbst ein, dass zuverlässige Erhebungen über die Verbreitung des Antisemitismus vor Hitler fehlen, weil es so etwas wie Demoskopie damals gar nicht gab, dennoch baut er seine ganze These auf der Behauptung auf, dass „der Nazi-Antisemitismus ein integraler Bestandteil der Überzeugungen des gewöhnlichen Deutschen“ war. Unstreitig gab es in Deutschland bei der völkischen Rechten einen aggressiven, zur Eliminierung tendierenden Antisemitismus, und wer will, kann die ganze deutsche Geschichte, angefangen bei Luther, als einen geraden Weg nach Auschwitz beschreiben, bloß die historische Wahrheit ginge dabei zu Bruch. Der Weg nach Auschwitz war krumm und gewunden, und nirgendwo stand bis 1933 geschrieben, dass er dorthin führen musste.

Denn es gab immer auch die andere Seite, die Toleranz, das deutsch-jüdische Miteinander, eine Symbiose, die in ganz Europa ihresgleichen suchte. Wir müssen nicht Lessing und die deutsche Klassik bemühen, auch nicht die preußische Judenemanzipation unter den Reformern Stein und Hardenberg. Die These vom alles beherrschenden und durchdringenden Antisemitismus in Deutschland wird allein durch den beispiellosen jüdischen Anteil an der deutschen Kultur dementiert. Wie hätte es diese befruchtende Teilnahme an Wissenschaft, Kunst, Literatur, Presse, Industrie in einem Ambiente permanenter Pogromstimmung geben können? Es gab schließlich ein breites deutsch-jüdisches Bürgertum, das so „assimiliert", das heißt verschmolzen mit der deutschen Gesellschaft war, dass es ihm noch angesichts des Todes schwer fiel, an das Unvorstellbare der Ausstoßung zu glauben. Noch mitten im Krieg, im französischen Versteck, schrieb Theodor Wolff, bis 1933 Chefredakteur des „Berliner Tageblatt": „Der liberale Jude war Deutscher, Österreicher, Tscheche, Franzose, er wollte von einer jüdischen Nation, einem jüdischen Staat nichts wissen und nichts hören, und er fühlte sich durch eine Bewegung (wie den Zionismus), die ihn von der westlichen Kulturgemeinschaft trennen, ihn wieder nach Jerusalem zurückführen wollte, in den Augen seiner arischen Mitbürger kompromittiert und beschämt." „Keiner dieser Juden", so Wolff weiter, „hat geahnt, dass man ihn eines Tages wieder aus dem Vaterland hinauswerfen oder in die Ghetto-Finsternis zurückstoßen oder dem Henker überliefern werde und dass er gezwungen sein werde, den gelben Lappen auf seine Kleider zu nähen."

Eine Verschmelzung wie diese, was immer man aus zionistischer Sicht davon halten mag, wäre ganz und gar undenkbar gewesen in einem virulent antisemitischen Umfeld. Und

es gehört zu den tragischsten Aspekten des Holocaust, dass diese Symbiose durch Auschwitz in eine Illusion, einen grausigen historischen Irrtum verwandelt wurde. Auch Theodor Wolff, der deutsche Patriot, der den Versailler „Schandvertrag" vehement ablehnte, entging der Todesmühle nicht. Er wurde kurz nach Vollendung des Manuskripts über „Die Juden" in Frankreich verhaftet und nach Sachsenhausen deportiert.
Dennoch: Der latente Antisemitismus, den es vor Hitler in Deutschland gab, hätte als alleinige Triebfeder niemals ausgereicht, um den Mann aus Braunau an die Macht zu katapultieren. Was die Massen benebelte und fanatisierte, was den so genannten Nationalsozialismus überhaupt erst zu einer „revolutionären Bewegung" machte, war etwas ganz anderes: Es war die Absage an Demokratie und Parlamentarismus, war das Versprechen auf Wiedererrichtung deutscher Macht und Größe, war die Proklamation des Führerprinzips, die Phrase von der „Volksgemeinschaft", in der der einzelne kein verlorenes Individuum mehr war, sondern ein Glied der großen Bewegung, „im gleichen Schritt und Tritt" marschierend, nicht fragend, wohin, sondern der Fahne und dem „Führer" folgend in eine lichte Zukunft der Starken. Das war es, was die Propaganda-Fanfaren Tag für Tag verkündeten, was dieses Volk narkotisierte, zu Mördern machte und schließlich in den eigenen Untergang trieb, und das ist es, wonach wir zu fragen haben, auch nach 60 Jahren noch.

Doch außer dem Antisemitismus interessiert den Autor Goldhagen im Grunde nichts am deutschen Faschismus, und deshalb geht er in die Irre. Deshalb kann er sich zu einer hanebüchenen These versteigen, der Nationalsozialismus sei eine „friedliche Revolution" gewesen, getragen von der Zustimmung des „ordinary German" und es scheint ihn nicht zu stören, dass er damit Hitlers liebste Propagandalüge übernimmt. Die These von der friedlichen Nazi-Revolution ist nicht nur historisch Unfug, sie ist auch ein

Schlag ins Gesicht von Abertausenden von Nazi-Opfern, die aus politischen Gründen ermordet, verfolgt, misshandelt, außer Landes getrieben wurden. Wozu denn die Konzentrationslager, die ja zunächst nicht für Juden, sondern für die politischen Gegner errichtet wurden, wozu die Gestapo, das Reichssicherheitshauptamt, das Blockwart-System, die Zensur bis zur blödesten Filmschnulze, die gigantische Überwachungsmaschinerie für ein ganzes Volk – wozu dies alles, wenn „die“ Deutschen geschlossen hinter der braunen „Revolution“ standen? Bei der letzten freien Reichstagswahl im November 1932 erhielt die NSDAP 33,1 Prozent der Stimmen – waren die übrigen 66,9 Prozent keine „ordinary Germans“? Selbst wenn man die Mitläuferpartei der Deutschnationalen (8,5 Prozent) und die Splitterparteien (4,9 Prozent) abzieht, bleiben immer noch 53,5 Prozent, die entschieden antinazistische Parteien wählten, mehr als die Hälfte also. Und diese Hälfte musste erst einmal unter Kontrolle gebracht werden.

Das Mittel dazu war der Terror, nackt und unverhüllt. Die Terrorwelle, die ab Januar 1933 über Deutschland zusammenschlug, war ohne Beispiel in der Geschichte dieses Landes, und vielleicht ist gerade die ungeheuerliche Brutalität eine Erklärung dafür, dass es in diesem gehorsamen Land so wenig Widerstand gab. Am 10. März 1933, fünf Tage nach der ersten Hitler-Wahl, schreibt der deutsche Jude Victor Klemperer in sein Tagebuch: „Seitdem Tag um Tag besetzte Häuser, erschossene Leute, Verbote. Niemand wagt mehr, etwas zu sagen, alles ist in Angst.“

Wie die „friedliche Revolution“ aussah, beschreibt der Sozialdemokrat Wilhelm Hoegener, nach dem Krieg bayerischer Ministerpräsident, damals Landtagsabgeordneter in München, in seinen Memoiren. Als sich die Fraktion Ende April 1933 versammelte, betrat der Journalist Poeschke den Sitzungsraum. Er kam direkt aus Dachau, wohin ihn die SS verschleppt hatte. „Wir sprangen von unseren Stühlen auf“, schreibt Hoegener, und zogen ihm das blutige

Wo millionenfacher Mord betrieben werden kann, muss etwas heillos krank sein im Volk: Kinder 1945 im Konzentrationslager Auschwitz.

Hemd vom Leib. „Vom Nacken bis zu den Oberschenkeln und Ellenbogen war die Haut blauschwarz verfärbt, an vielen Stellen geplatzt, das rohe Fleisch von Blutgerinnseln verklebt. Der Mann war völlig verstört, er zitterte an allen Gliedern und weinte immer wieder dazwischen, während er uns erzählte, was mit ihm geschehen war.“
Hoegener beschreibt exakt, was die SS mit diesem Mann in Dachau gemacht hatte. Es soll hier nicht wiedergegeben werden, aber das lähmende Entsetzen, das die Genossen bei diesem Bericht packte, ist noch im Abstand von mehr als 60 Jahren spürbar: Jeder wusste, was ihm von nun an drohte. Hoegener floh über die grüne Grenze nach Österreich, einer von Abertausenden, die 1933 zu Flüchtlingen wurden, ein gewöhnlicher Deutscher auch er.

Daniel Goldhagen wollte eine Antwort auf das Unerklärbare finden. Er wollte die Ursache, den tiefsten Grund erforschen und er verrennt sich in ein Phantom, den „gewöhnlichen Deutschen“. Es gibt ihn nicht, diesen gewöhnlichen

Deutschen, jedenfalls nicht als starren politischen Typus, sowenig wie es den gewöhnlichen Franzosen, Russen oder Juden als politisch determinierten Typus gibt. Damit können wir uns freilich nicht beruhigen. Die Frage, die Daniel Goldhagen umtreibt, bleibt bestehen: Es gab Hitler, es gab den Holocaust, und es waren Deutsche, die ihn verübten, das sind die Fakten, und mit ihnen müssen wir fertig werden.

Goldhagens Verdienst besteht darin, dass er die Sterilität der historischen Forschung durchbrochen und uns die Wirklichkeit der Vernichtung wieder vor Augen gerückt hat. Dass er der Frage nachgeht, wie viele Deutsche direkt und indirekt an der physischen Ausrottung beteiligt waren, wie viele eine konkrete und wie viele eine annähernde Kenntnis davon besaßen, die Zahlen gehen in die Hunderttausende. Dass die Ahnung von etwas Ungeheuerlichem, das irgendwo „im Osten“ mit den Juden geschah, über dem ganzen Volk lag, kann im Ernst heute nicht mehr bestritten werden. Der Berliner Domprobst Bernhard Lichtenberg, den der Papst jetzt selig sprach, hatte mitten im Krieg von der Kanzel herab für die verfolgten Juden gebetet. In der Urteilsbegründung des Sondergerichts, das ihn ins Gefängnis und damit in den Tod schickte, heißt es: „Er wusste wie jeder andere Volksgenosse, dass die Regelung der Judenfrage und die Errichtung von Konzentrationslagern zum Aufgabenkreis des heutigen Staates gehören.“ Nicht Geheimnisverrat oder Staatsverleumdung war es also, was ihm zur Last gelegt wurde, sondern „Missstimmung gegen die staatlichen Maßnahmen“ erzeugt zu haben, die jedem Volksgenossen bekannt zu sein hatten.

„Menschen müssen einen Beweggrund haben, um andere zu töten“, schreibt Goldhagen, „sonst würden sie es nicht tun.“ Dies ist vielleicht der Schlüsselsatz des ganzen Buches. Aus ihm spricht ein verzweifelter Glaube an den Menschen, selbst noch in seiner pervertierten Form. Die schreckliche Wahrheit aber ist, dass der Mensch keinen Beweggrund zum Mord braucht. Befehl genügt. Jeder Krieg beweist es aufs neue. Und wenn im totalitären System die Menschenverachtung zur Staatsreligion erhoben wird und die moralischen und zivilisatorischen Schranken als volksfeindlich („undeutsch“) denunziert werden, dann wird das Totschlagen zur Pflicht, wenn auch zu einer unangenehmen, für die es Sonderzulagen gibt. Ein mildernder Umstand ist dies freilich nicht. Im Gegenteil, es macht alles nur noch schlimmer: Wo millionenfacher Mord industriell betrieben werden kann, ohne größere Emotionen im „Volksganzen“ auszulösen, geschweige denn Widerspruch, selbst dort, wo er möglich gewesen wäre, beispielsweise in der Armeeführung, wo dies geschehen kann, muss etwas heillos krank sein im Volk. Und hier hat Goldhagen recht. Nach dem Krieg, im Schock der totalen Niederlage, war das Bewusstsein davon bei vielen lebendig.

In seiner klassischen Schrift zur „Schuldfrage“ schrieb der deutsche Philosoph Karl Jaspers 1946 angesichts der Massengräber und der Trümmerlandschaft: „Dass in den geistigen Bedingungen des deutschen Lebens die Möglichkeit gegeben war für ein solches Regime, dafür tragen wir alle eine Mitschuld. Das bedeutet zwar keineswegs, dass wir anerkennen müssten, die deutsche Gedankenwelt schlechthin sei der Ursprung der bösen Taten des Nationalsozialismus. Aber es bedeutet, dass in unserer Überlieferung als Volk etwas steckt, mächtig und drohend, das unser sittliches Verderben ist.“

Die Frage nach dem Warum und dem Ursprung dieses Bösen wird noch lange nicht verstummen. Es wird nie eine Antwort geben, die uns entlastet, und es wird nie eine Antwort geben, die die Vernunft befriedigt. Die Bilder des Grauens werden nicht aus dem Gedächtnis der Menschheit verschwinden, wahr gewordene Visionen der Apokalypse, nur dass die Teufel normale Menschen waren, nette Familienväter und Skatbrüder. Wir werden es uns gefallen lassen müssen, für diese Mörder kollektiv in Haft genommen zu werden, auch in 100 oder 1000 Jahren noch. Es ist der letzte Triumph der „Volksgemeinschaft“.

Neues Deutschland: Wir sind wieder vereint

Das Schwarz in dem alten Fahnentuch ist grau geworden, das Rot längst verblasst, vom Gold blieb nur schütteres Gewebe. Doch die Inschrift hat sich erhalten: DEUTSCHLANDS WIEDERGEBURT steht in großen Lettern im Mittelfeld.

Die Fahne ist eine deutsche Reliquie. Sie wurde am 27. Mai 1832 bei der ersten Massenkundgebung deutscher Demokraten auf dem Hambacher Schloss gehisst, ein Banner der Hoffnung, das die Sehnsucht nach Freiheit und Einheit symbolisierte.

Jetzt liegt das alte Tuch unter Glas in der Bismarck-Ausstellung in Berlin. Als die Ausstellung geplant wurde, war Erich Honecker gerade auf Staatsbesuch in Bonn gewesen, und die Mauer schien ein Bauwerk für die Ewigkeit: Deutschlands Einheit für immer dahin. Doch nun ist alles ganz anders gekommen. Die alte Verheißung hat sich unerwartet erfüllt, „Deutschlands Wiedergeburt" ist die Parole der Gegenwart.

Nach mehr als vierzigjähriger Doppelexistenz sind wir wieder in einem Nationalstaat versammelt. Es wird gejubelt, und es darf gejubelt werden. Für 16 Millionen Ex-DDR-Bürger ist die Zeit der Isolation vorbei, für uns alle der Kalte Krieg. Wir leben wieder zusammen. Eine Utopie – denn die war es noch vor kurzem – ist Wirklichkeit geworden.

Es ist für uns alle ein Neubeginn. Aber der fünfte Neubeginn in 120 Jahren – einsamer Rekord in der europäischen Völkerfamilie. Und so kann es nicht wundernehmen, dass bei all dem Jubel die Frage aufkommt, wie lange es diesmal gut gehen wird. Denn es war nicht gerade ein glücklicher Weg, den wir als Einheitsvolk gegangen sind.

„Zur Nation euch zu bilden, ihr hoffet es, Deutsche, vergebens / bildet, ihr könnt es, dafür freier zu Menschen euch aus“, mahnte Goethe, der Weltbürger. Er erlebte noch die Anfänge der deutschen Nationalbewegung und wandte sich degoutiert ab. Was schließlich daraus erwuchs, gab ihm recht. Die Geschichte der Deutschen ist, seit sie die „Nation“ entdeckten, eine Kette von Illusionen und Zusammenbrüchen gewesen. „Deutschlands Wiedergeburt“ ein Drama in Fortsetzungen. Wir haben die Einheit in unserer langen Geschichte bis in die moderne Zeit hinein nicht gekannt, und als wir sie hatten, schnappten wir über. Sie war wie eine Droge. Sie machte aus den friedfertigen, musischen, kleinbürgerlichen Biedermeier-Deutschen rasende Berserker. Vielleicht, weil wir sie so spät bekamen, gewiss aber, weil wir dem Fetisch Einheit die Freiheit opferten.

Alle Nationen sind nationalistisch, alle streben, wenn sie groß genug sind, nach Weltgeltung, alle halten sich, wenn es darauf ankommt, für „besser“ (tapferer, ehrlicher, fleißiger) als die jeweiligen Nachbarn. Aber keine hat in moderner Zeit diesen Zug so ins Maßlose übersteigert wie die deutsche. Die Deutschen als Vorhut des Menschengeschlechts und als Herren der Welt – so sah schon Johann Gottlieb Fichte, Professor der Philosophie, sein Volk vor fast 200 Jahren. „Unter allen neuren Völkern seid ihr es“, so predigte er, „in denen der Keim der menschlichen Vervollkommnung am entschiedensten liegt und denen der Vorschritt in der Entwicklung derselben aufgetragen ist ... Wenn ihr versinkt, so versinkt die ganze Menschheit mit, ohne Hoffnung einer einstigen Wiederherstellung.“ Würden sich die Deutschen aber zu ihrer wahren Bestimmung aufraffen, so würden sie „den deutschen Namen zum glorreichsten unter allen Völkern erheben.“

Nicht dass ein namhafter Gelehrter diesen Unsinn verbreitete, war das Schlimme, sondern dass der Unsinn von so vielen mit Inbrunst aufgenommen wurde. „Am deutschen Wesen wird die Welt genesen“ – das war, teils bewusst, teils unbewusst, die tiefe Überzeugung des wilhelminischen Zeitalters. Folglich war, wer sich am deutschen Wesen versündigte, ein Welt- und Menschenfeind.

Als chinesische Aufrührer im Jahre 1900 den deutschen Gesandten in Peking ermordeten, verabschiedete der Kaiser das deutsche Expeditionskorps in Bremerhaven mit den Worten: „Pardon wird nicht gegeben! Gefangene werden nicht gemacht! Wer euch in die Hände fällt, sei euch verfallen! Wie vor 1000 Jahren die Hunnen unter ihrem König Etzel sich einen Namen gemacht, so möge der Name Deutscher in China auf 1000 Jahre durch euch in einer Weise bestätigt werden, dass niemals wieder ein Chinese es wagt, einen Deutschen auch nur scheel anzusehen.“ 1000 Jahre – sie spukten damals schon in deutschen Hirnen.

Das Ausland war entsetzt, aber Wilhelm verstand nicht, warum. Er sah in den Karikaturen, die ihn als Blutsäufer darstellten, wiederum nur eine Verunglimpfung des „deutschen Wesens“.

Das Kaiserreich dauerte kein halbes Jahrhundert. All die Wilhelm-Gedächtnisbauten, die Dome, Denkmäler, Justiz- und Verwaltungspaläste, und auch der Reichstag, waren gerade erst fertig geworden, als es schon wieder aus war mit der Herrlichkeit. Die Epoche endete dort, wo sie begonnen hatte: Im Spiegelsaal von Versailles, wo der König von Preußen 1871 zum Deutschen Kaiser ausgerufen worden war, diktierten die Sieger des Ersten Weltkriegs deutschen Demokraten die demütigenden Friedensbedingungen. Es war der tiefste Sturz, den die Nation bis dahin erlebt hatte. Sie fiel aus dem Wolkenkuckucksheim des Weltbeglückers ins Bodenlose.

Die Republik hatte unter diesen Vorzeichen keine Chance. Weimar sollte die Wiedergeburt des demokratischen Deutschlands sein. Aber die Demokratie war nicht wirklich erkämpft worden, sie war die Folge eines Zusammenbruchs

und behaftet mit dem Odium der nationalen Schmach. Die Republik siechte in Halbherzigkeiten dahin, schlug den Aufstand der Linken mit Hilfe ihrer Todfeinde von rechts nieder, gab sich die Farben Schwarz-Rot-Gold, zugleich aber jene Hymne, die in jeder deutschen Brust die Sehnsucht nach dem Verlorenen weckte: Von der Maas bis an die Memel, von der Etsch bis an den Belt – Grenzen, auf die diese Republik soeben feierlich verzichtet hatte.
Die Demokratie ging schließlich aus Mangel an Demokraten ein. Sie wurde die Beute von Leuten, mit denen sich noch eine Generation zuvor niemand an einen Tisch gesetzt hätte. Die Herren Thyssen und Hugenberg aber speisten nicht nur mit ihnen, sondern gaben ihnen die Millionen, die sie brauchten, um Deutschland in ihre Gewalt zu bringen.
Hitler ist bis heute nicht erklärt und wird wohl für immer unerklärbar bleiben. Für sich allein war er nichts – ein Psychopath, der zu anderen Zeiten am Rande der Gesellschaft, woher er kam, geblieben wäre. Nicht dieser Mann ist das Rätsel, sondern das deutsche Volk, das sich ihm preisgab, das ihm in den Abgrund folgte wie die Lemminge und die grauenhaftesten Verbrechen verübte und auf sich nahm. Das Dämonische, Entsetzliche, Selbstmörderische ist nicht in Hitler zu suchen, sondern in uns selbst. Und dies ist der Grund, weshalb die „Bewältigung der Vergangenheit“ im Äußerlichen stecken blieb und eine wirkliche Selbstreinigung nicht stattfand.

Die Gründung der Bundesrepublik erleichterte die Verdrängung. Wieder einmal gab es einen Neubeginn, und wenn je, dann verdiente er diesmal seinen Namen. Die Zerstörung war zu groß, die Vernichtung so total, dass kaum etwas übrig blieb, an das sich „anknüpfen“ ließ, wenn es auch versucht wurde, rechts wie links. Alles war kompromittiert, alles hatte Anteil an der Katastrophe. Zum Glück gab es die Sieger, die uns zeigten, wo es langging und uns die Krücken gaben, an denen wir wieder laufen lernten. Sie brach-

ten uns Demokratie bei, wenigstens die Formalien der Sache.
Zum Glück gab es auch ein Feindbild, an dem man sich aufrichten konnte. Man war eingebunden in ein Lager. Man stand auf der richtigen Seite, im Westen wie im Osten: „Von der Sowjetunion lernen, heißt siegen lernen." So hatte die Teilung ihr Gutes. Die Deutschen waren, anders als nach dem Ersten Weltkrieg, plötzlich Partner der jeweiligen Sieger, unerlässliche Partner sogar, ein ungewohntes und angenehmes Gefühl.
Man richtete sich auf Dauer ein. „Die Geschichte des deutschen Nationalstaats ist zu Ende", schrieb der Philosoph Karl Jaspers 1960, und so dachten viele im In- und Ausland, nicht ohne ein Gefühl der Erleichterung: Als Egon Bahr im Dezember 1972 in Ost-Berlin den Grundlagenvertrag und damit die Anerkennung der DDR unterschrieb, und als kurz darauf die beiden deutschen Staaten als Mitglieder Nr. 133 und 134 in die Vereinten Nationen aufgenommen wurden, schien die Teilung notariell beglaubigt und besiegelt.
Die Bundesrepublik hätte damit leben können. Sie genügte sich selbst und kam glänzend ohne den preußischen Torso im Osten aus. Sie blickte nach Westen, so wie Adenauer es gewollt hatte, und kehrte dem östlichen Deutschland den Rücken zu. Nur noch ein Prozent der Westdeutschen hielt 1988 die Wiedervereinigung für die „wichtigste Frage" der deutschen Politik. Für die Mehrheit der jüngeren Generation war das andere Deutschland tiefes Ausland, fremder als die Küsten des Mittelmeers.
Die DDR dagegen blieb auch für die eigene Bevölkerung zeitlebens das Retorten-Produkt, das sie von Anfang an gewesen war. Es gelang ihr nie, das Künstliche und Zwanghafte ihrer Existenz zu überwinden. Als ihr die sowjetische Stütze entzogen wurde – die einzige, die sie besaß –, brach sie wie ein Kartenhaus zusammen. Der 9. November 1989 war das elementarste Ereignis der deutschen Nachkriegsge-

Der Fall der Mauer im November 1989 traf den Westen gänzlich unvorbereitet. Die innere Einheit ist auch viele Jahre danach noch nicht hergestellt.

schichte, ungeplant, ungelenkt, das ganze System in einer Nacht niederreißend.

Der Fall der Mauer traf den Westen gänzlich unvorbereitet. Wir hatten weder damit gerechnet, noch hatten wir irgend etwas dafür getan. Die Einheit kam über uns wie ein Dammbruch. Seitdem sind wir fieberhaft dabei, die Flut zu kanalisieren.

Es wird noch eine Weile dauern, bis wir merken, dass wir nun in einem neuen Staat leben. Er trägt den Namen der Bundesrepublik und hat ihre Verfassung, doch es wird nicht derselbe sein. Es ist ein neuer deutscher Nationalstaat. Ein Staat, der seine Identität erst finden muss.

Identität bedeutet Selbstgewissheit, und Selbstgewissheit wächst aus Kontinuität. Seit anderthalb Jahrhunderten aber hat es keinen Deutschen gegeben, der 70 Jahre alt geworden wäre, ohne den Umsturz der Verhältnisse zu erleben, in denen er geboren wurde. Die beiden letzten Generationen brachten es auf zwei bis drei Umstürze, und die Deutschen im Osten erleben gerade wieder einen.

Wir hatten fraglos ein paar „Wiedergeburten“ zuviel. Jede war die Negation der vorigen. Selbstgewissheit konnte so nicht wachsen. Verdrängung wurde zur deutschen Lebenshaltung, wie jetzt wieder in der DDR.
Doch die letzten 45 Jahre werden sich so wenig wegwischen lassen wie die zwölf Jahre davor. Das neue Deutschland wird noch für lange Zeit eine Nation mit gespaltenem Bewusstsein bleiben, durch die unsichtbare Mauer der Erfahrung getrennt in West und Ost, in Gewinner und Verlierer, Reiche und Arme. Wir werden erst lernen müssen, die Konfrontation zu überwinden, der die beiden Homunculi des Kalten Krieges ihre Existenz verdanken, und die uns bis heute in den Knochen steckt. Wir werden erst lernen müssen, dass wir ein Volk sind.
Dennoch hat dieses neue Deutschland bessere Zukunftschancen als alle seine Vorgänger. Die Bundesrepublik, auf die es sich stützt, hat sich zum stabilsten Staat der deutschen Geschichte entwickelt. Wir sind politisch befriedet. Die Demokratie wird nicht mehr in Frage gestellt. Und außerdem: Wir sind nicht mehr allein. Wir sind eingebunden in ein System von Verträgen und Allianzen, die es uns nicht gestatten, aus der Reihe zu tanzen.

Wir sind auch innerlich andere geworden. Die Katastrophen unserer Geschichte haben Spuren hinterlassen. Wir sind nicht mehr die Deutschen von 1871 oder 1933. Wir glauben nicht mehr, dass wir die „Hoffnung des Menschengeschlechts“ sind. Wir sind ein sehr prosaisches Bürgervolk geworden: Wir wollen gut leben, gut essen, starke Autos fahren (dies allerdings mit Vollgas) und in der Toskana und auf Mallorca oder auf den Malediven Urlaub machen.
Das einzig Beunruhigende an uns ist, dass wir so erfolgreich sind. Wir haben die „Leistung“ zur Religion erhoben, zu einem Wert an sich, der sie natürlich nicht ist. Ohne Fetisch, so scheint es, kommen wir nicht aus. Einfach so leben, ohne Ehrgeiz, ohne Rekordsucht, so wie die Liech-

tensteiner oder Portugiesen, das ist uns offenbar unmöglich. Wir müssen uns auf irgendeiner Weltrangliste wieder finden, sonst fühlen wir uns nicht wohl.

„Dies ist das Volk der unerfüllten Sehnsüchte geblieben", schreibt der Spanier Heleno Saña in seinem Buch „Das Vierte Reich". Hat er recht? Müssen wir wieder Angst vor uns selber haben?

Hinter der chromblitzenden Fassade der Leistungsgesellschaft rumort es. Eine neue Maßlosigkeit breitet sich aus. Die Aggressivität wächst, nicht nur auf der Autobahn. Hakenkreuze tauchen wieder auf, „Heimatkarten" von Schlesien, Pommern und Ostpreußen haben in Buchhandlungen Hochkonjunktur. Aus der bisherigen DDR fließen neue Ressentiments herüber: Die alten Strukturen dort haben sich aufgelöst, die neuen bieten vorerst keinen Halt: ein Volk im Schwebezustand. Wir werden zu tun haben, um das „abzufedern".

Die Atempause, die uns die Teilung vergönnte, ist zu Ende. Fast ein halbes Jahrhundert haben wir im Windschatten gelebt, unter den gnädigen Folgen des Jahres 1945. Wir waren unter Kuratel gestellt, zur Ruhe verdonnert. Die vier Fahnen vor dem Gebäude des Alliierten Kontrollrats in Berlin erinnerten uns daran, dass es über uns noch eine höhere Instanz gab, die die Aufsicht führte.

Das ist nun vorbei. Die Sicherheitsverwahrung ist aufgehoben. Man hat uns die volle Verantwortung zurückgegeben. Seit dem 3. Oktober 1990 sind wir frei – zur Bewährung entlassen.

„Für die nächsten 1000 Jahre", sagte Helmut Kohl kürzlich, „werden wir keinen Anlass mehr haben, uns über die deutsche Einheit zu sorgen."

Klopfen wir auf Holz.

Luther, Goethe, Buchenwald: Thüringen – eine deutsche Parabel

Im Jahr der Wiedervereinigung unternahm der Autor eine Reise durch die alte Mitte Deutschlands. Das Land befand sich in einem surrealistischen Schwebezustand. Die DDR existierte nominell noch, aber die Mauer war gefallen, die Grenze offen. Die Fahrt zwischen Gestern und Morgen wurde zu einer Reise in die verschollenen Schichten der Vergangenheit.

Die erste Begegnung liegt weit zurück, eine Erinnerung aus Kindertagen: Autoreise mit dem Vater von Berlin in den Thüringer Wald. Es war noch vor dem Krieg. Alles war ein Abenteuer – die Fahrt, die Landschaft, die Menschen, die Sprache. Alles war fremd, sehr weit weg von zu Hause. Noch nie hatte ich ein so kleines Dorf gesehen, noch nie so viel Wald, noch nie so hohe Berge. Ein Eindruck von großer Düsternis, der in merkwürdigem Gegensatz zur Heiterkeit des Vaters stand: schwarze Tannenschluchten, triefend vor Nässe, schwarze, schieferverkleidete Häuser, beißender Rauch aus schwarzen Kaminen, Holzkohlenfeuer auf offener Straße, mit Eisenrosten, auf denen dicke Würste mit aufgeplatzter weißlicher Haut brieten; schließlich ein Besuch in den Feengrotten, die sich für immer mit dem Bild des Höllenschlunds verbanden – ein Abstieg in unergründliche Tiefen, aus denen übel riechende, feuchtwarme Schwaden aufstiegen, die, wie der Vater erklärte, aus dem Erdinnern kamen. Er war in aufgeräumter Stimmung und kaufte hier, um die zurückgelegte Strecke zu dokumentieren, ein Abziehbild, das er auf das rechte hintere Wagenfenster klebte: „Thüringen, das grüne Herz Deutschlands." Lange noch stellte ich mir vor, wie es sein müsse, ein grünes Herz im Leibe zu tragen, und ein unangenehmes Gefühl überkam mich jedes Mal dabei.

Jetzt war alles anders. Das Land badete in der Sonne. Es war Mai, und das frische Laub leuchtete im Licht. Die alten Chausseen waren überwölbt von den Baldachinen der Linden und Platanen, die Dörfer schmiegten sich in die Mulden, rote Ziegeldächer, bewacht von schiefergrauen Kirchtürmen, und die Berge hatten alles Bedrohliche verloren. Sie waren eher sanft als schroff, lang gestreckte Kämme, ein in der Bewegung erstarrtes Waldmeer. Auf der Passhöhe bei Oberhof stand der Gedenkstein, den Herzog Ernst I. von Sachsen-Coburg-Gotha anno 1832 zur Erinnerung an die Erbauung der Kammstraße aufstellen ließ: „Heil dem schaffenden Sinn, der zum freundlichen Garten die Wildnis umschuf, und der Natur Schrecken in Lieblichkeit kehrt."

Der alte Stein war ein fröhlicher Gruß an die Zukunft. Er hatte alle Wirren der Zeit überstanden, so wie das Land, das gerade aus einer 45-jährigen Lähmung zu erwachen begann. Jetzt lag es da wie in frisch gewonnener Unschuld (falls so etwas möglich ist), uralte Landschaft, uralte Städte, uralte Namen – Deutschlands Mitte.

Sie hat sich tapfer gegen die Verheerungen dieses Jahrhunderts behauptet, auch gegen jenes andere Deutschland der Konzerne und Kombinate, der Autobahnen und Bruttosozialprodukts-Besessenheit. Etwas von dem verschollenen Deutschland bürgerlicher Behäbigkeit und Selbstbescheidung hat in dieser Landschaft überlebt, allen verordneten Revolutionen zum Trotz. Überlebt hat auch der Stolz auf die eigene Geschichte und das Bewusstsein der eigenen Identität, die so lange geleugnet werden musste.

Man braucht nur die alte Reichsstraße Nr. 7 entlangzufahren, die über weite Strecken noch immer eine Allee ist, um

zu begreifen, auf wie engem Raum die Kraftzentren liegen, von denen jahrhundertelang Impulse für ganz Deutschland und weit darüber hinaus ausgingen: Eisenach, Gotha, Erfurt, Weimar, Jena – jedes einzelne schwer von Geschichte, und jedes nur eine knappe Stunde vom anderen entfernt, alle aufgereiht an dieser Straße, über die Napoleons Armee marschierte und Preußens Gloria zwischen den Hügeln von Jena und Auerstedt zerschmetterte.
Man kann noch heute über die Schlachtfelder spazieren, und von allen Gedenkstätten in diesem Land ist jene im historischen Gasthaus „Grüner Baum zur Nachtigall“ beim Dörfchen Cospeda eine der eindrucksvollsten. In den Vitrinen auch ein Zitat von Johann Gottfried Seume: „Für wen“, fragte der wackere Demokrat damals, „soll der deutsche Grenadier sich auf die Batterie und in die Bajonette stürzen?“ Ja, für wen? Nirgendwo stellte sich die Frage härter als hier, im Herzen Deutschlands, hier zwischen Werra und Saale, zwischen Wartburg und Kyffhäuser, wo die Nation ihre Mythen und ihre Traumata fand. Kein anderes deutsches Land war über die Jahrhunderte so zerrissen, kein anderes fand so spät zu staatlicher Einheit und wurzelte dabei doch unbeirrt im eigenen Dasein: Thüringen, ein deutscher Mikrokosmos.

Was heute Thüringen heißt, war bis in die moderne Zeit hinein ein Sammelsurium kleiner und kleinster Fürstentümer, der bunteste Streifen im Flickenteppich des alten Reichs. Die Zersplitterung war das Ergebnis immer neuer Zellteilungen des einstigen Kurfürstentums Sachsen, das sich im Mittelalter zwischen Bayern, Brandenburg und Böhmen erstreckte und einer der einflussreichsten Staaten im Heiligen Römischen Reich war.
Anders als andere Fürsten, die ihren Besitzstand ständig zu vergrößern suchten, entwickelte das sächsische Herrscherhaus der Wettiner jedoch einen kuriosen Hang zur Minimalisierung. Angefangen hatte es mit der Leipziger Teilung

von 1485, in der die beiden Söhne des dahingeschiedenen Kurfürsten Friedrichs des Sanftmütigen (ja, so schöne Namen hatten sie) den Staat unter sich aufteilten: Albert, der Jüngere, der die Linie der Albertiner begründete, wurde mit einem kleineren Teil abgefunden, dem Kern des heutigen Bundeslandes Sachsen. Sein Bruder Ernst, Stammvater der Ernestiner, nahm sich Thüringen sowie Gebiete des heutigen Landes Sachsen-Anhalt, dazu den Kurfürstentitel. Doch während das kleine Reich der Albertiner in seinem Kern die Zeiten bis heute überdauerte, zerfiel das größere der Ernestiner bald nach seiner Gründung. Sie hatten sich übernommen. Seit Friedrich dem Weisen, jenem Kurfürsten, der Luther gegen Papst und Kaiser deckte, sahen sie sich als Speerspitze der Reformation. Sie trommelten den Schmalkaldischen Bund der protestantischen Fürsten zusammen und zogen gegen Kaiser Karl V. zu Felde, was juristisch Hochverrat war und ihnen übel bekam. Sie wurden geschlagen und mussten zur Strafe die Hälfte ihres Landes sowie die Kurfürstenwürde an die Albertiner abtreten, die kaisertreu geblieben waren.
Nun war das Herzogtum der Ernestiner auf das alte Thüringen zusammengeschrumpft, aber auch dieser Rest zerfiel in wenigen Generationen durch immer neue Erbteilungen bis zur Unkenntlichkeit.

Kompliziert wurde die politische Geographie Thüringens außerdem dadurch, dass es neben den sächsischen noch eine Reihe anderer, alteingesessener Mini-Fürstentümer gab, wie die Häuser Schwarzburg und Reuß, die ihrerseits wieder in mehrere Linien zerfielen. Schließlich gab es im Stammland der Reformation auch noch ein Bollwerk des Katholizismus: Stadt und Land Erfurt, die zum Besitz des Erzbischofs und Kurfürsten von Mainz gehörten, ebenso wie das Eichsfeld im Norden Thüringens. Noch heute ist mancher Tourist verwundert, dass der Dom zu Erfurt, der größte im Luther-Land, ein katholisches Gotteshaus ist, und

dass in der Gegend zwischen Harz und Werra plötzlich Marterln mit Marienbildern am Wegesrand stehen.
Die politische Zersplitterung des Landes hatte indessen auch ihre positive Seite – die Vielfalt. Die Residenzen und Höfe der kleinen Fürstentümer wurden zu Kristallisationspunkten einer kulturellen Blüte, die auf ganz Deutschland ausstrahlte. Die viel gelästerten Duodezfürsten waren in ihrer Mehrzahl vergleichsweise liberale, aufgeklärte Leute, die sich – da auf politischem und militärischem Gebiet kaum Ruhm für sie zu ernten war – im Schöngeistigen tummelten. Am erfolgreichsten war dabei Anna Amalia, die Herrscherin von Sachsen-Weimar, eine der großen Frauengestalten des 18. Jahrhunderts. Sie machte aus ihrer abgelegenen Residenz das geistige Zentrum Deutschlands. Ihr Sohn Karl August, Freund und Dienstherr Goethes, wäre auf einem bedeutenderen Thron ein Staatsmann von Renommé geworden.
Weimar überstrahlte alle anderen Residenzen Thüringens, aber es war keineswegs das einzige Glanzlicht, und die Universität Jena, seinerzeit eine intellektuelle Hochburg in Deutschland, wurde von allen ernestinischen Häusern gemeinsam unterhalten. Sie war als Ersatz für die Luther-Universität Wittenberg gegründet worden, die der Kaiser den Ernestinern zur Strafe für den Schmalkaldischen Krieg weggenommen hatte.
Man muss durch all die Schlösser und Schlösschen nördlich und südlich des Thüringer Waldes bummeln, um zu erahnen, welche Lust am Schönen sich hier über viele Generationen entfalten konnte. Wo andere Krieg führten, sammelten die Ernestiner Bilder, machten Musik oder gründeten Theater, wie Herzog Georg II. von Sachsen-Meiningen, einer der bedeutendsten Mäzene des ausgehenden 19. Jahrhunderts, der Richard Wagner und Franz Liszt, Richard Strauss und Max Reger in seine kleine Residenz holte und „die Meininger" zum berühmtesten Tournee-Theater der Zeit machte.

„Friede Ernehret Unfriede Verzehret." steht über dem Portal von Schloss Friedrichstein in Gotha, der Wappenspruch der Herzöge von Sachsen-Gotha, die später mit Sachsen-Coburg fusionierten. Sie legten eine der bedeutendsten Gemäldesammlungen altdeutscher Meister an und trugen eine der größten Bibliotheken zusammen. Über 500 000 Bände umfasst sie, dazu rund 9000 alte Handschriften.

Zur Ehre des Sozialismus sei gesagt: Er hat das „nationale Erbe" sorgsam gehütet, obwohl all diese Schätze der Eitelkeit der Herrscher dienten und letzten Endes auf dem Buckel des Volkes gehortet wurden. Doch lebte das Volk in den größeren deutschen Staaten nicht in ungleich bedrückenderen Verhältnissen, von den ewigen Kriegskontributionen nicht zu reden? Man kann sich fragen, um wie viel ärmer Deutschland wäre, wenn das Thüringer Land ein verlängertes Preußen, Bayern oder Sachsen geworden wäre – eine Hinterwäldlergegend, in der sich die Füchse gute Nacht sagten, interessant höchstens wegen der alten Silberminen, die möglicherweise die Kriegskasse der Monarchen ein wenig aufgebessert hätten.

Die thüringischen Staaten waren zu klein, um sich Armeen leisten zu können. Sie mussten froh sein, wenn sie nicht von den Großen geschluckt wurden. Mit Gottes Hilfe und einer geschmeidigen Schaukelpolitik gelang ihnen das verblüffende Kunststück des Überlebens. Selbst Napoleon, der die deutsche Landkarte gründlich umradierte, verschonte sie.

Hinter der Fassade der Kleinstaaterei rumorte allerdings immer auch die Einheitssehnsucht. Auf der Wartburg, die auf weimarischem Territorium lag, fand 1817 die erste großdeutsche Kundgebung der neu gegründeten Burschenschaften statt. In jedem anderen deutschen Staat wäre die Demonstration zersprengt worden, doch Karl August, vom Wiener Kongress zum Großherzog erhoben, hatte seinem Land als einer der ersten deutschen Fürsten eine parlamentarische Verfassung gegeben und ließ die Studenten, die vor

allem aus Jena kamen, ihre schwarzrotgoldenen Fahnen schwingen und vaterländische Lieder singen.
Der Landesherr selbst stand der Nationalbewegung allerdings äußerst distanziert gegenüber, ebenso wie sein Geheimer Rat Goethe, der vom deutschen Volk, „das so achtbar im einzelnen und so miserabel im ganzen ist", ohnehin nicht viel hielt. Die Zersplitterung des Landes war ihm auch zuwider, aber nicht, weil er in der Nation eine höhere Stufe des Menschseins sah, wie die völkische Bewegung, sondern weil die Zerrissenheit dem freien Lebensgefühl des Weltbürgers entgegenstand.
„Mir ist nicht bange, dass Deutschland nicht eins werde", sagte der alte Herr 1828 zu Eckermann. „Unsere guten Chausseen und künftigen Eisenbahnen werden schon das ihrige tun ... Es sei eins, dass der deutsche Taler und Groschen im ganzen Reich gleichen Wert habe; eins, dass mein Reisekoffer, durch alle sechsunddreißig Staaten, ungeöffnet passieren könnte. Es sei eins, dass der städtische Reisepass eines weimarischen Bürgers von den Grenzbeamten eines großen Nachbarstaates nicht für unzulänglich gehalten werde, als der Pass eines Ausländers. Es sei von Inland und Ausland unter deutschen Staaten überall keine Rede mehr."
Doch damit hatte es noch eine gute Weile. Zwar loderte im Revolutionsjahr 1848 die Einheitssehnsucht auch in den thüringischen Staaten mächtig auf, aber es blieb bei einem Strohfeuer. „Nicht mehr als Schwarzburger, Weimarer, Gothaer, Altenburger, Eisenacher, sondern als Thüringer wollen wir dem deutschen Reiche angehören", trompetete der Gothaer *Allgemeine Anzeiger* damals. Doch nicht einmal die regionale Einheit wurde erreicht.
Der Großherzog von Weimar, ein Sohn Karl Augusts, wäre wohl zu einem Zusammenschluss der thüringischen Länder bereit gewesen, vorausgesetzt, Weimar wäre die Hauptstadt und er das Oberhaupt des neuen Staates geworden. Doch dieser Zumutung wollten sich die übrigen Fürsten nicht beugen. In den Verhandlungen erklärte der meiningische

Vertreter auf die weimarischen Vorschläge: „Der Schluss muss also lauten: Von nun an seid ihr thüringischen Staaten nicht mehr selbständig, sondern weimarisch!" Die Untertanen dachten kaum anders. Sarkastisch stellte der Freiherr Felix von Stein-Kochberg in einer Schrift aus dem Jahre 1867 fest, dass das „Thüringer Volk sich wohl fühlt in seiner Zersplitterung, bei Bratwurst und Bier über sein kleinstaatliches Elend scherzt, aber dasselbe über alles liebt; dem das Ungestörtsein im engen Kreis der Inbegriff glücklicher Existenz ist, das in echt germanischem Geist individuell fühlt bis zur Vernichtung des nationalen Bewusstseins".

So blieb denn alles beim alten und Gewohnten. Bis zum Jahre 1918 lebte Thüringen in buntscheckiger Vielfalt dahin, ein altdeutsches Dornröschen-Idyll mitten im Herzen des wilhelminischen Knobelbecher-Reichs. Es bestand bis zuletzt aus acht verschiedenen Fürstentümern, die überdies territorial zersplittert waren, sowie dem Regierungsbezirk Erfurt, den sich Preußen neben den anderen Exklaven auf dem Wiener Kongress unter den Nagel gerissen hatte. Auch Suhl gehörte dazu, wo der Karabiner für die preußischen Armeen in Massenproduktionen gefertigt wurde. „Kleinstaaterei und Preußentum sind die beiden Seiten des Gegensatzes, worin Deutschland gefangen liegt", schrieb Friedrich Engels damals und beklagte „das Jammerbild, das die Karte von Thüringen bietet". Sie zeigte bis ins 20. Jahrhundert 94 verschiedene Farbflächen.
Das schönste Beispiel altdeutschen Partikularismus bot Heinrich XXII., populärer Landesherr des Fürstentums Reuß älterer Linie, des kleinsten Flächenstaates im Deutschen Reich. Er regierte 35 Jahre lang bis 1902 und zeichnete sich durch eine abgrundtiefe Verachtung alles Militärischen aus – er konnte nicht einmal reiten. Bismarck hatte das kleine Fürstentum mit der enormen Strafe von 100 000 Talern belegt, weil es sich 1866 auf die Seite Österreichs gestellt hatte. Das vergaß der Fürst nie. Wann immer sich

Gelegenheit bot, stimmte er im Bundesrat, der Ländervertretung, gegen Preußen und den Rest der deutschen Welt. So auch 1878 beim Vogelschutzgesetz. „Wenn ich auch für den Schutz nützlicher Vögel bin“, wies er seine Staatskanzlei an, „so will ich denselben doch nicht durch Reichsgesetz gewährt. Der Bevollmächtigte (im Bundesrat) ist daher zu instruieren, die hiesige Stimme gegen das Gesetz abzugeben.“

Fürst Heinrich stand freilich auf verlorenem Posten – ein von den Großen belächelter Don Quijote, der vergeblich gegen die schöne neue Zeit ankämpfte: Deutschland war von Größe und Macht berauscht. Es musste erst durch das Blutbad eines Weltkrieges gehen, um nach Weimar zurückzukehren.

1919 wurde in der Stadt Herders und Wielands, Goethes und Schillers die deutsche Republik gegründet. Damit schlug auch für Thüringen die Stunde der Einheit. Sang- und klanglos hatten die Herzöge und Fürsten ihre Residenzen geräumt und dem „Pöbel“ überlassen, der sich äußerst gesittet benahm und nirgendwo silberne Löffel mitgehen ließ. Am 1. Mai 1920 wurde das Land „Thüringen“ aus der Taufe gehoben. Seine Hauptstadt wurde Weimar, doch es fehlte das Zentrum: Erfurt. Das rote Preußen weigerte sich, die Beute aus dem Wiener Kongress herauszugeben und an das neue Land, dem Erfurt geographisch und historisch zugehörte, abzutreten. Auch Coburg wollte nicht dazugehören. Es votierte für den Anschluss an Bayern, was ihm 25 Jahre später, als Deutschland abermals geteilt wurde, zum Glück ausschlug.

Thüringen blieb auch in der Weimarer Republik ein Mikrokosmos. Es galt als „rot“. Die Arbeiterbewegung hatte hier alte Wurzeln: In Eisenach war 1869 die „Sozialdemokratische Arbeiterpartei“ gegründet worden, in Gotha und Erfurt fanden die späteren Programmparteitage der Sozialdemokratie statt, in Gotha und den anderen thüringischen Städten tobten 1920 beim Kapp-Putsch blutige Kämpfe zwischen Arbeitermilizen und Reichswehr – noch heute erinnert daran ein Spruch am Rathaus von Suhl: „Im grünen Wald die rote Stadt, die ein zerschossenes Rathaus hat." Dennoch wurde Thüringen das erste Land der deutschen Republik, in dem die Nazis in die Regierung einzogen. Hitlers späterer Reichsinnenminister Wilhelm Frick wurde 1930 Innen- und Volksbildungsminister in Weimar – ein böser Sarkasmus der Geschichte. Als erste Amtshandlung erließ Hitlers Paladin eine Verordnung „Wider die Negerkultur – für deutsches Volkstum". Das Bauhaus hatte die Stadt unter dem Druck der Reaktion schon vorher verlassen müssen.

Der Name Weimar wurde schließlich für immer verdunkelt durch jenes Lager, das die SS ab 1937 auf dem Ettersberg errichtete, mitten im Buchenwald, der bis dahin ein beliebtes Ausflugsziel gewesen war.
Es ist nichts weiter übrig geblieben als das berüchtigte Tor mit der schmiedeeisernen Inschrift „Jedem das Seine". Man steht auf dem weiten Appellplatz und schaut über das leere Areal und schweigt. Jedes Wort ist hier falsch. Hier hat alles seinen Ursprung und seine Ursache: Das ganze deutsche Elend des 20. Jahrhunderts, der Krieg, die Grenze, die beide Deutschlands so lange trennte und sie noch lange trennen wird, auch wenn sie heute nicht mehr existiert. Auf diesem Platz muss man stehen, um das deutsche Verhängnis zu begreifen: Als Deutschland Weimar aufgab, als es über der Stadt – dieser Stadt – dieses Lager baute, das zum Synonym für Unmenschlichkeit wurde, da verriet es sich selbst auf nicht wieder gutzumachende Weise: Es ist nicht wieder geworden, was es einmal war, und es wird auch nie wieder so werden.
1945 sollte ein neuer Anfang gemacht werden. Das Land Thüringen konstituierte sich als eines der fünf Länder der sowjetischen Besatzungszone, und zum ersten Mal war es

nun vollständig: Erfurt gehörte dazu und wurde 1948 Hauptstadt. Doch eine glückliche Epoche wurde es nicht, weder für Thüringen noch für das übrige Land, das nun hinter einem eisernen Vorhang lag. Schon 1952 wurden die Länder der DDR wieder aufgelöst. Nach der Wende wurde Thüringen abermals gegründet, als Bundesland der wiedervereinigten Republik, und zum ersten Mal hat es die Chance, sich selbst zu finden – wenn man ihm Zeit lässt. Wenn man den Menschen Zeit lässt, endlich das zu sein, was ihnen Deutschland immer so schwer gemacht hat – sie selbst.

Noch jede deutsche Generation ist in dem Irrglauben erzogen worden, dass Größe gut und Kleinheit schlecht sei. Vielfalt lag in diesem Lande immer im Konflikt mit Einheitssehnsucht und Einheitswahn. An Thüringen hat sich erwiesen, wie kostbar die Vielfalt war. Erst die Kleinheit seiner Länder, erst die Abwesenheit von Macht, von Nation, von Byzantinismus machten jenes menschenwürdige Dasein möglich, das sich hier in so vielen Lebensläufen entfalten konnte. Goethe wusste es am besten, denn er, der gebürtige Frankfurter, blieb bis zu seinem Tode in diesem lächerlichen Ländchen, das man auch zu seiner Zeit an einem Tag durchfahren konnte.

Dort, wo der große Alte sein schönstes Gedicht schrieb, auf dem Kickelhahn bei Ilmenau, ist alles unverändert. Selbst die Holzhütte, sein Lieblingsplatz, steht noch auf dem Gipfel, wenngleich als Replik – das Original ist vor Jahren abgebrannt. (Rowdies sollen es gewesen sein.) Man sitzt auf einem umgestürzten Fichtenstamm und schaut über die Höhenzüge, die am Horizont verschwimmen. Kein Haus, kein Rauch, nicht einmal eine Hochspannungsleitung. Tiefer Frieden. Ruhe.

Deutschland – ein Waldland, immer noch.
Heimlich – unheimlich.

Recht oder Rache?
Erich Honecker vor Gericht

Der ehemalige Staatsratsvorsitzende der DDR stellte sich nach dem Sturz des SED-Regimes unter den Schutz der Sowjetarmee und wurde im März 1991 nach Moskau ausgeflogen, wo ihm von der chilenischen Botschaft Asyl gewährt wurde. Auf Drängen der Bundesregierung wurde er nach Deutschland ausgeliefert und in Berlin-Moabit inhaftiert. Wegen einer Krebserkrankung des Angeklagten wurde der Prozess im Januar 1993 eingestellt. Nach seiner Freilassung übersiedelte Honecker nach Chile, wo er 1994 starb.

Es ist geschafft. Erich Honecker steht vor Gericht. Die diesen Prozess gewollt haben, können sich gratulieren. Doch es ist die Frage, ob sie dem Recht damit einen Dienst erwiesen haben. Niemandem kann wohl sein bei diesem Verfahren, und der peinliche Beigeschmack wird sich verstärken, je länger es dauert.

Der politischen Justiz – und darum handelt es sich, auch wenn alle das Gegenteil beteuern – haftet immer etwas Scheinheiliges und Verlogenes an. Sie hängt sich den Mantel der Rechtsstaatlichkeit um und will doch nur Vergeltung. Im Fall Honecker ist es nicht anders, man mag es drehen, wie man will. Der Prozess gegen ihn ist der Schlusspunkt unter die Liquidierung der DDR, der Schlusspunkt unter einen 40-jährigen kalten Bürgerkrieg, von dem wir naiverweise annahmen, dass er 1972 mit der Unterzeich-

nung des Grundlagenvertrages eingestellt worden wäre. Wir haben uns getäuscht.
Da steht nun ein 80-jähriger vor dem Tribunal, der nach Auskunft der Ärzte maximal noch 18 Monate zu leben hat, und man verweigert ihm die Gnade der Haftverschonung, die in diesem Land jedem SS-Unterscharführer gewährt wurde, der es ein wenig mit dem Herzen hatte, egal, wie viele Menschen er in die Gaskammer schickte.
Und da steht einer, der 13 Jahre lang Staatschef der nunmehr mit uns vereinigten Republik war, dem Franz Josef Strauß einen Milliarden-Kredit verschaffte und der noch zwei Jahre vor seinem Sturz mit allen Ehren in Bonn empfangen wurde, obwohl nichts von dem, was ihm die Anklage heute vorwirft, seinen damaligen Gastgebern unbekannt war – dass es nämlich eine Mauer gab und dass dort auf Flüchtlinge geschossen wurde.
Die Staatsanwälte haben nahezu 800 Textseiten gebraucht, um die Anklage wg. Schießbefehl einigermaßen tragfähig zu machen. Doch die einzige Frage, die strafrechtlich relevant ist, heißt: Haben der Staatsratsvorsitzende und seine Mitangeklagten gegen geltendes DDR-Recht verstoßen? Ob am Ende des Prozesses, falls es der Angeklagte überhaupt erlebt, eine Verurteilung herauskommt, ist höchst fraglich. Und falls ja: Will man den Todkranken dann noch ins Zuchthaus stecken?
Die Bundesregierung hatte es in der Hand, diesen quälenden Prozess zu vermeiden. Vermutlich hätten wir Honecker schon vergessen, wenn man ihn ins selbst gewählte Exil nach Chile hätte ziehen lassen, so wie es internationaler Brauch ist nach erklärten oder unerklärten Bürgerkriegen und wie es selbst Pinochet seinen Kommunisten gestattete, die in der DDR Zuflucht fanden.
Aber Bonn wollte den Prozess, es wollte die „Abrechnung“. Es wollte dem „gesunden Volksempfinden“ entgegenkommen, das da grummelte: „Die Kleinen hängt man, und die Großen lässt man laufen.“ Das sollte nicht sein, da musste

der oberste DDR-Mensch her, koste es politisch, was es wolle.

Mit ungeheurem persönlichen Einsatz kämpfte Klaus Kinkel, dieser Prototyp des komplexfreien Neo-Teutonen, als Justiz- und Außenminister in Moskau und Santiago um die Auslieferung des Flüchtlings. „Wir haben pausenlos gedrückt", verkündete er strahlend, als er es, unter massiver Androhung wirtschaftspolitischer Repressalien, endlich geschafft hatte.

„Dem Recht muss Genüge geschehen", tönt es in Bonn. Wirklich? Gab es in alten Zeiten nicht auch den Grundsatz, „Gnade vor Recht" ergehen zu lassen, wenn vom Recht nichts Heilsames zu erwarten war? Gab es nicht auch einmal so etwas wie den Großmut des Siegers, zumal, wenn der Sieg so leicht und ohne Blutvergießen zu erringen war? Wenn der Gegner freiwillig die weiße Fahne hisste und die Festung kampflos übergab?

Man hätte Honecker keinen größeren Gefallen tun können, als ihn nach seinem politischen Scheitern zum Märtyrer zu stempeln. Denn natürlich hat er Schuld auf sich geladen, politische, historische, auch moralische Schuld. Schuld, die nicht mit der Elle des Strafgesetzbuches gemessen werden kann. Der Prozess gegen ihn ist ein billiger Ausweg aus der mühseligen Arbeit der inneren Befreiung. Er trägt den Stempel der Rachejustiz. Er ist juristisch dubios, politisch abstoßend und menschlich entwürdigend.

Draußen sieht man das klarer: „Honecker steht vor Gericht, weil er den Kalten Krieg verloren hat", schrieb die „Washington Post" kürzlich. Auch der schneidige Herr Bräutigam, Vorsitzender Richter des Moabiter Tribunals, wird diesen Eindruck nicht verwischen können.

Do svidanje, Deutschland!
Die Russen ziehen ab

Die Sonne steht tief über dem märkischen Land, aber es ist immer noch brütend heiß. Der Oberst hat die Mütze abgenommen und wischt sich den Schweiß von der Stirn. „In all den Jahren hier habe ich solchen Sommer nicht erlebt“, sagt er. Es klingt ein wenig melancholisch, als wollte er sagen: „Zum Schluss war es am schönsten.“

Wir sitzen auf der Terrasse eines kleinen Ausflugslokals, ein paar Kilometer von Wünsdorf entfernt. Der Mellensee liegt unbewegt unter dem Dunst des Spätnachmittags. Oberst Strelnikow blickt auf den dunkelgrünen Kiefernsaum, während er redet. Noch ein paar Tage, dann ist seine Mission beendet. Das russische Oberkommando wird mit der letzten Brigade Deutschland verlassen. 49 Jahre und vier Monate nachdem Marschall Schukow in Berlin-Karlshorst die Kapitulation der deutschen Wehrmacht entgegennahm.

Es sind nostalgische Tage in Wünsdorf – das Ende einer Epoche, spürbar in jeder Geste, jedem Wort, in tausend Einzelheiten, die der Blick erfasst. 50 000 Soldaten und Zivilisten waren bis vor wenigen Jahren hier untergebracht. Über sechs Quadratkilometer erstreckte sich das Hauptquartier der „Westgruppe der Streitkräfte“, die bis 1989 „Gruppe der sowjetischen Streitkräfte in Deutschland“ hieß. Es war die Schaltzentrale der stärksten Militärkonzentration in Europa, Hirn und Herz einer atomaren Blitzkriegsarmee, jederzeit bereit zum Losschlagen.

Heute dehnt sich zwischen den Kiefernwäldern eine Geisterstadt. Kilometer um Kilometer verlassene Kasernen und Unterkünfte, Stabsquartiere, Tiefbunker, Wohnblocks. Die ältesten Anlagen stammen noch aus dem Kaiserreich, viele aus der Hitlerzeit, denn bevor die Russen in Wünsdorf ihr Hauptquartier errichteten, wurden hier Generationen deutscher Soldaten geschunden.

Nur der innerste Zirkel des riesigen Areals steht noch unter russischer Kontrolle: das eigentliche Hauptquartier, die Residenz des Oberkommandierenden, die letzten bewohnten Unterkünfte. Im „Haus der Offiziere“, dem Gesellschaftszentrum der Garnison, hat der Bauminister des Landes Brandenburg, Hartmut Hiever, an diesem Morgen eine Pressekonferenz gegeben. Ihm ist der größte geschlossene Militärkomplex Deutschlands als Erbe in den Schoß gefallen, denn die Bundeswehr hat kein Interesse an Wünsdorf, und so wird das Areal nach fast 100 Jahren zum ersten Mal friedlichen Zwecken dienen.

Im großen Bühnensaal ist die Edelholzvertäfelung der Wände herausgerissen, aber über dem roten Vorhang prangt noch das vergoldete Emblem der „Westgruppe“, die stilisierte Silhouette des Treptower Ehrenmals. In diesem Saal wurden jahrzehntelang die Weihestunden der Roten Armee an den Jahrestagen der Oktoberrevolution und des Sieges über Hitler-Deutschland zelebriert – jetzt findet hier eine Art Notübergabe an die Deutschen statt, für die Wünsdorf über Jahrzehnte hinweg ein Schreckenswort war.

Der Bauminister aus Potsdam geriert sich in der herablassenden Attitüde eines Immobilienmaklers, dem ein heruntergekommener Besitz angetragen wird, aus dem sich allenfalls mit viel Geld „etwas machen lässt“. Neben ihm sitzt mit unbeweglichem Gesicht General Wiktor A. Koscheljew, Stellvertreter des Oberkommandierenden, General Burlakow, der bis zur Stunde noch immer der offizielle Hausherr ist.

Für den vierschrötigen General muss dies alles ein Weltuntergang sein. Jemand fragt ihn, was er bei diesem Abschied empfinde. Der General kennt die Frage und hat die Antwort auf der Zunge. Aber jetzt, in diesem Raum, in dieser Runde, liegt eine metallische Härte in seiner Stimme: „Wir sind nicht freiwillig hierher gekommen, und wir verlassen Deutschland im Gefühl einer erfüllten Pflicht: Seit 1945, seitdem wir hier standen, ist in diesem Teil Europas kein Schuss mehr gefallen." Er packt seine Papiere zusammen und stapft hinaus. Für ein paar Sekunden ist es still in dem großen Raum.

„Für uns alle ist dies ein schwieriger Augenblick", sagt Oberst Strelnikow, mit dem ich am Abend zusammensitze. Er lässt jede Floskel beiseite. Man hat ihn die „graue Eminenz" von Wünsdorf genannt. Er gehört zu den engsten Mitarbeitern General Burlakows und ist verantwortlich für die Umsetzung der Verträge, die den Abzug der russischen Truppen regeln. Es war die größte Militäroperation in Friedenszeiten: In drei Jahren wurden über eine halbe Million Soldaten und Zivilisten zurückgeführt, dazu 12 000 Panzer, Tausende von Geschützen, fast 700 Kampfflugzeuge und ebenso viele Hubschrauber sowie Hunderttausende Tonnen an Gerät und Munition.

Tausende von Panzerfahrzeugen wurden gemäß den Abrüstungsverträgen in Wünsdorf zu Schrott verarbeitet – auf demselben Gelände, auf dem vor einem Menschenalter die ersten Panzerverbände der deutschen Wehrmacht aufgestellt wurden, die ein paar Jahre später Europa überrollten. Oberst Strelnikow ist ein nüchterner Mann. Er blickt ohne Sentimentalität auf seine Arbeit zurück. „Die Entscheidung zum Abzug war richtig", sagt er, „auch wenn es bei uns vielleicht noch ein paar Generäle gibt, die anderer Meinung sind. Nach dem Zusammenbruch der sowjetischen Politik hat unsere Stationierung hier ihren Sinn verloren."

Strelnikow spricht in den Abend hinein wie zu sich selbst. „Wir wollten die Fahne der Revolution bis zum Ärmelkanal und vielleicht darüber hinaus tragen, das war unser Ziel, daran glaubten wir. Es war eine Fata Morgana." Schon vor vielen Jahren habe ihm ein renommierter Institutsleiter in Moskau gesagt: „Die Parolen des Internationalismus verdecken nur unser aggressives revolutionäres Wesen."

„Unser Volk", sagt der Oberst, „hat schwer dafür bezahlt und bezahlt immer noch. Niemand weiß, wie die Schlussrechnung aussehen wird." Und er selbst gibt sich einen Teil der Schuld, „ein Achtzehnmillionstel", wie er ironisch meint, denn er gehörte zu den 18 Millionen Mitgliedern der KPdSU, bis die Soldaten von der neuen Staatsführung vor die Wahl gestellt wurden, entweder die Partei oder die Armee zu verlassen. Strelnikow entschied sich gegen die Partei und für die Armee. Sie war seine Heimat. Sein Vater, hoch dekorierter Luftwaffengeneral, war „Held der Sowjetunion". Auch er war in Deutschland stationiert, ebenso wie Strelnikows jüngerer Bruder, der später in der Heimat als Testpilot ums Leben kam.

Der Bruder hatte ihm einmal ein militärisches Geheimnis anvertraut. Seine Staffel in Deutschland war mit Nuklearwaffen bestückt, und das Ziel, das ihr für den Ernstfall zugewiesen war, sei eine westdeutsche Raketendivision bei Oldenburg gewesen. „Falls der Kommandeur noch derselbe ist wie damals", sagt Strelnikow lächelnd, „möchte ich ihn hiermit grüßen" – soll heißen: Wie schön, dass wir alle noch leben.

Strelnikow hat viele deutsche Offiziere kennen gelernt, Veteranen des Weltkriegs und Soldaten der Bundeswehr. Er sagt, wir sollten einen Strich unter die Vergangenheit ziehen, aber dann bricht die Vergangenheit doch in diesen deutschen Sommerabend ein. Der Oberst weiß, was auch nach einem halben Jahrhundert noch zwischen Deutschen und Russen steht, jedenfalls hier, im Osten Deutschlands. Er sei mit einer deutschen Familie befreundet, die ihn oft in Wünsdorf besucht habe. Eines Tages erzählte die Frau, eine

Freundin habe sie gefragt: „Wie kannst du überhaupt zu diesen Russen gehen? Ich habe noch immer unser geplündertes Haus vor Augen, und den Teich davor, in dem die Leichen der vergewaltigten und ermordeten Frauen schwammen."

Strelnikow ist 50 Jahre alt, er hat den Krieg nicht mehr erlebt, aber er beschönigt nichts. „Ein Rotarmist, der einen Mord begeht, ist für mich nicht besser als ein SS-Mörder", sagt er. Und er fügt hinzu: „Aber vielleicht hatten diese Rotarmisten auch ihre geplünderten Häuser und ihre toten Frauen vor Augen."

Die Schatten der Vergangenheit liegen auch über dem Abschied der „Westgruppe" von Deutschland. Dass die Russen von einer gemeinsamen Abschiedsfeier mit den Westalliierten in Berlin ausgeschlossen wurden, hat in Wünsdorf Empörung und Verbitterung ausgelöst, auch an der Spitze des Oberkommandos. Strelnikow holte sich einen Anpfiff, als er beschwichtigend meinte, man müsse auch den Berliner Bürgermeister Diepgen verstehen, der nicht gemeinsam mit den Westalliierten an „Ereignisse erinnern wolle, für die unser Staat der Anstifter war". Burlakow schnaubte wütend zurück, die Armee von heute sei eine andere als die vor 1990.

Oberst Strelnikow breitet resignierend die Arme aus. Er kehrt in ein verändertes Vaterland zurück. Es ist nicht mehr seine Welt. Er macht keinen Hehl daraus, dass er Gorbatschow für den besseren Politiker und den größeren Patrioten als Jelzin hält. Er kann dem heutigen Staatschef die Liquidierung der Sowjetunion nicht verzeihen, und er scheut sich nicht, diese Meinung ohne Umschweife in einem Lokal vor deutschen Gästen zu äußern. „Jelzin hat die Mentalität eines Revolutionärs – er muss etwas zerschlagen, koste es, was es wolle, und sei es der eigene Staat."

Einer seiner einstigen Schüler an der Militärakademie, erzählt der Oberst, habe im vorigen Herbst die blutige Militäraktion gegen das von altkommunistischen Parlamentariern besetzte Weiße Haus in Moskau geleitet. Er, Strelnikow, habe den jungen Kommandeur hinterher gefragt: „Kannst du das mit deinem Gewissen vereinbaren?“ Der einstige Schüler habe geantwortet: „Oberst, Sie haben mich gelehrt, einem Befehl zu gehorchen – ich frage Sie: Hätten Sie den Befehl verweigert?“

„Ich bin ihm die Antwort schuldig geblieben“, sagt Strelnikow. Aber wenn er daran denkt, ist er froh, nun den Dienst quittieren zu können.

In ein paar Tagen ist es soweit. Am 31. August wird Oberst Wladimir Strelnikow mit dem Rest der Westgruppe an der offiziellen Abschiedsfeier in Berlin teilnehmen. Er wird die Reden des deutschen Kanzlers und seines Präsidenten Jelzin hören, und er wird sich seinen Teil dazu denken. Und dann wird er früh am nächsten Morgen, dem 1. September 1994 – dem Jahrestag des Kriegsausbruchs, wie er wohl weiß –, zusammen mit seinem Oberbefehlshaber das letzte Flugzeug der Westgruppe besteigen, das deutschen Boden verlässt.

Wenn die Maschine vom Boden abhebt, wird es keine „Westgruppe der Streitkräfte“ mehr geben. Das dunkelste Kapitel in der Geschichte der Deutschen und der Russen, das mit dem Hitler-Stalin-Pakt 1939 begann, wird zu Ende sein.

Zu Ende sein wird aber auch ein stolzes Kapitel im Leben des Oberst Strelnikow. Die Heimat hat für ihn, wie für viele seiner Kameraden, keine Verwendung mehr. Er wird seinen Abschied nehmen und sich in einen rüstigen Pensionär verwandeln.

„Trinken wir darauf“, sagt der Oberst und hebt das Glas. Die Sonne ist längst untergegangen, aber ein zartrosa Wolkenschleier liegt noch über dem Mellensee.

Wir steigen in unsere Wagen. Aber ehe wir uns trennen, sagt der Oberst: „Wir müssen ganz neu anfangen, Deutsche und Russen, wir können nicht mehr das Fleisch von einer Kuh essen, die vor 50 Jahren gestorben ist.“

Feuer frei für Deutschland: Wir dürfen wieder Krieg führen

Seit letzter Woche leben wir in einer neuen politischen Welt. Per Gerichtsurteil wurde eine Epoche beendet, die diesem Volk einmal als die glücklichste seiner jüngeren Geschichte erscheinen wird: ein halbes Jahrhundert der außenpolitischen Enthaltsamkeit und der militärischen Abstinenz – die längste Friedensperiode, an die sich die Deutschen erinnern können.

Die Mehrheit von uns lebte mit der stillen Überzeugung, dass Deutschland keinen Krieg mehr führen werde, es sei denn zur Selbstverteidigung. So stand es auch in der Verfassung: „Außer zur Verteidigung dürfen die Streitkräfte nur eingesetzt werden, „soweit dieses Grundgesetz es ausdrücklich zulässt“ (Artikel 87a).

Das Grundgesetz hat Ausnahmen nie zugelassen, weder ausdrücklich noch indirekt. Was immer an der Verfassung geändert wurde, dieser Satz blieb bestehen, eindeutig und klar, so wie er von den Vätern des Grundgesetzes gemeint war.

Doch seit dem 12. Juli 1994 gilt das Verbot nicht mehr. Die Hüter des Grundgesetzes haben es selbst außer Kraft gesetzt: Das Urteil des Verfassungsgerichts in Sachen Bundeswehr ist nichts anderes als ein elegant formulierter Freibrief für künftige Kampfeinsätze in aller Welt.

Die Richter in den roten Roben haben das Verfassungsrecht der politischen Lage „angepasst“, indem sie einen Paragraphen gegen den anderen ausspielten: den Artikel 24, der den Beitritt der Bundesrepublik zu einem „System der gegenseitigen kollektiven Sicherheit“ zulässt, gegen den Artikel 87a, der Militäreinsätze außer zur Verteidigung eindeutig verbietet. Ins Allgemeinverständliche übersetzt besagt das Urteil: „Ihr braucht die Verfassung gar nicht zu ändern, denn ihr dürft sowieso schießen, wenn ihr es unter Uno- oder Nato- oder WEU-Flagge tut.“

Die geforderte Zustimmung des Parlaments ist nicht mehr als ein dürftiges Feigenblatt. Denn nach dem Spruch aus Karlsruhe ist die einfache Mehrheit – das heißt also die Regierungsmehrheit – ausreichend, um deutsche Soldaten, sagen wir, in Ruanda in den Tod zu schicken. Und wenn's mal brennt und die Zeit knapp ist, genügt auch die nachträgliche Zustimmung der Deputierten.

Die Väter des Grundgesetzes haben dies eindeutig nicht gewollt. Wer sich noch an die Debatten um die Wiederaufrüstung erinnert, weiß, mit welcher Leidenschaft damals um die Wehrverfassung gestritten wurde. Wie viele Eide wurden darauf geschworen, dass die neue Armee nur zur Verteidigung und zu nichts als zur Verteidigung eingesetzt werden würde. „Man soll dem deutschen Volk doch den einzigen Sieg lassen, den es 1945 errungen hat, nämlich den Sieg über den Militarismus“, sagte Carlo Schmid damals.

Das ist nun passé. Wir sind wieder wer, und wir dürfen wieder mitmarschieren. Vor allem wollen wir wieder mitmarschieren. Seit der Wiedervereinigung geistert das Schlagwort von der „weltpolitischen Verantwortung“ des größer gewordenen Deutschlands durch die Debatte, ein Nebelvorhang, der den brennenden Wunsch nach deutscher Weltgeltung verhüllen soll, eine Machtgeilheit, die es kaum abwarten kann, dass irgendwo wieder der Ruf „The Germans to the front“ erschallt. „Jetzt sind wir frei“, trompetete Außenminister Kinkel, als ob ihm die „Fessel“ der Verfassung zuvor die Kehle abgeschnürt hätte.

Damit kein Irrtum aufkommt: Dies ist kein Plädoyer gegen die Westbindung. Im Gegenteil, wenn es überhaupt eine

Sicherung gegen gefährliche deutsche Alleingänge gibt, dann ist es die Einbindung dieses irrlichternen Gebildes in ein fest gefügtes europäisches Haus. Doch der Triumphalismus, mit dem das konservative Lager die „Entfesselung" der deutschen Außenpolitik aufnahm, ähnelt dem Freudengeheul eines Kindes, dem man nach langer Strafe sein liebstes Spielzeug zurückgegeben hat.

Nun mag es ja sein, dass sich Deutschland der „weltpolitischen Verantwortung nicht entziehen" kann, wie die gängige Bonner Formel für den Wiedereinstieg in das Abenteuer der Globalpolitik heißt. Das Fatale ist bloß, dass diese Verantwortung ausschließlich in militärischen Dimensionen definiert wird. So wie wir eben die deutsch-französische Freundschaft durch eine Panzerparade in Paris dokumentieren müssen. (Wie schön, dass da ein paar Franzosen geklatscht haben – wer hat die anderen gezählt, die im stillen „merde" gesagt haben?)

Es wäre ja auch eine andere deutsche Rolle im Verein der Großen denkbar: nicht als Erfüllungsgehilfe einer abenteuerlichen Interventionspolitik, sondern als Bremser einer solchen Politik, als Friedensstifter, um ein großes Wort zu gebrauchen.

Aber die Weichen sind in die andere Richtung gestellt. Wir werden über kurz oder lang wieder schießen, das ist nach dem Feuerfrei-Spruch aus Karlsruhe programmiert. Kriegsschauplätze bieten sich zur Genüge an, von Bosnien über Zentralafrika bis Haiti. Die Armee wird längst auf „Kriseneinsätze" gedrillt, und das entsprechende Strategiepapier, genannt „Verteidigungspolitische Richtlinien", wurde vom Verteidigungsministerium in vorausschauender Planung bereits vor einem Jahr fertig gestellt. Unter den Zielen, für die deutsche Soldaten künftig kämpfen sollen, notiert das Papier unter anderem die „Aufrechterhaltung des freien Welthandels und des ungehinderten Zugangs zu Märkten und Rohstoffen in aller Welt im Rahmen einer gerechten Weltwirtschaftsordnung".

Dies ist nun eine Richtlinie, nach der alle imperialen Mächte seit jeher verfahren sind. Es ist der Weg zurück zu 1914. Wenn künftig irgendwo irgendwer irgendwem den Ölhahn zudreht oder den „freien Welthandel" behindert, hat er mit der Bundeswehr zu rechnen. In schöner Offenheit formuliert Rühes Strategiepapier: „Unter den neuen sicherheitspolitischen Verhältnissen lässt sich Sicherheitspolitik weder inhaltlich noch geographisch eingrenzen."

Wie schön – die Welt ist groß, und wir dürfen endlich wieder dabei sein, wenn „eingegriffen" wird. Vergessen ist, wie alles anfing. Erfahrung lässt sich offenbar nicht weitergeben. Nach 50 Jahren ist das Grauen verblasst, es kann alles von vorn beginnen.

Abschied von einem Freund: Die Geschichte einer Entfremdung

Ein Trauerfall ist anzuzeigen: der Verlust eines Freundes, vielleicht des besten Freundes, den wir je besaßen. Er war unser Wohltäter, damals, als wir am Boden lagen. Er hat uns, seinen einstigen Feinden, wieder aufgeholfen. Er hat uns Schutz gewährt. Er wurde in dieser vaterlosen Gesellschaft zu unserem Übervater. Wir haben zu ihm aufgeblickt und ihn bewundert um seiner Stärke, seiner Großherzigkeit und Hilfsbereitschaft willen. Er war unser Vorbild in vielen Dingen. Wir haben von ihm gelernt – Toleranz, Demokratie, Menschenrechte. Wir mochten uns sehr. Fast war es so etwas wie Liebe.

Lange Zeit blieb es so. Dann trat Entfremdung ein. Der Freund veränderte sich, und vielleicht veränderten wir uns auch. Wir waren „erwachsen" geworden, wie Gerhard Schröder es nannte, und wir sahen mit Beklemmung, wie der Freund sich entfernte von den Idealen, die er uns eingepflanzt hatte.

Er war inzwischen der mächtigste Mann der Erde, ein Weltherrscher, wie es ihn in moderner Zeit noch nicht gegeben hat. Die Macht veränderte ihn. Er brauchte, seit der alte Gegner das Handtuch geworfen hatte, auf nichts und niemanden mehr Rücksicht zu nehmen. Er wurde selbstherrlich, grobschlächtig, gebieterisch. Das Schicksal der Erde, die Verantwortung für das Leben künftiger Generationen scherten ihn nicht. Er richtete sich nur noch nach den „eigenen Interessen", wie er freimütig bekannte.

Ein Weltherrscher, wie es ihn in moderner Zeit noch nicht gegeben hat – US-Präsident George W. Bush.

Er teilte Völker in „gute“ und „böse“ und rief der Welt zu: „Wer nicht für uns ist, ist gegen uns“ – ein Wort wie eine entsicherte Waffe. Drohung und Erpressung in einem. Mit Politik hatte das nichts mehr zu tun. Es war eine Kriegserklärung an alle, die sich nicht fügen wollen.

Mit George W. Bush – und damit verlassen wir die Allegorie – betrat ein Amerika die Bühne, das uns mehr und mehr erschrecken ließ, obwohl es schon immer da gewesen war: das Amerika des „big stick“, des dicken Knüppels, den Theodore Roosevelt in seiner Regierungszeit (1901–1909) schwang, um im spanischen Hinterhof Amerikas aufzuräumen und all diese aufsässigen Bananenrepubliken auf Vordermann zu bringen.

Mit dem 43. Präsidenten der USA zog der Geist des „großen Knüppels“ in die Weltpolitik ein. Wie kein anderer vor ihm verkörpert Bush einen amerikanischen Archetyp: den einsamen Sheriff mit den mahlenden Kinnbacken, der gnadenlos aufräumt mit den Banditen, Verrätern, Feiglingen, Schurken. Der den Finger immer am Abzug hat und nicht viel nach Paragrafen fragt, der selbst entscheidet, was Recht und Unrecht ist – und dessen Weg ist gesäumt mit den Gräbern der Gerichteten: 135 Todesurteile hat der Gouverneur von Texas in seiner fünfjährigen Amtszeit unterzeichnet, ein Rekord selbst im hinrichtungswütigen Amerika.

Der 11. September 2001 war die große Stunde des George W. Bush. Der Angriff aus dem Dunkel bot ihm die Rolle seines Lebens. „Wir stehen im Krieg", verkündete er und meinte es durchaus wörtlich: Der Sheriff trat an, das Böse in der Welt auszurotten, koste es, was es wolle. Amerika lebt seither im Ausnahmezustand – in Atem gehalten durch immer neue Bedrohungsszenarien aus dem Weißen Haus. Der Sheriff kann nicht verstehen, wie diese Europäer ungerührt ihr Bier trinken und über Fußball diskutieren können.

Bushs Antiterror-Krieg war bislang ein Flop, gemessen an dem gigantischen Aufwand. Die afghanischen Taliban mit B-52-Bombern zu verjagen war kein Kunststück. Die Zahl der Opfer haben wir nie erfahren und die Bilder der Toten nie gesehen. Es muss grauenhaft gewesen sein. Afghanistan aber ist vom Frieden so weit entfernt wie eh und je, das Phantom al Qaida trotz aller Erfolgsmeldungen nicht zerschlagen – wie auch: Für jeden geschnappten Gotteskämpfer springen drei neue ein. Glauben, denn darum handelt es sich, ist weder durch Bomben noch durch Folter zu erschüttern.

Der Phantom-Krieg hat bisher nur eines geschafft: Er hat Amerika zu einem anderen Land gemacht. Die Institution Krieg, dieses Relikt der Steinzeit, das wir überwunden zu haben glaubten, ist rehabilitiert als legitimes Instrument der Politik: Bush hat den amerikanischen Rüstungsetat auf die Wahnsinnssumme von 379 Milliarden Dollar hochgejagt – so viel wie die Militärbudgets der nachfolgenden 14 Staaten zusammen.

Das neue Strategiepapier, das Bush dem Kongress vorgelegt hat, dokumentiert die dramatische Wende der amerikanischen Politik. Unverhüllt plädiert der Präsident darin für den Präventivkrieg. „Die alte Strategie von Eindämmung und Abschreckung – seit den vierziger Jahren ein Eckstein der amerikanischen Politik – ist tot", schreibt die „New York Times". Stattdessen fordert das Weiße Haus das Recht, „zur Verteidigung unserer Interessen im In- und Ausland die Bedrohung zu zerstören, bevor sie unsere Grenzen erreicht. Wir werden nicht zögern, notfalls allein zu handeln, um unser Recht auf Selbstverteidigung durch Präventivmaßnahmen auszuüben."

Das ist nichts anderes als die Absage an das oberste Friedensgebot, das die Völkergemeinschaft seit dem Zweiten Weltkrieg hoch und heilig beschworen hat. „Die Entfesselung eines Angriffskrieges ist das größte internationale Verbrechen, das sich von anderen Kriegsverbrechen nur dadurch unterscheidet, dass es in sich alle Schrecken vereinigt und anhäuft." Woher das stammt? Aus der Urteilsbegründung des Nürnberger Kriegsverbrechertribunals, maßgeblich verfasst vom Anklagevertreter der Vereinigten Staaten.

All das soll nun Makulatur sein, einschließlich der Charta der Vereinten Nationen, Artikel 2, Absatz 4, durch die sich die Mitgliedstaaten verpflichten, jede „Androhung oder Anwendung von Gewalt" zu unterlassen.

Begreiflich, dass Washington den neuen Internationalen Strafgerichtshof sabotiert, der unter anderem das „Verbrechen der Aggression" verfolgen will. US-Bürger aber sollen nach dem Willen des Weißen Hauses von jeder Strafverfolgung ausgenommen sein. Gleiches Recht für alle? Schnee von gestern.

In beispielloser Weise proklamiert Bush den dauerhaften Anspruch Amerikas auf die Weltherrschaft: „Der Präsident", so heißt es in der neuen Strategie, „beabsichtigt nicht, irgendeiner ausländischen Macht zu gestatten, den ungeheuren Vorsprung (in der Rüstung) aufzuholen, den die Vereinigten Staaten seit dem Fall der Sowjetunion errungen haben." Das bedeutet die Absage an jede Art von

Rüstungskontrolle und an alle Abkommen, die einst unter jahrzehntelangen Mühen ausgehandelt wurden und die Welt sicherer machten.

Der Sheriff wähnt sich als Werkzeug des Guten. Wer seine Entschlüsse nicht billigt, ist ein gottverdammter Feigling, wenn nichts Schlimmeres. Seit Schröders Nein zum Irak-Krieg werden wir als Feindstaat behandelt, ausgestoßen aus der Kampfgemeinschaft. Will man uns übel nehmen, dass wir, nach den Katastrophen unserer Geschichte, möglicherweise eine größere Sensibilität für das Wort Krieg entwickelt haben? Und dass wir uns dafür weder schämen noch beschimpfen lassen müssen? Wenn wir etwas zu verteidigen haben, dann ist es dies.

Ein Ozean an Verständnislosigkeit trennt uns heute von dem einstigen Freund. Die Lage ist paranoid. In einem schwäbischen Hinterzimmer im vertrauten Kreis fällt ein harsches Wort über den Präsidenten der Vereinigten Staaten – und die Weltmacht flippt aus. Der deutsche Regierungschef wird zur Unperson erklärt, der Verteidigungsminister auf flegelhafte Weise gedemütigt, und der Herr im Weißen Haus lässt dunkle Drohungen verlauten wie gegen einen straffällig gewordenen Untergebenen, den man dringend zur Räson bringen muss – so sieht die kafkaeske Realität aus, in der wir leben. Man müsste mal bei Egon Krenz, dem letzten Staatsratsvorsitzenden der DDR, nachfragen – viel anders kann es im Warschauer Pakt nicht gewesen sein. Wenn das Nein eines Mitgliedstaates zu einem Krieg mit unabsehbaren Folgen das Bündnis „vergiftet“ (so Condoleezza Rice, die Einpeitscherin im Weißen Haus), dann ist etwas faul im Staate Dänemark. Dann signalisiert diese Reaktion ein totalitäres Denken, das nichts mehr zu tun hat mit der offenen Gesellschaft, die wir verteidigen wollten.

Der Freund, den wir einmal hatten, erklärte uns damals, dass unser Kardinalfehler der blinde Gehorsam gewesen war. Er hatte Recht. Wir haben die Lektion gelernt.

Wir Rädelsführer: Nein zu Amerikas Krieg

Die letzten Stunden vor einem Krieg sind immer leer. Die Würfel sind gefallen. Alles ist gesagt. Die Bomben sind eingeklinkt, die Geschütze in Feuerstellung. Der Countdown läuft: zero minus x Minuten bis zum Erstschlag.

Ab jetzt sind wir alle Geiseln des Krieges. Abseits stehen ist Verrat, verlangt wird „Schulterschluss", ein passendes Wort: So sind sie früher in den Tod marschiert, ehe es Maschinengewehre gab – Schulter an Schulter, in Tuchfühlung, das dämpfte die Angst beim Vorwärtsstampfen gegen den Feind. Selten ist ein Krieg so offen, so zynisch vorbereitet worden, wie das, was seine Propagandisten den „Waffengang" gegen den Irak nennen. Und selten ist ein Krieg mit einer dreisteren Lüge begründet worden: mit der fantastischen Mär, dass ein orientalischer Wüstenstaat, zwei Drittel so groß wie Texas, den „Weltfrieden" bedrohe und deshalb, wenn nicht ausradiert, so doch entmündigt und unter Aufsicht der USA gestellt werden müsse. Kein Trick war zu billig, keine Täuschung zu plump, um nicht als „Enthüllung" mesopotamischer Weltvernichtungspläne unter das Volk gebracht zu werden.

Dieser Krieg, von der Bush-Regierung mit neurotischer Besessenheit geplant und vorbereitet, hat seine Zerstörungskraft entfaltet, noch ehe der erste Schuss gefallen ist. Die Welt, die wir bis gestern kannten, existiert nicht mehr. Sie ist unter den Hammerschlägen der amerikanischen Militärstrategie zerbrochen. Wir stehen vor einer politischen Trümmer-

landschaft. Zwölf Jahre nach der Selbstauflösung des Warschauer Pakts liegt die Westallianz in Agonie: die transatlantische Partnerschaft degradiert zu einem Vasallensystem, Europa gespalten, die EU zu einer Karikatur erniedrigt.
Die Katastrophe ist nicht das Werk des aufgeblasenen Despoten in Bagdad, auch nicht das Werk des deutschen Bundeskanzlers. Sie geht allein auf Rechnung des US-Präsidenten, der sich berufen fühlt, als Nachfahre römischer Cäsaren ein neues Weltimperium zu errichten.
Man hat den Texaner, der unter abenteuerlichen Begleitumständen zum 43. Präsidenten der USA gewählt wurde und nur per Gerichtsbeschluss ins Weiße Haus einziehen konnte, anfangs verlacht, als er sein politisches Weltbild von „Schurkenstaaten" und der „Achse des Bösen" enthüllte. Inzwischen ist der Welt das Lachen vergangen: Dieser Mann meint es todernst. Seitdem er mit 40 Jahren dem Alkohol entsagte und „den Weg zu Christus" fand, sieht er sich selbst als „Erweckten" – auserwählt, die Menschheit vom Bösen zu befreien, koste es, was es wolle.

Schlimmeres als dieser Erlösungswahn konnte uns nicht zustoßen. Die USA, einst der Wohltäter der Welt, haben sich zum hochmütigen Zuchtmeister der Völker gewandelt. Bushs Lieblingsslogan, „Wer nicht mit uns ist, ist gegen uns", entlarvt ihn selbst: Dies kann nicht das Motto einer Gemeinschaft sein, die auf den Prinzipien der Toleranz und des Interessenausgleichs basiert – dies ist die Kriegserklärung eines totalitären Machtanspruchs an alle, die sich widersetzen.
Unter der Perspektive der Weltherrschaft ist alles von Übel, was Amerika „fesselt" – ob Völkerrecht, UN-Charta, Nato-Vertrag oder bilaterale Abkommen wie die Abrüstungsverträge mit Russland. Der alte Grundsatz „pacta sunt servanda" – Verträge müssen erfüllt werden – gilt für Bushs Amerika nicht mehr. Der Texaner scheute sich nicht, das letzte Tabu einer zivilen Weltordnung zu brechen: die Ächtung

des Angriffskrieges. Er ließ sich vom Kongress per Ermächtigungsbeschluss die Vollmacht zum „Erstschlag“ geben. Seither leben wir in einem Haus, in dem der cholerische Hauptmieter mit entsicherter Waffe herumläuft.

Aus der Traum von einer gemeinsamen Verantwortung für den Planeten. Die herrschende Denkschule im Weißen Haus spiegelt nichts anderes wider als die alten Muster imperialistischer Machtpolitik. In gespenstischer Weise scheint das 19. Jahrhundert auferstanden zu sein, mit seinem Hurra-Patriotismus, seinem blinden Fortschrittsglauben, seinem Missionierungswahn, seinem mörderischen Stolz auf das jeweils modernste Kriegsgerät.

Die Vorweltkriegs-Mentalität (und mit ihr der Sektenfanatismus früherer Jahrhunderte) hat in Nordamerika überlebt wie in einem Naturschutzpark für bedrohte Arten. Nichts ist neu an Rumsfelds „neuem“ Amerika. Die politische Philosophie der Bush-Administration, falls man davon sprechen kann, ist ein Rückfall in die Steinzeit.

Für diese Mentalität ist ein gleichwertiges Europa, das sich zu einem politischen Gegengewicht entwickeln könnte, ein unerträglicher Gedanke. Lieber spaltet man mit Hilfe Englands die EU, als dass man sich mit dem „alten“ Europa zum Dialog an einen Tisch setzt. Aber Dialog ist zum verdächtigen Wort im Weißen Haus geworden. Man zieht es vor, dem Bündnispartner die Pistole auf die Brust zu setzen.

Die sinistre Koalition der „neuen“ Europäer Blair, Aznar und Berlusconi, die außer ihrer grenzenlosen Eitelkeit nichts miteinander verbindet, hat die Kluft in Europa zur Frontlinie werden lassen. Das Projekt des europäischen Staatenbundes ist auf irreparable Weise beschädigt – just in dem Augenblick, in dem bei den Wählern das Gefühl einer Schicksalsgemeinschaft wieder erwacht ist.

Ein neuer Geist regt sich unter dem Druck Amerikas im alten Kontinent, angefeindet vom konservativen Establishment und seinen Medien, dafür aber umso authentischer: Krieg ist hierzulande out, nicht nur in den Köpfen von ein paar Intellektuellen, sondern im Bewusstsein der Völker, die das Recht auf Dissidenz und Selbstbestimmung einfordern. Die USA mussten erleben, dass der Sicherheitsrat es ablehnte, der Supermacht einen Blankoscheck zum Kriegführen auszustellen – bis gestern noch ein undenkbarer Vorgang. Zum ersten Mal in der Geschichte der Bundesrepublik haben wir Nein zum großen Bruder gesagt, zum ersten Mal sind wir unserer Überzeugung gefolgt und nicht der politischen Opportunität. Wir haben dabei gezittert, aber wir haben es durchgestanden. Es war eine unprogrammierte Reifeprüfung. In den Augen der amerikanischen Führung war es freilich nackter Verrat: Der einstige Lieblingsschüler ist zum Rädelsführer der Widerspenstigen heruntergekommen und muss bestraft werden. Namhafte Kongressabgeordnete fordern allen Ernstes Wirtschaftssanktionen gegen die Bundesrepublik, als hätten wir die Menschenrechte verletzt oder bedrohten den Weltfrieden. In der Schurkenliste des Weißen Hauses rangieren wir vermutlich dicht hinter Saddam Hussein und müssen entsprechend behandelt werden. „Donald Rumsfeld strebt die politische Vernichtung von Kanzler Gerhard Schröder und einen Regimewechsel in Deutschland an", schreibt der einflussreiche Kolumnist William Pfaff in der „Herald Tribune". „Er (der Bundeskanzler) muss gedemütigt werden, als Exempel für andere. Die Bush-Administration ist entschlossen, Deutschlands Widerstand in der Irakfrage zu zerschmettern."

Das ist nicht mehr die Sprache einer demokratischen Führungsmacht. Das ist, bestenfalls, die Sprache des Warschauer Pakts. Sie zeigt nur an, auf welches Niveau die „Vormacht der freien Welt" gesunken ist. Wer eine Allianz souveräner Staaten wie eine Strafkompanie führt, will keine Bündnispartner, sondern Satelliten. Der Emanzipationskonflikt, den wir jetzt erleben, stand uns früher oder später bevor. Nun wurde der Krieg zum Auslöser – wenigstens ein achtbarer Anlass.

George W. Bush will diesen Krieg führen, was immer der Sicherheitsrat beschließen mag. Er kann nicht mehr zurück, ohne sein Gesicht zu verlieren. Und so wird er denn zuschlagen mit der geballten Macht seiner Militärmaschine, und jeder Schlag wird auch die „Feiglinge" in Europa treffen, die sich dem Kampf gegen das Böse verweigert haben.

Der Präsident wird seine Ziele erreichen: der Irak unter amerikanischer Militärverwaltung, das Sternenbanner im Herzen der arabischen Welt, das Öl unter US-Kontrolle, Syrien und Saudi-Arabien von Amerika und Israel umklammert, die Palästinenser zurückgeworfen auf den Status eines Eingeborenen-Reservats unter israelischer Aufsicht und – strategischer Hauptgewinn – die US-Armee an der persischen Grenze, bereit zur nächsten Runde, dem Angriff auf Schurkenstaat Nummer zwei.

Das transatlantische Bündnis wird dabei endgültig vor die Hunde gehen. Denn die „Pax americana", von der jetzt manche träumen, wird kein Friede sein, so wenig wie die „Pax romana" je ein Friede war. Der „Kampf gegen den Terrorismus", ein Stochern im Nebel mit untauglichen Mitteln, wird eine Kette von immer neuen Konflikten mit immer neuen Feinden ausbrüten, und er wird so lange erfolglos bleiben, wie Amerika sich weigert, die Ursachen des Hasses zur Kenntnis zu nehmen.

Drei Frösche in der Milch: Ein Gespräch mit Carl Friedrich von Weizsäcker

Der Philosoph und Physiker Carl Friedrich von Weizsäcker (Jahrgang 1912), einer der letzten großen Universalgelehrten, war während des Zweiten Weltkriegs führend am deutschen Atombomben-Projekt beteiligt. Später wurde er zum entschiedenen Kernwaffengegner. In den letzten Jahrzehnten bemühte er sich um eine Weltkonferenz der Religionen, um eine neue Ethik zu entwickeln.

Mit der Versuchs-Explosion der ersten Atombombe in der Wüste von New Mexico am 16. Juli 1945 begann das Atomzeitalter. Die Kernspaltung war die folgenschwerste Entdeckung in der Menschheitsgeschichte – Segen oder Fluch für uns?

Weizsäcker: Es ist zunächst eine Aufforderung. Was wir daraus machen, ob Segen oder Fluch, hängt von uns ab. Im übrigen begann das Atomzeitalter für mich schon im Frühjahr 1939, als ich von Otto Hahn erfuhr, dass bei der Uranspaltung mehrere Neutronen pro Prozess herauskommen, also eine Kettenreaktion entstehen kann. Daraus folgte für jeden, der Kernphysik gelernt hatte, dass es nunmehr möglich war, Atombomben und auch atomgetriebene Maschinen zu bauen. Ich habe am selben Abend mit meinem Freund Georg Picht darüber gesprochen. Dieses Gespräch war für mich entscheidend. Mir wurde klar, ich lebe jetzt in einem Zeitalter, in dem die Atombombe einer der wichtigsten Faktoren werden wird.

Sie haben dann maßgeblich am deutschen Uranprojekt mitgearbeitet. Hatten Sie die Absicht, die Bombe zu bauen?

Ich wollte wissen, ob man es kann. Und wenn man es kann, wollte ich mir klarmachen, was man dann tun muss. Das Gespräch mit Georg Picht führte zu drei Konklusionen. Erste Konklusion: Wenn Atombomben möglich sind, wird es jemanden geben, der sie macht. Das heißt, ich kann zwar meine Weste rein halten und versuchen, nicht mitzumachen. Dadurch beeinflusse ich aber den Gang der Weltgeschichte nicht. Ich muss wissen, was passiert, wenn die Bombe gemacht werden kann und folglich auch gemacht werden wird, irgendwo.

Das bedeutete in der Konsequenz, die Atombombe für Hitler zu bauen?

Mein Gespräch mit Georg Picht ging davon aus, dass Hitler im selben Jahr einen Krieg anfangen würde. Aber dass in diesem Krieg die Bombe schon da sein würde, war nicht unser erster Gedanke. So leicht konnte es doch nicht sein. Hitler vergeht, aber die Bombe besteht, das war so etwa unser Gedanke. Dann aber, zweite Konklusion: Wenn die Bombe gemacht ist, wird es jemanden geben, der sie einsetzt. Und beide Voraussagen haben sich in Hiroshima erfüllt.

Sie sprachen von drei Konklusionen. Welche war die dritte?

Krieg ist eine anerkannte Institution unter den Menschen. Und wenn eine Nation weiß, dass ihr möglicher Kriegsgegner solche Bomben bauen wird, dann wird sie sie vermutlich auch bauen, wenn sie kann. Daraus folgerten wir, die Institution des Krieges muss überwunden werden, oder die Menschheit wird sich selbst zugrunde richten. Auch die amerikanischen Wissenschaftler haben nach Hiroshima und Nagasaki sofort die Frage gestellt: Wie kann man jetzt den Frieden bewahren? Sie haben das ganz genauso gesehen wie wir.

Gab es auf amerikanischer Seite weniger Skrupel als bei Ihnen?

Man lese einmal die Erinnerungen meines Freundes Victor Weisskopf, der auf amerikanischer Seite an der Bombe mitgearbeitet hat. Dort dachte man zuerst, nun ja, jetzt ist Krieg, aber die Bombe ist nicht eilig, das wird irgendwann mal kommen. Dann aber dauerte der Krieg lange, und dann hatte man Angst, die Deutschen bauen vielleicht doch eine

Bombe und kriegen das fertig noch während des Krieges. Dann beschloss man, die Arbeit an der Bombe zu beschleunigen. Weisskopf sinngemäß: „Wir hofften sehr, bei unserer Forschung zu dem Ergebnis zu kommen, dass es überhaupt nicht geht, denn dann hätten die Deutschen es auch nicht machen können, und wir hätten es nicht machen müssen. Dann entdeckten wir aber, dass es geht, und haben uns gesagt, dann müssen wir so schnell wie möglich vorankommen."

Hätten Sie es geschafft, wenn der Krieg noch länger gedauert hätte?

Nach dem Krieg zeigte sich, dass wir in Deutschland nicht imstande gewesen wären, die Bombe zu bauen. Die Amerikaner haben tausendmal soviel Geld dafür ausgegeben und oberirdische Anlagen gebaut. Hätten wir oberirdisch gebaut, so wäre alles durch Luftangriffe zerstört worden.

Nach Hiroshima wurde die Devise „Atom für den Frieden" ausgegeben. Ist diese zivile Nutzung der Atomenergie, die dann lautstark propagiert wurde, nicht nur ein Abfallprodukt der Bombe? Hatte sie nicht lediglich eine Alibi-Funktion?

Ich würde es nicht so sagen. Ich will mal von Otto Hahn (Entdecker der Kernspaltung) reden. Er sagte mir im September oder Oktober 1939: „Wenn der Hitler durch meine Arbeit eine Atombombe bekommt, dann bringe ich mich um." Dann warfen die Amerikaner die Bombe über Hiroshima ab, und Hahn war an dem Abend, als die Nachricht kam, ganz verzweifelt. Wir waren damals interniert in England, und unsere Gespräche wurden abgehört, was wir natürlich nicht wussten. Aber die Protokolle sind jetzt freigegeben und veröffentlicht worden.

Sie fürchteten, Otto Hahn würde sich etwas antun?

Ja. Dann hat Hahn sich getröstet, indem er sagte, aber wenigstens werden wir der Menschheit jetzt eine nicht versiegende Energiequelle zur Verfügung stellen können. An diesem Projekt haben wir ja im Krieg ausschließlich gearbeitet, denn wir haben bald gesehen, dass für uns die Bombe doch nicht ging. Wir haben versucht, das, was man heute einen Reaktor nennt, zu bauen, wir sagten „Uranmaschine". Hahns Meinung war: Die Kohle geht zu Ende, das Öl geht zu Ende, nur das Uran ist reichlich genug vorhanden, und wir werden der Menschheit eine Energiequelle geben, wie sie sie noch nie gehabt hat. Das war eigentlich die Hoffnung.

Sie sind nach dem Krieg gewissermaßen vom atomaren Saulus zum Paulus geworden. Sie waren anfangs fasziniert von der Bombe, haben sich aber später sehr entschieden dagegen ausgesprochen. In der Göttinger Erklärung von 1957 protestierten Sie gegen eine atomare Aufrüstung der Bundesrepublik und erklärten zusammen mit 17 führenden Wissenschaftlern, dass Sie nicht daran mitarbeiten würden. Wie ist es zu diesem Sinneswandel gekommen?

Ich würde nicht sagen, dass ich vom Saulus zum Paulus geworden bin, sondern ich bin in eine neue Lage gekommen. Ich war in der Tat anfangs daran interessiert zu wissen, ob man die Bombe bauen kann. Ich hatte eine Idee, von der ich hinterher sah, dass sie ein völliger Irrtum war, aber ich war jung, und ich habe mich da geirrt. Ich dachte, wenn ich einer von den wenigen wäre, die wissen, wie man die Bombe macht, könnte ich möglicherweise die deutsche Regierung bewegen, den Krieg zu vermeiden, könnte ich Einfluss nehmen auf die deutsche Politik. Dass Hitler so beschaffen war, dass das nicht ging, ist mir dann auch klar geworden.

Wie kam es dann später zur Göttinger Erklärung?

Damals besaßen die Russen schon die Atombombe. Ich glaubte, wenn nur Amerika, England und Russland die Bombe besitzen, können sie vielleicht Vernunft bewahren und gerade wegen der Bombe Frieden halten. Wenn aber zwanzig oder mehr Länder die Bombe bauen können, dann wird es irgend jemanden geben, der sie auch benutzt. Also muss man als erstes die Verbreitung der Atomwaffen zu verhindern suchen. Wenn wir uns aber dafür einsetzen wollen, dann ist Vorbedingung, erst einmal der Welt die deutsche Nichtbeteiligung an der nationalen Produktion von Atomwaffen klarzumachen.

Wollte die Regierung Adenauer wirklich die atomare Aufrüstung der Bundesrepublik?

Franz Josef Strauß war damals Atomminister geworden. Ich gehörte zum Beraterkreis seines Ministeriums und lernte Strauß gut kennen, ein hochintelligenter Mann. Aber dass er den Wunsch hatte, Bomben zu produzieren, das wurde mir ziemlich bald klar. Er hat es uns nicht ausdrücklich gesagt, aber so etwas merkt man doch. Dann wurde Strauß Verteidigungsminister.

Welche Schlüsse zogen Sie daraus?

Wir, Heisenberg und die anderen Berater, gingen davon aus, Strauß wird anfangen, Bomben zu machen, und wir sollten ihm helfen. Da dies aber keiner von uns wollte, schrieben wir Strauß einen Brief.

Wie reagierte er?

Es kam zu einem Gespräch, das ziemlich wild und komisch zugleich verlief. Strauß sagte: „Also, meine Herren, Sie haben mir da einen Brief geschrieben. Wissen Sie, was ein Beamter meines Ministeriums von den Russen für diesen Brief bekommen würde? 100 000 Mark bekommt er für diesen Brief." Er brüllte geradezu. Darauf erwiderte Otto Hahn: „Herr Minister, beruhigen Sie sich. Wir wollten den Brief sowieso veröffentlichen."

Warum haben Sie es dann doch nicht getan?

Weil Strauß sagte: „Ich will gar keine deutschen Atomwaffen. Ich will europäische Atomwaffen. Die Amerikaner werden sich aus Europa zurückziehen. Dann sind wir das Opfer der russischen Atomwaffen, wenn wir keine haben." Wir konnten nicht mit einem Brief gegen deutsche Atomwaffen in die Öffentlichkeit gehen, weil er gesagt hätte: „Die haben überhaupt nicht verstanden, was ich will."

Wie kam es dann zur Göttinger Erklärung?

Der Auslöser war eine etwas leichtfertige Äußerung von Adenauer. „Nun, diese taktischen Atomwaffen, das ist ja eine bloße Fortsetzung der Artillerie", sagte der Bundeskanzler 1957 vor dem Deutschen Bundestag. Als ich das las und meinen Kollegen davon berichtete, sagten die sofort: „Jetzt müssen wir uns äußern." Dann haben wir in drei Tagen die Erklärung verfasst und sofort veröffentlicht.

Das war eine politische Bombe.

Ja. Wir sagten, ein kleines Land wie die Bundesrepublik würde sich am besten schützen, wenn es freiwillig auf den Besitz von Atomwaffen verzichtet. Jedenfalls wäre keiner von uns bereit, sich an der Herstellung, Erprobung oder dem Einsatz von Atomwaffen zu beteiligen. Und diese paar Sätze waren das, was öffentlich gewirkt hat.

Wäre es ohne die Göttinger Erklärung zu einer deutschen Atomwaffenproduktion gekommen?

Vielleicht nicht. Aber nach dem Plan von Strauß wäre es möglicherweise zu einer europäischen Atomwaffenproduktion gekommen. De facto kam es dann nur zur französischen Atombombe.

Wir haben 40 Jahre oder mehr unter der Bedrohung des Atomkrieges gelebt. Ist das vorbei?

Nein, das ist nicht vorbei. Ich würde sogar sagen, die Gefahr, dass es einen begrenzten Atomkrieg gibt, halte ich heute für größer als früher. Man stelle sich einmal vor, dass irgendwo im Nahen Osten ein Krieg durch Einsatz einer Atomwaffe plötzlich entschieden würde.

Seit 1970 gibt es den Atomwaffensperrvertrag, der die Ausbreitung der Kernwaffen verhindern soll. Wie lange wird diese Sperre noch halten?

Das weiß ich nicht. Ich habe seinerzeit, als der Vertrag entstanden ist, an den Gesprächen darüber teilgenommen. 1969 sagte mir ein indischer Kollege, den ich sehr schätzte: „Wissen Sie, wir werden diesen Vertrag nicht unterzeichnen. Wir sind Anhänger von Gandhi, wir sind für den Frieden, für die Gewaltlosigkeit. Aber dass wir einen Vertrag unterzeichnen, dessen Text im Grunde bedeutet, wir seien moralisch nicht würdig, diese Waffen zu haben, während eine Nation, die schon Hunderttausende Japaner mit der Bombe umgebracht hat, moralisch würdig ist – das kommt für uns nicht in Frage."

Die Grenzen zwischen militärischer und ziviler Nutzung der Kernenergie sind fließend. Reaktormaterial lässt sich auch zum Bau der Bombe verwenden.

Richtig.

Dennoch waren Sie lange Zeit ein starker Befürworter der zivilen Nutzung.

Ja.

Wie sehen Sie die Frage heute, nach Tschernobyl?

Die Frage der Sicherheit hat mich immer beschäftigt, vor allem die Frage: Was passiert mit einem Reaktor im Krieg, wenn er mit Sprengbomben angegriffen wird? Das hat mir schlaflose Nächte gemacht, während ich sonst fand, Reaktoren sind doch eigentlich eine sehr gute Sache.

Das Risiko wurde jahrzehntelang heruntergespielt.

Allerdings. Im Jahre 1975 hatte ich den Vorsitz im beratenden Ausschuss für Forschung und Technologie des Forschungsministeriums inne. Da habe ich den Leuten aus dem Ministerium gesagt: „Sie müssen sich darauf gefasst machen, dass jetzt eine große Anti-Kernenergie-Bewegung kommen wird.“ Dennoch war ich auch öffentlich weiter ein Befürworter der Kernenergie und davon überzeugt, dass man die Sicherheitsmaßnahmen so treffen könne, dass die Reaktoren funktionieren.

1979 kam es in Harrisburg in den USA zur ersten Beinahe-Katastrophe.

Schon ein paar Jahre vorher sprach ich mit Norman C. Rasmussen, dem Verfasser des US-Berichts über die Sicherheit von Kernreaktoren. Ich fragte ihn: „Was machen Sie eigentlich, wenn ein Reaktor abgeschaltet werden muss?“ „Da muss man dann eben dafür sorgen, dass er sich nicht zu sehr erhitzt. Da gibt es gewisse technische Maßnahmen, die man treffen muss.“ „Und wer macht das?“ „Die Crew, die Leute, die das betreiben“, war die Antwort. „Aber wenn die Crew das nicht tut?“ „Die muss das tun, sonst ist es eine Katastrophe.“ Ich merkte, dass ich nicht durchkam mit meiner Frage, und sagte: „Aber Sie liefern doch auch Reaktoren ins Ausland. Nehmen wir an, Sie haben einen Reaktor in den Libanon geliefert, und die Crew besteht aus Christen, und dann kommen die Moslems, und die Crew flieht, und der Reaktor muss abgeschaltet werden. Was dann?“ „Die Crew muss dafür sorgen.“ Pause. Hinterher sagte einer der amerikanischen Kollegen zu mir: „Ich habe in den letzten zehn Minuten viel gelernt.“ Das heißt, das Problem war wirklich nicht durchdiskutiert.

Haben Sie heute Vertrauen in die Reaktortechnik?

Wenn ich alles zusammennehme, kann ich die ungeheure Aufregung gegen Kernreaktoren nicht teilen. Ich glaube, dass Kernenergie, wenn sie wirklich sicher gemacht ist, für das globale Klima wesentlich besser ist als Kohle und Öl. Andererseits enthält sie jedoch die Gefahren, die wir kennen. Ich würde es vorziehen, die fossilen Brennstoffe teilweise durch erneuerbare Energieformen, etwa durch Sonnenenergie, zu ersetzen. Mit einer ökologischen Steuerreform könnte das möglich sein: Fossile Brennstoffe würden dann teurer und weniger gefährliche Energieformen marktfähig. Dann könnte man die Kernenergie möglicherweise verschwinden lassen.

Wir werden demnächst an die 500 Kernkraftwerke weltweit haben, davon den allergrößten Teil in Ländern wie Russland. Das Risiko steigt mit jedem neuen Reaktor.

In der Tat. Deshalb insistiere ich auch nicht auf Fortsetzung der Kernenergie. Ich sage nur, wenn man wegen der Panik, die die Kernenergie auslöst, die Klimakatastrophe über die Menschheit bringt, weil man statt dessen fossile Brennstoffe verwendet, dann hat man das Falsche getan.

Wie steht es heute um das politische Bewusstsein von Wissenschaftlern? Viele sagen: Wir machen unsere Wissenschaft, mit Politik und Gesellschaft haben wir nichts zu tun. Hat die Wissenschaft eine moralische Verpflichtung, sich einzumischen?

Die Meinung, die Wissenschaft sei als solche wertfrei, scheint mir ganz falsch. Ich habe da immer so einen blöden Vergleich. Ich sage, wenn Eltern ihrem dreijährigen Kind vormachen, wie man ein Streichholz anzündet, dann spazieren gehen, und das Haus brennt ab, ist doch nicht das Kind schuld. Wenn die Wissenschaftler der Menschheit vormachen, wie man ungeheure Energien erzeugt, und dann sagen: „Im übrigen geht uns die Verwendung gar nichts an“, sind diese Wissenschaftler schlicht Idioten und unmoralisch.

Stellt sich dann nicht für den Wissenschaftler die Frage: Darf ich alles machen, was ich machen kann?

Natürlich. Kein Mensch darf alles machen, was er kann.
In der Gentechnologie steht die Wissenschaft wieder vor einer Schallmauer wie im Jahre 1939 die Kernphysik. Die Frage lautet: Darf ich eine Genmanipulation durchführen, die dem Schöpfer ins Handwerk pfuscht? Die Gentechnik ist nicht mein Fach, wäre ich aber Biologe oder Mediziner,

würde ich mich anstrengen, die sozialen und politischen Konsequenzen der Sache sorgfältig zu überlegen. Die bloße Meinung, man darf es überhaupt nicht tun, scheint mir undurchsetzbar. Man tut es eben. Aber zu sagen, man darf alles tun, was man kann, das ist in der Gentechnik ebenso falsch wie überall sonst auch.

Sie haben mehrfach eine neue Ethik verlangt.

Aber diese neue Ethik kann nicht darin bestehen, dass man irgendwo in einem Gesetzbuch findet, was man tun soll. Es gibt kein Gesetzbuch, in dem das steht. Man muss die Normen selber ausarbeiten.

Wie kommen wir wieder zu ethischen Maßstäben, die mehr sind als Gesetze oder staatliche Vorschriften?

Eine religiöse Bewegung entsteht immer auf der Basis eines religiösen Bedürfnisses. Wenn wir es nicht als notwendig empfinden, dass es das gibt, dann kommt es auch nicht. Aber dieses Bedürfnis ist vorhanden. Warum gibt es so viele Sekten? Weil die großen religiösen Organisationen die Glaubwürdigkeit in zunehmendem Maße verlieren, aber das religiöse Bedürfnis unerfüllt bleibt.

Was machen die Kirchen falsch?

Die großen religiösen Organisationen unserer Welt sind viele Jahrhunderte alt und haben uns Denkweisen, Sprache und soziale Strukturen vererbt, die mit der heutigen Bewusstseinslage und der heutigen Sozialstruktur nur unvollkommen vereinbar sind. Und das wird immer stärker empfunden. Infolgedessen werden manche Religionsorganisationen wie einige Formen des Islam fundamentalistisch und stoßen dadurch jene Menschen ab, die modern denken können. Die anderen versuchen, modern zu sein, und sind das meistens einfach dadurch, dass sie nichts mehr fordern. Und beides kommt mir unzureichend vor.

Sehen Sie eine Renaissance der Religion?

Ich würde sagen, die Religion hat gar keine Chance, ihren wahren Zielen näher zu kommen, wenn sie nicht die Aufklärung voll ernst nimmt. Und die Aufklärung hat keine Chance, ihren wahren Zielen voll nachzukommen, wenn sie nicht die Religion ernst nimmt. Ich habe nicht die geringste Schwierigkeit, mit einem Buddhisten aus Japan darüber zu reden oder mit dem Dalai Lama. Analog kann ich natürlich auch mit allerhand prominenten Christen sprechen.

Auch mit deutschen Bischöfen?

Ja, das kann ich sehr wohl. Die sind verschieden, und ich kann nicht mit allen gleich gut reden. Jedenfalls behaupte ich, das Bewusstsein für dieses Problem meldet sich.

Herr von Weizsäcker, wenn Sie auf Ihr Leben zurückblicken, was war für Sie das Beste daran?

Das Beste? Die Freundschaft mit Werner Heisenberg, die Ehe mit meiner Frau, dann ein paar Schritte in der Wissenschaft, dann ein wichtiges religiöses Erlebnis in der Ebene der mystischen Erfahrung in Indien.

Können Sie das beschreiben?

Das ist eigentlich kaum aussprechbar. Etwas, das allen großen Religionen gemeinsam ist, die innere Erfahrung, das Gebet, die Meditation. Die Formen, in denen das eingeleitet wird, sind verschieden. Aber wenn man dann einmal sieht, wie die Erfahrungen, die man da macht, geschildert werden, dann ist deren eigentlicher Kern nicht verschieden.

Sie haben vor einiger Zeit in einem Gespräch den überraschenden Satz gesagt: „Es geht voran mit der Menschheit.“ Wo sehen Sie einen Hoffnungsstrahl?

Ich antworte da meistens mit einer ganz simplen Geschichte von den drei Fröschen in der Milch: Drei Frösche fielen in ein Sahnefass, ein Optimist, ein Pessimist und ein Realist. Der Optimist sagte: „Ach, wie nett in der Milch“ – so lange, bis das Fett ihm seine Atemorgane verklebte und er zugrunde ging. Der Pessimist sagte: „Ich habe immer gewusst, dass das nur schief gehen kann. Ich kann ja nicht aus der Milch rauskommen.“ Er tat nichts und ging ebenfalls zugrunde. Der Realist sagte: „Ich weiß auch nicht, wie ich aus der Milch rauskomme, aber was kann ein Frosch schon tun? Er kann strampeln.“ Und er strampelte und strampelte, bis er etwas Festes unter seinen Füßen fühlte – es war Butter, die er gemacht hatte. Auf die kletterte er und sprang raus. Also: Strampeln!

Die Frage ist nur, ob die Menschheit im Moment strampelt.

Man kann ganz leicht beweisen, dass die Menschheit mehrheitlich nicht strampelt, aber vielleicht war es immer eine Minderheit, die es getan hat.

Zeitenwende: Deutschland – wohin?

Die Politik der Gemütlichkeit und Schläue ist das tödliche Gift für die Idee der Demokratie.
Karl Jaspers (1960)

„Wir entscheiden nichts, wir sind nur Zuschauer unseres Schicksals“, schrieb der spätere Bundespräsident Theodor Heuss im Jahre 1946 in sein Tagebuch. Der Satz umreißt das tiefe Ohnmachtsgefühl der Deutschen nach dem Amoklauf unter dem Hakenkreuz. Deutschland befand sich auf dem Nullpunkt seiner Geschichte. Der Staat war ausgelöscht. Es gab nur noch ein namenloses Territorium unter Aufsicht fremder Militärbehörden. Das Land war eine Trümmerwüste, Millionen hausten in Notunterkünften. Das Geld hatte seine Funktion verloren, es gab nichts mehr zu kaufen. Die Lebensmittelzuteilungen lagen unter der Grenze des Existenzminimums. Zukunft war nicht vorstellbar.
„Wir sind wieder wer“, sagte Ludwig Erhard ein Jahrzehnt später. Aus der Trümmerwüste war das Land des Wirtschaftswunders geworden, das Land der D-Mark, des VW-Käfers und der Vollbeschäftigung. „Wohlstand für alle“ hieß der Leitsatz der „sozialen Marktwirtschaft“. Nach Diktatur, Krieg und Zwangswirtschaft durfte der Einzelne endlich wieder ICH sein. Der „pursuit of happiness“, das Streben nach Glück – in der amerikanischen Verfassung als Grundrecht festgeschrieben –, wurde der erste (ungeschriebene) Glaubensartikel der Bonner Republik.

„Jetzt wächst zusammen, was zusammengehört“, sagte Willy Brandt 1989. Die Mauer, die Deutschland teilte, war gefallen – nicht durch eigenes Verdienst, sondern als Ergebnis des Zusammenbruchs der Sowjetunion. Deutsche/Ost und Deutsche/West lagen sich nach einem halben Jahrhundert kalten Bürgerkriegs in den Armen.

Doch die Euphorie verflog schnell. Was „Wiedervereinigung“ genannt wurde, war kein behutsamer Zusammenschluss zweier gegensätzlicher Systeme, sondern eine Gleichschaltung ohne Rücksicht auf ökonomische, politische und landsmannschaftliche Gegebenheiten. Eine ganze Volkswirtschaft wurde im Rekordtempo „abgewickelt“, Hunderttausende verloren über Nacht ihren Arbeitsplatz und damit ihren Lebensmittelpunkt. Die Annexion wurde zur schwersten Hypothek des nunmehr vereinigten Landes. Über eine Billion (1000 Milliarden) Euro sind von West nach Ost geflossen, ohne die soziale und ökonomische Erosion des „Beitrittsgebietes“ stoppen zu können. Ganze Regionen sind verödet, die Abwanderung der Jugend hält an, die Arbeitslosigkeit ist nahezu doppelt so hoch wie im Westen, der psychologische Graben heute tiefer als zur Zeit des Mauerfalls.

Die „Wende“ markiert das Ende der deutschen Nachkriegsgeschichte, und damit das Ende vom Aufstieg der Bundesrepublik zur stärksten Wirtschaftsmacht Europas und zum viel bewunderten Modell des Wohlfahrtsstaates. Die Bonner Republik ist mit der Wiedervereinigung versunken, ebenso wie die DDR, ihre ungeliebte Stiefschwester. Wir leben seither in einem anderen Land, „Berliner Republik“ genannt, ein Land, das seine Konturen noch immer nicht gefunden hat und von der Spitzengruppe der Europäischen Gemeinschaft kontinuierlich ins Feld der Schlusslichter abgerutscht ist: Mit fünf Millionen Arbeitslosen haben wir die Panikmarke der Weimarer Republik erreicht.

Die Krise kam nicht über Nacht. Sie hat tief greifende Ursachen – politische, ökonomische und psychologische. Sie trifft nicht nur uns, doch sie trifft uns härter als andere, denn uns fehlt etwas, was alle anderen Nationen um uns herum besitzen: eine stabile kollektive Identität, ein schützendes Dach, unter dem der Einzelne, ungeachtet aller politischen Antagonismen, in prinzipiellem Einverständnis mit seinem Land und seiner Geschichte lebt, wie jeder Däne oder Portugiese.

Eine deutsche Identität dieser Art gibt es nicht. Wir haben sie nur krüppelhaft entwickelt, und das hat seine Gründe. Wir waren – von kurzen Intervallen abgesehen – nie eine einheitliche Nation. Wir haben durch die Jahrhunderte in amorphen, autoritären, feudalen oder terroristischen Staaten gelebt. Wir haben keinen demokratischen Freiheitswillen entwickelt und nie eine wirkliche Revolution zustande gebracht. Wir haben infolgedessen nie erfahren, was Kontinuität ist. Ohne Kontinuität aber entsteht keine Identität. Die „jungen" USA sind mehr als 200 Jahre alt und haben immer noch dieselbe Fahne und dieselbe Verfassung. Wir dagegen könnten gar nicht sagen, wie viele Fahnen und Verfassungen wir in den letzten 200 Jahren verbraucht haben.
Hitler hat uns den Rest gegeben. Wir sind noch immer krank davon. Und nun beklagen wir unseren Mangel an Identität. Woher sollen wir sie nehmen? Aus der Vergangenheit? Aus welcher? Die Vergangenheit ist tot. Wir können Hitler nicht rückwärts überspringen. 1945 war insofern die Stunde Null, als die Nachkriegsdeutschen die Geschichte – und zwar die gesamte Geschichte – radikal aus ihrem Gedächtnis löschten und unter dem Status der Entmündigung ins Nichts flüchteten – Zuschauer ihres Schicksals, wie Heuss schrieb. Es war psychologisch eine bequeme Zeit: man war nicht mehr für sich selbst verantwortlich. Verlierer zu sein, hatte auch sein Gutes. Das wirkt bis heute nach. Damals entwickelten wir zwei Ersatz-Identitäten, die erstaunlich lange funktionierten: Nr. 1 war die D-Mark, Nr. 2 die Europa-Idee.

Die D-Mark war weitaus mehr als eine Währung. Sie war, so paradox es klingt, das seelische Fundament der Bonner Republik. Die Währungsreform von 1948, und nicht die ein Jahr später erfolgte Staatsgründung, war im Bewusstsein der Bevölkerung der konstituierende Akt des Neubeginns (bezeichnenderweise ist das Datum der Staatsgründung, der 23. Mai 1949, nie zum Staatsfeiertag erhoben worden). Die D-Mark war der Ablasszettel für die „Vergangenheit", die Eintrittskarte in die Welt, Gradmesser deutscher Tüchtigkeit – etwas, auf das man wieder stolz sein konnte. So wurde „die Wirtschaft" zur neuen Weltanschauung der Deutschen.

„Wohlstand für alle" war nicht nur ein Werbeslogan, sondern Ausdruck einer traumatischen politischen Erfahrung: Auch den Konservativen war damals klar, dass der Manchesterkapitalismus der Vorkriegszeit kein Modell für die postfaschistische Ära sein konnte. Man durfte nicht zulassen, dass die Arbeiterschaft abermals ausgegrenzt und damit zum sozialen Sprengstoff werden würde. Das wirksamste Mittel (nach der Atombombe), das man dem Stalinismus und der Klassenkampfrhetorik entgegensetzen konnte, war eine sozial gerechte und materiell befriedete Gesellschaft.

Vor diesem Hintergrund war das Experiment Bundesrepublik ein durchschlagender Erfolg. Die anfangs so bescheidene rheinische Republik entwickelte sich trotz beträchtlicher innerer Spannungen zum erfolgreichsten und stabilsten Staat der jüngeren deutschen Geschichte: Sie befand sich in ihrer biedermeierlichen Selbstbeschränkung in Übereinstimmung mit ihren Bürgern, denen sie – in den Gründerjahren – nichts anderes abverlangte als die Zahlung der Einkommensteuer und die Beachtung der Verkehrsregeln.

Der Preis war eine tief greifende Entpolitisierung des öffentlichen Lebens – was ebenfalls alter deutscher Tradition entsprach. Der „Michel" mit der Zipfelmütze feierte in der Bonner Republik fröhliche Urständ. Diese Republik fand

ihre Inkarnation in der Figur Helmut Kohls, der länger regierte als irgendein deutscher Staatsmann seit Otto von Bismarck. Es ist kein Zufall, dass sein Regime am Ende in einem Sumpf von Korruption unterging. Wo das Geld zum alleinigen Maßstab des Lebens wird, zieht die Moral, auch die öffentliche, den Kürzeren.
Karl Jaspers, der hellsichtige Kritiker der alten Bundesrepublik, warnte schon in den sechziger Jahren vor dem Totalitarismus ökonomischen Denkens: „Die Bedingungen des Lebens sind nicht das Leben selber. Das Leben kann versinken in das Wirtschaftliche, wenn dieses als das Absolute gilt. Dann wird die Freiheit des Menschseins verloren, sowohl unter der totalen Herrschaft in der zentralen Planung wie unter der politischen Freiheit in dem Betrieb, der sich faktisch dem totalitären nähert."

Was damals noch als pessimistische Vision eines Moralisten beiseite geschoben werden konnte, ist inzwischen harte Realität: Die Globalisierung hat die Herrschaft der Ökonomie zur de-facto-Diktatur werden lassen, die die politischen und moralischen Kategorien des Lebens ihren Erfordernissen unterwirft. Der Kalte Krieg war neben der militärischen Konfrontation auch ein Wettbewerb der Systeme gewesen, doch als der Sozialismus russischer Prägung die weiße Fahne hisste, war es damit vorbei. Der Westen musste nun nicht mehr beweisen, dass sein Gesellschaftsmodell das bessere und humanere war. Die Selbstliquidierung der Sowjetunion löste die Bremsen, die sich der Kapitalismus in fünfzigjährigem ideologischen Krieg selbst auferlegt hatte. „Soziale Verantwortung" wurde zum Unwort, „Globalisierung" zum Dogma eines entfesselten Sozialdarwinismus. Während die Politik krampfhaft versucht, einen neuen „Patriotismus" zu wecken, haben sich die internationalen Konzerne längst aus jeder nationalen, sozialen oder moralischen Bindung verabschiedet. Ihre Leitsterne sind der Börsenkurs und der vierteljährlich verkündete Orakelspruch der „Performance".

Traditionsreiche Unternehmen mit zehntausenden von Arbeitnehmern werden im Zuge eines gnadenlosen Wettbewerbs verramscht oder zerschlagen – die Weltwirtschaft ist zum Spielball weniger Konzerne, ihrer Manager und Großinvestoren geworden.

Die Politik – gleich welcher Couleur – steht dieser Entwicklung ohnmächtig gegenüber, nur noch damit beschäftigt, die Kollateralschäden der Globalisierung einzudämmen. Die ökonomische Macht liegt in den Händen anonymer Finanzgruppen und Großspekulanten, die keine Eigentumsbindung mehr kennen, und damit auch keine aus dem Eigentum sich ergebende gesellschaftliche Verpflichtung. Das Wort von den „Heuschrecken“, die über gesunde Unternehmen herfallen, um sie dann ausgesaugt zurückzulassen, ist ja nicht deshalb falsch, weil sein Urheber der Vorsitzende der Sozialdemokratischen Partei war.

Wir sind auf dem Wege zurück zur alten Klassengesellschaft, die wir einst für endgültig überwunden hielten. Die Schere zwischen Arm und Reich öffnet sich von Jahr zu Jahr weiter. 13,5 Prozent der Bevölkerung leben inzwischen unterhalb der statistischen Armutsgrenze. Obdachlose, die in den glitzernden Shoppingcenters auf dem Boden hocken und um ein Almosen betteln, gehören längst zum Alltagsbild deutscher Großstädte. Ludwig Erhards „Wohlstand für alle“ klingt heute wie ein billiger Zynismus. Der Zeitpunkt ist gekommen, an dem sich die Gretchenfrage stellt, ob ein System, das – bei boomender Exportwirtschaft und Rekordgewinnen an der Börse – Millionen Menschen auf die Straße setzt, wirklich die beste aller denkbaren Welten darstellt.

Zu den Verwüstungen der Globalisierung kommt der Zusammenbruch des sozialen Sicherungssystems, das einst die tragende Säule des deutschen Wohlfahrtsstaates war. Unter der doppelten Zerreißprobe einer immensen Staatsverschuldung und einer demoskopischen Implosion, die die Alterspyramide auf den Kopf stellt, steht das System vor dem Kollaps.

Die Katastrophe – denn um eine solche handelt es sich – traf die Bevölkerung vollkommen unvorbereitet, obwohl sie seit langem erkennbar war. Anders als die meisten europäischen Nationen haben die Deutschen seit Bismarck unter einem ungeschriebenen Sozialvertrag mit dem Staat gelebt. Der Staat übernahm die Verantwortung für soziale Mindeststandards, die das Abrutschen in nackte Not zumindest eindämmten. Der Gedanke, dass das System der Sozial- und Arbeitslosenversicherung eines Tages bankrott sein könnte wie ein schlecht geführter Bäckerladen, lag jenseits der Vorstellung des deutschen Arbeitnehmers.

„Bonn ist nicht Weimar" hieß ein Bestseller in den sechziger Jahren. Dessen können wir heute nicht mehr so sicher sein. Auch die NSDAP war bis 1930 eine unbedeutende Splitterpartei von 2,6 Prozent, über die sich der „Simplizissimus" lustig machte. Erst die dramatisch anschwellende Flut der Arbeitslosigkeit katapultierte die Hitlerpartei in nur zwei Jahren auf über 37 Prozent und machte sie damit zur stärksten Partei im Deutschen Reich.

Soweit sind wir gottlob noch nicht, und werden es hoffentlich auch nie wieder sein. Doch das Grundvertrauen in die Dauerhaftigkeit und Unantastbarkeit des sozialen Schutzvertrages ist erschüttert, das Einverständnis mit dem politischen System einer tiefen Verunsicherung gewichen. Die Entpolitisierung der Gesellschaft rächt sich jetzt. Demokratie bedeutet Mitverantwortung und Mitwirkung des Volkes in den existentiellen Fragen des Gemeinwesens, diesseits der vierjährigen Wahlrituale. Genau dies aber findet in Deutschland nicht statt. Alle wesentlichen Entscheidungen in der Geschichte der Bundesrepublik wurden ohne Konsultation, geschweige denn Mitwirkung der Bevölkerung getroffen: von der Staatsgründung und Verabschiedung der Verfassung, über Nato-Beitritt, Wiederbewaffnung und Wiedervereinigung bis zur Einführung des Euro und der Europa-Verfassung. Kein Wunder, dass die Entfremdung zwischen Regierten und Regierenden von Jahr zu Jahr gewachsen ist: Auf der einen Seite die Arroganz der Macht, die die Fähigkeit zur Kommunikation mit dem Souverän verloren hat, und auf der anderen Seite eine Mentalität zynischer Gleichgültigkeit und Ablehnung gegen „die da oben", denen man die Behebung der Probleme nicht mehr zutraut.

Unter der Regierung Schröder hat diese Kluft eine gefährliche Dimension erreicht. Kein Bundeskanzler hat in so kurzer Zeit so viel Vertrauenskapital verspielt wie Gerhard Schröder, der Hoffnungsträger der neunziger Jahre. Er repräsentierte einen neuen Typus in der deutschen Politik: den Pragmatiker der zweiten Nachkriegsgeneration, den Selfmademan und ideologiefreien Karrieristen, für den die Bindung an eine Partei nur insofern nötig war, als sie ihm als Machtbasis diente.

Er kam von ganz unten, ein Kellerkind des Wirtschaftswunders. Seinen Vater hat er nie gekannt, er fiel im Krieg. Der Sohn musste sich seinen Weg allein suchen. Sein Aufstieg ist ein Paradebeispiel für die soziale Durchlässigkeit der frühen Bundesrepublik. Alles, was er wurde, schaffte er aus eigener Kraft. Ein zäher Arbeiter, der seine Berufsziele und Ehen wechselte, sobald sie nicht mehr hielten, was er sich von ihnen versprach; ein Multitalent, das die Politik als sein Lebenselixier entdeckte, weil die Regeln dort so ähnlich sind wie auf dem Fußballfeld, wo er ein guter Mittelstürmer war; ein Liebling des Schicksals, der es vollkommen ernst meinte, als er am Zaun des Bonner Kanzleramts rüttelte und übermütig rief: „Ich will da rein!" Und der dann einige Jahre später wirklich einzog in das Allerheiligste der Macht, in das neue Kanzleramt in Berlin, das Helmut Kohl für sich gebaut hatte.

Gerhard Schröder betrat die Bühne in der Attitude des Jongleurs, der dem Publikum noch nie gezeigte Kunststücke vorführen würde. Seine PR-Maschine stilisierte ihn zum „Modernisierer", er versprach den „Aufbruch", was immer das heißen mochte – jedenfalls raus aus dem Mief der Kohl-Jahre, Brioni-Style statt Strickweste, Havanna statt Saumagen, Positano statt Wolfgangsee. Doch niemand, auch er selbst nicht, vermochte zu sagen, was eigentlich sein politisches Credo war. Er war auf eine irritierende Weise traditionslos, und das heißt bindungslos, insofern ein echtes Kind der Bonner Republik. Sein Kompass war der Zeitgeist, der sich dreht wie der Wind, und für den er eine untrügliche Witterung besaß.

Der Zeitgeist war für Globalisierung und gegen Sozialstaat. Also nahm Schröder den Kampf mit der eigenen Partei auf, die bockig an ihren Überzeugungen festhielt. Er hat sie schließlich kleingekriegt, unter dem Applaus des konservativen Lagers. „Was Schröder tut, ist destruktiv", frohlockte die FAZ, „das Maß der Zerstörung sozialdemokratischer Selbstverständlichkeiten ist der Maßstab seines Erfolgs." Die Partei schluckte unter seiner Führung Niederlage auf Niederlage, doch das irritierte ihn nicht. „Die Enttraditionalisierung", schrieb der Göttinger Politologe Franz Walter, „hat viele sozialdemokratische Parteisoldaten kulturell enteignet, hat sie ortlos gemacht und ihnen die Mythen genommen, sie der Sprache beraubt. Eine Partei aber, die an ihren Kernbotschaften zweifelt, verliert das Selbst- und Sendungsbewusstsein, das der Treibstoff für ihr idealistisches Engagement ist."

Gerhard Schröder, der Technokrat der Macht, verwechselte die menschliche Gesellschaft mit einem Industrieunternehmen. Sein Lieblingswort – und das vieler Wirtschaftsmagnaten – heißt „Flexibilität". Der Mensch aber ist nicht auf Flexibilität angelegt, sondern auf das Gegenteil: Er sucht Stabilität und Sicherheit, er will nicht dauernden Wechsel, sondern Kontinuität. Er will nicht das Neue, sondern das Altgewohnte. Er sehnt sich nicht nach „Mobilität", einem Leben auf ewiger Wanderschaft, sondern nach Sesshaftigkeit und Heimat. Eine Politik, die diese Elementarbedürfnisse samt und sonders ignoriert und stattdessen den Menschen nach den Regeln der Robotersteuerung neu erfinden will, muss über kurz oder lang scheitern wie weiland der Sowjetkommunismus, der ebenfalls einen Neuen Menschen kreieren wollte.

Sieben Jahre nach seinem Amtsantritt stand Gerhard Schröder vor dem Scherbenhaufen seiner Politik. Er hatte den Abbau des Sozialstaats forciert, die Renten eingefroren, die Gesundheitskosten drastisch erhöht und die Steuern für die Besserverdienenden gesenkt. Doch die Großunternehmen setzten den Stellenabbau fort, die Arbeitslosigkeit stieg weiter an, und die Staatsverschuldung erreichte mit 1457 Milliarden Euro einen neuen deutschen Rekord. Die Talfahrt ging weiter, und die Wähler liefen der Regierung in Scharen davon.

Nie zuvor in der Geschichte der Bundesrepublik musste die SPD solche Verluste hinnehmen wie unter der Führung dieses sozialdemokratischen Kanzlers. Die Landtagswahlen wurden zu einer Kette grausamer Niederlagen. Als Schröder das Amt übernahm, regierte seine Partei in zwölf von 16 Bundesländern, sieben Jahre später nur noch in fünf: Das politische Kräfteverhältnis hatte sich unter seiner Regierung ins Gegenteil verkehrt. Selbst die einstigen roten Hochburgen Hamburg, Saarland, Hessen, Niedersachsen fielen an die CDU. Im Osten sank die SPD auf den tiefsten Stand seit der Wiedervereinigung, in Sachsen erreichte sie nur noch deprimierende elf Prozent, halb so viel wie die PDS.

Der glücklose Kanzler gab den Parteivorsitz an Franz Müntefering ab, einen braven, uninspirierten Parteisoldaten, der den Niedergang nicht stoppen konnte. Die Landtagswahl in Nordrhein-Westfalen im Mai 2005 wurde schließlich zum Waterloo des Kanzlers. Das alte Industrierevier, Keimzelle der deutschen Sozialdemokratie, ging an die CDU verloren, die damit im Bundesrat über die Zweidrittelmehrheit verfügte und alle Gesetze der Zentralregierung blockieren konnte. Es gab nichts mehr zu beschönigen: Gerhard Schröder war mit seiner Politik am Ende.

Die ungeschriebenen Spielregeln der Demokratie sehen für diesen Fall eine einfache Lösung vor: den Rücktritt des Regierungschefs. Es wäre nicht das erste Mal gewesen, dass ein Kanzler das Amt niederlegt. Konrad Adenauer, Ludwig Erhard und Willy Brandt waren aus freien Stücken gegangen, als die Umstände es erforderten. Nicht so Gerhard Schröder, der sich vom Entertainer zum „einsamen Sheriff" wandelte, der allen Feinden zum Trotz den Weg der Wahrheit geht. Statt seinen Schreibtisch zu räumen, beantragte der gescheiterte Kanzler beim Staatsoberhaupt die Auflösung des Parlaments. Man könnte es „Chuzpe" nennen, doch es war mehr: Es war ein Coup im Caudillo-Stil einer Bananenrepublik – ein Hauch von Staatsstreich wehte durch das geschichtsträchtige Gemäuer des Reichstags. Das eigentlich Erschreckende bestand darin, dass niemand außer ein paar politischen Moralisten und Verfassungsrechtlern daran Anstoß nahm, weder die Parteien, die sich auf die Neuwahlen wie auf eine Wunderdroge stürzten, noch das Gros der Medien.

Für die SPD, die große Verliererin der Regierung Schröder, bedeutete der Coup eine neue Demütigung: Nachdem sie sieben Jahre lang in heroischer Selbstverleugnung eine Politik mitgetragen hatte, die sie in die bittersten Niederlagen ihrer Geschichte geführt hatte, musste sie dem Regierungschef nun durch ein fingiertes Misstrauensvotum, einen durchsichtigen Akt der Lüge also, das Instrument zur Selbstauflösung des Bundestags liefern.

Der Vorgang war in diesem Kontext ohne Beispiel in der Geschichte der Republik. Zwar hatten auch Willy Brandt (1972) und Helmut Kohl (1982) die Vertrauensfrage gestellt, doch beide konnten triftige Gründe dafür ins Feld führen. Brandt hatte die Mehrheit im Parlament tatsächlich verloren, das Misstrauensvotum (das er überraschenderweise überstand) entsprach also den realen Kräfteverhältnissen. Helmut Kohl war nicht über eine Bundestagswahl ins Kanz-

leramt gekommen, sondern durch den Koalitionswechsel der FDP während der laufenden Legislaturperiode. Er suchte daher die Legitimierung seiner Kanzlerschaft durch die Neuwahl des Parlaments und führte diese durch ein fingiertes Misstrauensvotum herbei. Das Bundesverfassungsgericht gab dem dubiosen Verfahren in einem ebenso dubiosen Urteil nachträglich seinen Segen – freilich keineswegs einstimmig. Drei von acht Richtern erklärten die Auflösung des Parlaments in Minderheitsvoten für verfassungswidrig. Der Vizepräsident des BVG, Wolfgang Zeidler, erklärte, der „Vorgang läuft darauf hinaus, dass sich politische Führungskräfte des Rechts berühmen, nach Belieben die Dauer der Legislaturperiode verkürzen zu können. Dies zielt auf eine punktuelle stillschweigende Durchbrechung der Verfassung."
Verfassungsrichter Hans-Justus Rinck verglich die Kohlsche Manipulation mit den Gepflogenheiten der Feudalzeit, wo die Auflösung den Sinn hatte, „sich eines unbequemen Parlaments zu entledigen und mit Hilfe neuer Wahlen ein Parlament zu erhalten, das den Wünschen der Krone gefügiger war." Zu Kohls Argument, sich über Neuwahlen eine verbesserte Legitimation zu verschaffen, sagte der Richter: „Es gibt keine Legitimation außerhalb, neben oder über der Verfassung."
Schärfer noch urteilte der Verfassungsrichter Joachim Rottmann: „Um das verfassungsrechtlich illegitime Ziel (einer Neuwahl) zu erreichen, wurde ein verfassungsrechtlich anstößiges Unternehmen ins Werk gesetzt." Schließlich habe auch der Bundespräsident (damals Karl Carstens) verfassungswidrig gehandelt. Ihm „stand kein Ermessen zu, die Frage zu prüfen, ob die Auflösung des Bundestages politisch zweckmäßig oder unzweckmäßig sein würde. (Denn) es fehlte an den gesetzlichen Voraussetzungen für die Auflösungsentscheidung. Deshalb hätte der Bundespräsident die Auflösung des Bundestages ablehnen müssen."

Die knappe Mehrheit der Verfassungsrichter entschied damals jedoch anders, und so machte es dieser Kotau des Rechts vor der Politik 22 Jahre später dem Bundeskanzler Gerhard Schröder leicht, den durchsichtigen Trick seines Amtsvorgängers zu kopieren – bloß, dass seine Argumente noch dürftiger als die Helmut Kohls waren. Schröder hatte, im Klartext gesprochen, kein anderes Motiv als sein ramponiertes Ansehen nach dem Desaster in Nordrhein-Westfalen. Er wolle sich „nicht vom Hof jagen lassen", hatte er einmal gesagt – eine Metapher, die seinem Amtsverständnis als Erbhofbauer entsprach. So suchte der vielfach Geschlagene noch einmal den Kampf, um sich, so oder so, einen wirksamen Abgang von der Bühne zu verschaffen. Er war immer ein Spieler, und dies war sein letzter Einsatz. Mag sein, dass die Politik eine Art Roulette ist und dass sie dem verzeiht, der gewinnt. Doch genau dies war es, was die Väter des Grundgesetzes ein für allemal verhüten wollten: Das Parlament als Schaubühne politischer Glücksritter.

Der Schatten von Weimar lag über dem Bundestag, als sich das Parlament am 1. Juli 2005 auf Antrag des Kanzlers selbst entmündigte. Ein einziger von 304 Abgeordneten der rot-grünen Regierungskoalition, der einstige DDR-Bürgerrechtler Werner Schulz, wagte es, die bittere Wahrheit zu Protokoll zu geben: „Was hier abläuft, ist ein inszeniertes, ein absurdes Geschehen. Diese Art von Stimmungsdemokratie sieht unser Grundgesetz nicht vor. Sie beugen die Verfassung", rief er dem Kanzler zu, „wenn Sie durch Selbstauflösung des Bundestages eine Volksabstimmung über die Fortsetzung Ihrer Politik herbeiführen wollen. Sie werden nicht als Patriot in die Geschichte eingehen, sondern als einer, der letztlich seine Partei zerlegt und sein Land in Schwierigkeiten gebracht hat."
Im Rückblick wird sich dieser Tag einmal als unrühmliches Datum in der Geschichte der Republik erweisen – der Tag, an dem Verfassungstreue und demokratische Grundsätze

einem unverhüllten Machtegoismus geopfert wurden. Und keine der im Bundestag vertretenen Parteien kann sagen, sie habe sich dagegen gewehrt. Der „Populismus“, sonst so gern gebrandmarkt zur Diffamierung des politischen Gegners, feierte hier einen trüben Triumph in einer Allparteienfront gegen Geist und Buchstaben des Grundgesetzes.

Das Bundesverfassungsgericht brachte nicht den Mut auf, die durch eine Täuschung herbeigeführte Parlamentsauflösung für null und nichtig zu erklären und die rechtswidrig verfügten Neuwahlen zu verbieten. Abermals – wie schon 1983 – beugten sich die Richter in den roten Roben mehrheitlich dem politischen Opportunismus und wiesen die Klagen gegen die Auflösung des Bundestages ab. Statt der Willkürentscheidung des Kanzlers einen Riegel vorzuschieben, öffneten die Hüter der Verfassung den Weg zur weiteren Destabilisierung der parlamentarischen Staatsordnung.
Die innere Befindlichkeit der Republik hat sich mit diesem Tag geändert. Der Machiavellismus hat die Kernzone des Staates erreicht. Die Integrität und Glaubwürdigkeit des politischen Systems ist aufs tiefste beschädigt. Denn diese Republik gründet sich auf nichts anderes, als auf die Treue zur Verfassung und die Achtung ihrer Institutionen. Etwas anderes besitzen wir nicht – keine ruhmreiche Vergangenheit, keine alten demokratischen Traditionen, keine Krone. Wir haben nur diese Verfassung, und sie ist die beste, die Deutsche je hatten. Sie hat sich in mehr als einem halben Jahrhundert turbulenter Zeitläufte bewährt. Wer mit ihr spielt, wer sie als Instrument seiner Macht und seiner Ambitionen missbraucht, und wer zulässt, dass dies geschieht, der unterminiert die Grundpfeiler unserer Demokratie.
Dieses Land ist in Gefahr. Nicht, weil Volkswagen vorübergehend schlechte Geschäfte macht, der DAX mal wieder im Keller ist oder die Leute im Moment keine Lust haben, ihr Geld auszugeben. Dieses Land ist in Gefahr, weil die Fundamente, auf denen diese Gesellschaft und ihr Staat jahr-

zehntelang ruhten, brüchig geworden sind. Weil die Politik vergessen hat, für wen sie da ist. Weil Millionen Menschen sich von keiner Partei mehr vertreten fühlen. Weil sich das Bewusstsein ausbreitet, dass etwas grundfalsch läuft. Weil die Mehrheit es satt hat, von der Regierung als Unmündige behandelt zu werden. Weil die Armut wächst und das Vertrauen abnimmt. Weil allzu viele Fragen keine Antwort finden.
Ein neuer Hitler steht nicht vor der Tür, aber es reicht ja, wenn die Menschen dieser zweiten deutschen Republik den Rücken kehren – die einen, die ihre Fabriken ins Ausland verlagern, weil die polnischen Arbeiter es (bislang noch) billiger machen, und die anderen, die das Pech hatten, als überflüssige Kostenfaktoren aussortiert zu werden – und schließlich die vielen, die sich angewidert von einer Politik abwenden, die nicht einmal mehr spürt, wie sie jene Werte verrät, für die sie angeblich streitet.

Wir stehen an einer Zeitenwende. Unsere alten Ersatzidentitäten sind zerschlissen wie abgetragene Kostüme. Die D-Mark ist eine ferne Legende, und die Vision eines vereinten Europa hat ihren Nimbus verloren. „Europa" ist zu einer blutleeren Konstruktion verblasst, deren Funktion sich im Bewusstsein der Völker auf die Erhebung von Abgaben und die Subventionierung der Agrarwirtschaft beschränkt. Just in dem Augenblick, an dem wir eine echte politische Union nötiger bräuchten denn je, ist dieses Europa von Zerfall, Resignation und Spaltung bedroht.
Die alten Gräben, die alten nationalen Egoismen, die alten Vorurteile sind wieder aufgebrochen, und auf weiter Flur ist niemand zu erkennen – gleich welcher Nationalität – der die große Vision eines geeinten Europa mit neuen Impulsen wieder zu beleben vermöchte. Das beschämende Gefühl grundlosen Scheiterns hat sich wie Meltau über den Kontinent gelegt – zur klammheimlichen Freude des transatlantischen Imperiums.

Wir sehen uns auf uns selbst zurückgeworfen, und die Frage nach unserer Identität stellt sich auf neue Weise. Patentrezepte zur Wiederherstellung eines heilen Weltbildes gibt es nicht. Identität lässt sich nicht konstruieren. Sie ist das Ergebnis unseres Lebens mit allen Narben und Unzulänglichkeiten. Die wirkliche Bewährungsprobe als Demokraten haben wir erst noch zu leisten. „Wir haben unsere Freiheit nicht durch einen eigenen, opfervollen kämpfenden Akt der Selbstbegründung erworben", schrieb Karl Jaspers 1965, „sondern durch ein Geschenk erhalten, das wir so wenig verdient haben wie die Ostdeutschen das gegenteilige Schicksal. Diesen Anfang dürfen wir nicht vergessen, wenn wir, was noch unsere Aufgabe ist, aus eigenem Ursprung frei werden wollen."

Die Aufgabe wartet noch immer auf ihre Erfüllung.

Epilog: Die Toteninsel

Eine sanfte Bodenerhebung. Nichts Spektakuläres. Kein in den Himmel ragendes Monument. Kein Pathos. Keine Inschrift. Kein Bild. Kein Symbol. Nur diese sanfte Erhebung des Geländes, ein Steinfeld, wenn man näher kommt. Wie eine Woge, die in der Bewegung erstarrt ist. Eine Steinwoge, tausendfach gebrochen. 2700 Betonquader. Stelen: „Grabplatte mit dem Bildnis des Toten“, sagt der Duden. Diese Stelen tragen kein Bildnis. Sie stehen für Millionen Tote. Kein Marmor, kein Schmuck. Nackter Beton. Grau. Alle Abstufungen von Grau, je nachdem, wie das Licht drauf fällt: von silberfarben bis schwarz. Die Oberfläche glatt gestrichen. Ein angenehmes Gefühl, wenn man mit der Hand darüber gleitet. Bloß kalt. Ist ja ein Totenfeld.
Sie wollten es anfangs nicht haben in ihrer Stadt, in Berlin-Mitte, wo gerade alles wiederaufgebaut ist, die alten Fassaden und die neuen Glaspaläste, die vornehmen Bankhäuser und die Botschaften am Pariser Platz. Das Mahnmal ein Störfaktor, ein Monument der Schuld, „vier Fußballfelder groß“, wie es anklagend hieß, als ob das zu viel wäre für das Unaussprechliche. Welche Größe wäre denn recht, bitte? Und wo hätte es denn stehen sollen, wenn nicht im Zentrum dieser Stadt, im innersten Bezirk, wo alles anfing, und wo es endete? Natürlich ist es ein Verkehrshindernis, und das ist gut so. Es stellt sich quer zum Vergessen, quer zum Übersehenwerden. Und natürlich ist es, immobilienmarktmäßig gesehen, ein Irrsinn – 19 000 Quadratmeter

allerersten Citylage mit Betonquadern vollgeknallt, ohne anderen Nutzwert als den einer lästigen Erinnerung. Quälende 15 Jahre hat die Diskussion darüber gedauert, und die längste Zeit von diesen 15 Jahren darüber, ob man überhaupt ein Mahnmal bauen sollte – ob wir, die Meister im Wiederaufbauen von Ausgelöschtem, vielleicht auch den Menschen, die wir ausgelöscht haben, eine Stätte der Erinnerung widmen sollten. Eine kleine Stätte wenigstens, nicht größer als das ehemalige Oberkommando der Wehrmacht, das man wiederaufgebaut hat, oder Goebbels' Propagandaministerium oder Görings Reichsluftfahrtministerium, die dem Regierungsapparat wieder zugeführt worden sind, insofern immobilienmarktmäßig sinnvoll genutzt.

Nun steht es also zwischen Adlon und Führerbunker, auf diesem blutigsten Stück deutscher Erde, das „Denkmal für die ermordeten Juden Europas“: Unser Denkmal. Das Denkmal des Tätervolks für das Opfervolk.

Eine Insel des Schweigens. Rundherum der Verkehr. Tag und Nacht, vierspurig. Die Nahtstelle zwischen den beiden Stadthälften. Schon Speer wollte hier eine Ost-West-Schneise schlagen. Nach dem Krieg haben sie dann alles abgeräumt. Remedur gemacht. VORSICHT, GRENZGEBIET! Mauer, Kontrollstreifen, Wachttürme, Baracken. Freies Schussfeld. Die Kaninchen hatten es gut. Einst war dies der vornehmste Bezirk Berlins. Alte Parks, die sich von den Palais der Wilhelmstraße bis zum Tiergarten erstreckten, die „Ministergärten“. Bismarck erging sich hier zur Entspannung. Uralte Eichen, Buchen, Ulmen. Verbrannte alles im Krieg. Der Rest wurde abgeholzt. Danach die Stille der Todeszone, ein halbes Jahrhundert.

Nun also das Mahnmal. Berlins neue Touristenattraktion. Highlight auf jedem Reiseprogramm. Man lässt sich vor dem Stelenfeld fotografieren oder in diesen schmalen Gängen, die wie Schneisen durch die Betonlandschaft geschlagen sind. Davon werden sie erzählen können, daheim in Sydney oder Tokio. Wo gibt es schon so etwas, ein Toten-

feld mitten in der Stadt, gleich hinter dem vornehmsten Hotel.
Der Andrang ist groß. Am Zugang zum unterirdischen Informationszentrum eine lange Warteschlange. Alle halbe Stunde Einlass. Die Schulklassen langweilen sich. Zu Anfang haben sie immer Stelen-Springen gemacht, von einem Stein zum andern, über die labyrinthischen Fußgängerschneisen hinweg. Das ist jetzt laut Besucherordnung untersagt, ebenso „Lärmen, lautes Rufen, das Lagern auf dem Stelenfeld, sich in Badebekleidung auf den Stelen zu sonnen", ferner „das Mitbringen von Hunden, das Rauchen, der Genuss alkoholischer Getränke und das Grillen." Die Wächter eines privaten Sicherheitsdienstes passen auf. Gibt es öfter Zwischenfälle? „Darüber dürfen wir keine Auskunft geben, fragen Sie die Pressestelle." Also gibt es Zwischenfälle. Andererseits hat man wohl nicht damit gerechnet, dass Menschen hier einfach nur sitzen wollen, mit den Betonquadern reden, in die Wolken schauen, trauern, träumen. Jedenfalls gibt es kein Plätzchen zum Verweilen, keine Bank wie auf jedem Friedhof. Ich setze mich auf eine Stele, die Besucherordnung untersagt das Sitzen auf einer Stele nicht.
Das Mahnmal ist ein architektonisches Meisterwerk. Grandios. Das Lebenswerk seines Schöpfers Peter Eisenman aus New York, N.Y., USA. „Ich bin kein jüdischer Architekt", sagt er, „sondern einer, der zufällig jüdisch ist." Aber ein Nicht-Jude hätte es nicht bauen können, nicht so. Nicht in dieser Direktheit, in seiner Schlichtheit, seinem Schweigen, seiner Wucht. „Beim Holocaust-Denkmal braucht man keinen zweiten Blick – you get, what you see", sagt der Architekt. Man muss den Schuldkomplex hinter sich lassen, um die Botschaft zu empfangen. Hier ist nichts mehr zu erklären, nichts mehr anzuklagen, nichts mehr zu entschuldigen. Hier ist nur noch das Unsagbare, nur noch die Trauer. Nur noch der Ruf, der antwortlos verhallt: You get, what you see.

Das Schweigen der Steine zieht den Besucher hinein in das Labyrinth der Stelen. Die Gänge sind schmal, 95 Zentimeter nur, schulterbreit. Das Schweigen verdichtet sich, je tiefer man hinein kommt in das Stelenfeld, von außen sieht man nur die Köpfe der Besucher, die über die Stelen hinausragen, bis sie ganz verschwinden, wie verschluckt von den Steinen. Wenn die Gesichter wieder auftauchen, sehen sie anders aus als vorher, als hätten sie etwas erlebt, über das man nicht sprechen kann.

300 Meter entfernt von hier liegen die Reste des Bunkers unter der Erde. Genau unter dem Parkplatz der Wohnblocks, die Honecker für verdiente Genossen gebaut hat. „Da kann man nicht rein“, sagt der Wächter, wenn die Mahnmal-Besucher nach dem Bunker fragen. „Das ist alles zugeschüttet.“ Ob der Hitler da auch liegt. „Nein“, sagt der Wächter, „den haben sie ja hier oben verbrannt, da wo der Parkplatz ist.“

Man wollte den verfluchten Ort nach dem Krieg für immer verschwinden lassen – zukippen, planieren und nicht mehr darüber reden: Doch das Unsichtbbare ist hartnäckig. Es lässt sich nicht durch Zubaggern aus der Welt schaffen. Nun sind sie auf Rufweite zusammengerückt: Die Stelen des Mahnmals und die verschütteten Verliese des Bunkers. Verkettet in alle Ewigkeit.

Am anderen Ende des Stelenfeldes das Brandenburger Tor. Ein halbes Jahrhundert stand es allein in der großen Leere von Berlin-Mitte, übrig geblieben von der Vernichtung. Man konnte sehen, wie schön es war in seiner Einsamkeit. So sah es auch Clemens Brentano, der Dichter der Romantik, vor 200 Jahren: „Das Brandenburger Tor ist sehr schön, aber es ist mir, als halte es die Stadt nicht recht warm.“

Nein, es hält die Stadt noch immer nicht warm.

Personenregister

Quellenverzeichnis

Üb immer Treu und Redlichkeit: (GEO 4/93)
Hunde, wollt ihr ewig leben? (Stern 34/91)
Was ist des Deutschen Vaterland? (Stern 20/94)
Gegen Demokraten helfen nur Soldaten (Stern 21/94)
Eisen und Blut (GEO Epoche 12/04)
Wilhelm II. (Stern 4/01)
Dreißig Tage bis Armageddon (GEO Epoche 14/04)
Wilhelmstraße Nr. 77 (Stern 14/01)
Der Bunker (GEO Epoche 17/05)
Die Stunde Null (GEO Epoche 9/02)
Hitlers willige Vollstrecker (Stern 30/96)
Neues Deutschland (Stern 5.10.1990)
Luther, Goethe, Buchenwald (Merian 1990)
Recht oder Rache? (Stern 47/92)
Do svidanje, Deutschland (Stern 35/94)
Feuer frei für Deutschland (Stern 30/94)
Abschied von einem Freund (Stern 41/02)
Wir Rädelsführer (Stern 12/03)
Drei Frösche in der Milch (Stern 29/95)

Impressum

Bibliographische Information der Deutschen Bibliothek
Die Deutsche Bibliothek verzeichnet diese Publikation in der Deutschen Nationalbibliographie; detaillierte bibliographische Daten sind im Internet über <http://dnb.ddb.de> abrufbar.

ISBN 3-8319-0228-3

In Zusammenarbeit mit GEO-Epoche

Text:
Heinrich Jaenecke, Ahrensburg
Lektorat:
Christina Dickel, Hamburg
Gestaltung:
Büro Brückner + Partner, Bremen
Gesamtherstellung:
Druckerei zu Altenburg, Altenburg

Bildnachweis:
action press, Hamburg: S. 255
akg-images, Berlin: S. 13, 26, 154, 188
Bildarchiv Preußischer Kulturbesitz, Berlin: S. 23, 43 o. l., 43 o. r., 43 u., 49, 50, 54, 56, 59 o., 59 u., 83, 89, 95, 113, 138, 143, 147, 151, 158, 168, 204, 213, 227
INTERFOTO, München: S. 264
SV-Bilderdienst, München: S. 183
Ullstein Bilderdienst, Berlin: S. 25, 30, 219